向上的力量

辉煌七十年, 创新新时代。

中国经营报社 主编

经济管理出版社
ECONOMY & MANAGEMENT PUBLISHING HOUSE

图书在版编目（CIP）数据

向上的力量/中国经营报社主编 . —北京：经济管理出版社，2019. 12

ISBN 978-7-5096-6990-7

I. ①向… II. ①中… III. ①企业发展—经济史—中国—1949-2019 IV. ①F279. 297

中国版本图书馆 CIP 数据核字（2019）第 296593 号

组稿编辑：何　蒂

责任编辑：何　蒂

责任印制：黄章平

责任校对：王淑卿

出版发行：经济管理出版社
　　　　　（北京市海淀区北蜂窝 8 号中雅大厦 A 座 11 层　100038）

网　　　址：www. E-mp. com. cn

电　　话：（010）51915602

印　　刷：三河市延风印装有限公司

经　　销：新华书店

开　　本：720mm×1000mm/16

印　　张：19. 75

字　　数：309 千字

版　　次：2019 年 12 月第 1 版　2019 年 12 月第 1 次印刷

书　　号：ISBN 978-7-5096-6990-7

定　　价：59. 80 元

序一　凝聚和培养企业"向上的力量"

蔡　昉

在举国庆祝中华人民共和国成立 70 周年之际,中国经济正在一个崭新的发展阶段上,加速从高速增长向高质量发展转变。这个转变既是党的十九大对中国经济整体提出的新要求,也需要体现在每一个经济活动主体的身上。高质量发展在宏观层面与微观层面,虽然就目标和评价而言从根本上应该是相同的,具体表现和实现途径却不可避免地有所差异。

在宏观经济层面,提高发展质量要求符合创新、绿色、开放、协调、包容五大发展理念,把经济发展方式从生产要素投入驱动型转到全要素生产率驱动型上来。很显然,衡量这个转变是否成功,就要看全要素生产率的整体表现。在高速度、粗放型的发展阶段,生产率提高的源泉既具有"低垂的果子"般举手可得的性质,也具有赢者多、输者寡的"帕累托改进"性质。

全要素生产率,归根结底是一种配置效率,在于生产要素在流动和重组中以更高的效率得到配置。在改革早期并且经济增长收获人口红利的阶段,劳动力从农业转向非农产业是一个劳动者提高收入、国民经济整体提高资源重新配置效率的过程。这种效率源泉比较容易发现和获得,在重新配置资源的过程中,通常也无须以某些群体的损失为代价,是 2010 年以前中国经济高速增长时期全要素生产率的主要来源。

在中国经济进入更高发展阶段后,随着 2010 年以后人口红利加速消失,劳动力转移带来资源重新配置效率的全要素生产率源泉式微乃至消失。一方面,全要素生产率越来越成为唯一可持续的经济增长源泉;另一方面,全要素生产率提高难度加大，越来越需要依靠企业间的资源重新配置获得。而这种新形态的资源重新配置，表现为有效率企业的进入和成长，同时无效率企业的退出或死亡，这个过程，便是人们常说的熊彼特式创造性破坏。

在微观层面或者说在经营主体层面，提高发展质量就意味着在秉持新发展理念和恪守企业社会责任的前提下，每一个企业都要追求经济效益和扩大经营规模，从竞争生存到持续发展。很显然，任何企业都要选择"进入"而不是"退出"，"生存"而不是"死亡"。这显然与宏观层面的机制不尽相同。

平衡高质量发展在宏观和微观两个层面的不同表现，既需要建立有效的奖励和惩罚并用的激励机制，也需要实施必要的、符合市场竞争原则的扶持政策，从培育初创企业、加大技术渗透力、维护平等竞争等方面为企业发展追加养料。《中国经营报》以"向上的力量"这一隐喻来表达企业的发展故事，实际上也具有这种激励与培育并重的含义。

包含30余家企业发展故事的这本书，以《向上的力量》为书名，很容易使人联想起原始森林里的树木——心无旁骛、争先恐后、竞相向上。对它们来说，以"向上"为目标，是为了追逐阳光，所以，得到阳光照耀就是树木的成长动机；树木能够做到"向上"，也需要获得足够的养料来哺育，才能有自主攀升的力量。

经济学和管理学无疑要研究企业的目标和激励问题，产业经济理论也关注企业需要什么样的扶持，以及这些扶持措施应该以怎样的方式实施。不过，任何理论都只是丰富多彩和千差万别的企业实践的高度抽象。怎样做、做什么能够使企业有最大的机会取得成功，哪些做法容易导致企业的失败，通常不是经济学和管理学能够给出的答案。因此，这本书所讲述的企业故事，包含了成功与挫折，以真实的面貌展示鲜活的案例，注释了无情、抽象但又躲不开的"创造性破坏"。

即将到来的2020年，中国将全面建成小康社会，同时开启全面建设社会主义现代化国家的新征程。在这个新征程中，建设现代化经济体系和实现高质量发展的任务愈加紧迫。理论和政策研究者任重道远，站在创新和创业一线的企业家更需要先行先试。希望这本书能够有助于研究者和实践者对微观案例进行更加宏观的思考和总结，把高质量发展落实到企业发展之中去。

序二　70年探新路的未来启示

金 碚

　　从世界范围来看，人类社会发展数千年，经济增长总体上是十分缓慢的，但发生过两次最大的"奇迹"，即发生了不同寻常的高速经济增长。第一次增长奇迹是200~300年前开始发生的西方工业革命和工业化进程。第二次增长奇迹就是近70年来中国所发生的工业化及其所推动的城市化。这两个高速经济增长的非凡时期，分别使全世界大约1/5的人口从传统社会进入工业社会。也就是说，世界绝大多数国家的经济现代化起始于工业革命。有学者估计，与工业革命前相比，现代经济增长了1500%以上。工业化和现代经济增长被称为人类发展历史中"史诗般的、非常规的大事件"。

　　中国创造的第二个增长奇迹，受到第一个奇迹的启示，也得益于其技术模仿和财富效应，主观上一度希望以其为"师"，也确实得到不少收获。但是，中国70年来的经济发展并非是对西方工业化的简单模仿和复制，其繁荣过程和巨大成就也非关于西方工业化的同样理论可以充分解释。也就是说，我们不能断言，中国工业化就是"西方化"。

　　实际上，从中华人民共和国成立之时，中国希望走一条非西方化的工业化道路，力图以苏联为师，通过建立"计划经济"体制实现高速经济增长，建设社会主义强国。到20世纪70年代，由于发现计划经济方式的严重局限性和不可操作性，决然实行改革开放，开始转向市场经济模式。实际上是再次反思西方工业化道路的可行性。不过，中国仍然没有完全模仿西方的经济模式，而是决心走中国特色社会主义的道路。也就是说，中国70年来的发展，尽管曾借鉴和吸收了苏联和西方工业化的经验，并非凭空臆造"奇迹"，但是，其现实实践过程是有高度探新性的，即具有突出的另辟蹊径特征，创造性地实现高增长奇迹。换句话说，中国经验中包含着人类数千年文明史上未曾有过的现象。

中国的经济主体和参与角色非常不同于西方国家。其最大特点一是国有企业的特征作用；二是中国共产党所发挥的决定性作用。共产党既不是经济学所定义的微观经济主体，也不是主流经济学范式承诺中的"政府"。她的作用不同于宏观经济范式所认定的"宏观经济政策"调控行为。中国经济的一个基本特质是：以党领政（共产党领导政府）和以党导经（共产党指导经济）。党在中国经济运行和发展中的作用，强烈地影响制度构建（及改革）倾向、经济决策倾向和观念行为倾向，但党又并不是如同经济学假设中的"政府"那样的宏观经济决策（调控）主体或管制机构，她的经济地位和角色功能是"超宏观"的，具有极强的影响力和穿透性。因此，中国经济70年的发展道路和中国工业化的历史，所具有的探新性如何是其他国家所能比拟的。当然，其他国家会有各自的特色和创新，只不过中国70年借鉴发展的探新精神具有更加强大的力量。

如经济学家哈耶克所说，经济学"是有关人们为解释如何最有效地为不同目标而发现和利用不同手段的理论"，而"人类的多样性无与伦比"。具有"不同目标的""多样性无与伦比"的人类经济，产生中国70年工业化的伟大奇迹，并非是不可理解的事实。

中国70年的发展道路是非常曲折的，在此过程中不同人群的体验和感受可能是非常不同的。

经过70年的发展，中国已经成为经济规模居世界第二的经济体，但从全国平均水平来看，目前中国的人均GDP还低于世界平均水平。同高收入的发达国家相比，经济现代化水平还有不小的差距。中国各地区的经济发展水平及特征有较大差距，东部沿海与中西部之间、城乡之间、各类区域之间，各具域观特征，不可同日而语。目前，人们发现，南北差距也是中国经济发展中一个很显著的特征。因此，进入新时代，各地区的经济发展更要有探新思维，探索和创造各地区继续推进经济现代化的可行道路。

客观地说，过去70年来，中国工业化和经济现代化尽管从根本上说是探新性的，但由于其落后的现实，所以必然会具有相当程度的模仿性，因为，前有"标杆"国家可以对照和作为追赶对象。而对于今天的中国，特别是对于经济较发达地区来说，前面已经没有模仿对象和标杆国家了，未来的道路，不再有前车之鉴，需要靠我们自己探寻。

当前中国以至世界都在面临一个新的重大问题：按照西方国家的思维定式，经济发展的结果是各国"趋同"——企业性质趋同、国家经济职能趋同，因而任何国家包括中国，实现工业化和经济现代化，从不发达国家（发展中国家）发展成为发达国家后，就都会变得"和美国一样"。但是，中国的现实表现却使他们失望：中国经济发展了、壮大了，尽管有些方面确实表现出同发达国家间的差异收敛，但在许多重要方面却并没有变得与美国等西方发达国家的经济形态趋同，而是顽强地表现出明显的"中国特色"。换句话说，中国经济的域观特征是极为稳固的，不会因模仿或教训而轻易改变。据此，发达国家的一些人认为"被中国欺骗了""美国吃亏了"。他们对于各国必然具有的不一样"特色"现象无法理解，尤其不认可中国有权在发展中享有自主探新的权利。要求中国的经济形态和秩序规则完全达到与美国所要求的"一样"的标准，并且要中国按照发达国家的条件实行世界贸易组织规则，提出一个强中国所难的要求。

中国的发展不仅改变了自己，也彻底改变了世界。中国从与世界接轨，到融入经济全球化，进而成为经济全球化和自由贸易的强有力推动者，并使经济全球化发生格局转变，推进更加广泛、更具深度的自由贸易。特别是在科技革命和新兴产业发展背景下，中国正在为经济全球化和更高质量自由贸易做出重大贡献，例如，电子商务和电子支付等交易方式和创新技术，正在为自由贸易创造更加"润滑"的机制。世界不会因各国间的域观差异而发生"去全球化"，而必然会因丰富多彩的世界形成新型域际和国际关系，实现更大范围和更高质量的经济全球化格局。中国所倡导的"一带一路"，就是迎接经济全球化新格局的一个重要构想和各国共创全球化"公共产品",以使"海洋时代"的沿海繁荣格局,向亚欧非大陆腹地的共享繁荣格局转变,有望成为人类发展史上的第三次"奇迹"。纵观世界千年文明史:人类社会发展经由西方工业化、中国工业化和"一带一路"推动的全球腹地工业化,将使人类在这个地球的"探新故事"演绎得极为精彩纷呈。

目　录

中国航天：敢向苍穹布天眼

文／索寒雪

在北京西北部的航天城里，一群航天人正在夜以继日地研制新型航天设备。

东方红一号卫星、神舟五号载人飞船、嫦娥一号卫星——每一个中国航天发展史中的里程碑，都与这里息息相关。

在这里，有 51 年历史的航天五院（中国航天科技集团有限公司第五研究院）已经完成了以北京航天城为核心的宇航基础配套设施和空间技术研制能力布局，具备了年在研 100 颗、出厂 50 颗星船器的研制能力和在轨 180 颗星船器的运行管理能力，单机年交付能力达到 9000 余台／套，已成为国际上业务领域最全的宇航企业。

从卫星起步

1972 年 2 月 21 日，美国总统尼克松划时代的中国之行，也在中国航天事业的发展进程中激起一层涟漪。

周恩来总理陪同尼克松一起观看当天中美活动的录像。尼克松告诉周总理："现在美国人民也坐在电视机旁看我们今天的活动情况。"

"从我踏上中国领土的第一步起，我在中国每时每刻的活动情况，都通过天上的通信卫星，随时传回了美国。"尼克松说。

周恩来看似漫不经心，但事后，他开始认真关注通信卫星之事。

1958 年 12 月 18 日，美国成功发射世界上第一颗通信卫星"斯科尔号"，人类进入了卫星通信时代。

2008 年 3 月 10 日，中航科技花费 10 亿元打造航天投资公司。北京保护知识产权展上中国航天科技集团公司展示的火箭、飞船模型吸引观众

掌握着卫星，就掌握着战争的主动权。当时，美国和苏联等国地面部队在战场上的军事通信摆脱了地面基站的束缚。同时，在全球范围内增加了为数众多的民用卫星通道。

全球卫星通信事业发展迅速，地球静止轨道变得日益拥挤，但是中国还没有自己的卫星。

其实，早在 1965 年，中央军委就已经批准建立我国卫星通信系统，但项目的开展一直举步维艰。

1968 年 2 月 20 日，中国人民解放军第五研究院（后改名为中国空间技术研究院）正式成立，在以钱学森、孙家栋、王希季为代表的创业前辈们的带领下，五院掀开了中国人筑梦苍穹的历史新篇章。

但是，真正实现航天梦还有诸多困难和挑战。

1975 年 3 月 31 日，正式开展通信卫星事业指导性文件——《关于发展我国通信卫星问题的报告》获中央军委批准，由于批准的日期是在 3 月 31 日，故将中国发射通信卫星这一工程称为"331 工程"。

"331 工程"终于上马了。扬鞭奋蹄 9 年后，中国第一颗通信卫星"东方红二号"于 1984 年 4 月 8 日 19 点 20 分横空出世，随后正式交付使用。中国人终于依靠自己的技术和能力拥有了通信卫星。

"331 工程"是我国 20 世纪 80 年代以前规模最大、涉及部门和单位最多、技术最复杂、技术难度最大的大型航天系统工程。为了实现卫星通信，我国要同步完成相应的通信卫星、运载火箭、发射场、测控通信和应用通信五大系统的工程建设。

由于五个系统分别由不同的单位研制，为了做好各个系统间的协调工作，加快工程的研制工作，"331 工程"创造性地设立了"工程设计师系统"，由时任七机部副部长的任新民全面负责 5 个系统的工作。任新民是总负责人。

当时面对的一个难题就是研制氢氧发动机，研制过程需要攻克的关键技术比较多，难度大，研制周期相对长。

当时国际上还没有几个国家掌握这种技术，一旦掌握，火箭技术就将发生质的飞跃。任新民在国防科委召开的工作会议上力排众议："氢氧发动机是今后航天技术发展所需要的，这个台阶迟早得上，我们现在能上得去！"

1984 年 1 月 29 日，攻克了一道道难关的长征三号托举着东方红二号缓缓升起，但此次发射中，卫星没能到达预定的地球同步轨道。

数年心血毁于一旦，问题正是出在任新民立下"军令状"坚持采用的氢氧发动机上。

整个航天系统迅速开展故障分析，提出改进措施。最终，通过改变氢氧混合比，解决了氢氧发动机的问题。

同年 4 月 8 日 19 点 20 分，东方红二号试验卫星随第二发长征三号运载火箭冲天而去。20 分钟后，广播里传来振奋人心的喜讯：火箭分离正常，卫星进入地球同步转移轨道！西昌卫星发射中心指挥控制大厅里顿时沸腾了！

此时，距离上次发射失利不过短短 70 天。人们用 70 个日夜的不眠不休换来了属于中国航天的高光时刻。

为经济服务

2013 年 9 月和 10 月，中国国家主席习近平分别提出建设"新丝绸之路经济带"和"21 世纪海上丝绸之路"的合作倡议，分别指的是丝绸之路经济带和 21 世纪海上丝绸之路，沿线国家主要集中在中亚、南亚和西亚。

"这些途经地区有高山、有海洋，甚至有戈壁沙漠，以前对这些地区的卫星覆盖较差，其他地区即使被覆盖也由于工作频段相对较低，带宽较窄，无法满足未来'一带一路'对大数据传输、商务和娱乐的井喷式需求，另外由于这一地区被不同卫星、不同频段覆盖，缺乏统一规划，很难实现无缝连接。"航天五院人士向记者表示。

此前，亚太九号通信卫星于 2015 年 10 月成功发射后，与亚太五号、亚太六号、亚太七号、亚太 9A 一起，形成"自西向东排开，从印度洋至马六甲海峡再至南海海域"态势，把我国与东南亚国家的卫星通信服务连为一体，实现了对"海上丝绸之路"周边区域的基本覆盖。

但是，传统卫星通常用于电视信号传输以及通话，还无法实现多媒体沟通，对信号地点也有一定限制。

2017 年 4 月，航天五院研制的"中星 16 号"卫星发射成功，这是中国首颗高通量通信卫星。

据了解，该通信卫星总容量超过 20Gbps。"利用这颗卫星，人无论在飞机上、在高铁上，还是在偏远山区、在边疆、在远洋船舶上，都能实现便利上网，随时随地保持'在线'。"中国航天科技集团有限公司第五研究院出口通信卫主任设计师田栋向记者表示，未来高通量系列化组网运行后，"一带一路"将会实现高通量卫星的全覆盖。

"很多沿线国家对中国卫星项目感兴趣。"田栋表示，"不同国家不同程度地参与了了合作。"比如巴基斯坦，"巴基斯坦在卫星项目上很积极"。

2016年1月16日，中国在西昌卫星发射中心用长征三号乙运载火箭成功发射白俄罗斯通信卫星一号，卫星准确进入预定转移轨道。

"中国和白俄罗斯在卫星研制领域是互相合作的。"田栋解释。

而像老挝等国，"更多的是着眼于卫星服务本身，通过购买中国研制的卫星，为本国人民提供服务"。

此前有数据显示，在目前全球超1000颗卫星的背后，存在一个庞大的卫星产业。仅在2011年，这个产业的市场规模已经达到1773亿美元。2001~2011年，全球卫星产业收入增长高达175%。而近年随着汽车、手机等日用品的智能化程度提高，这一市场持续保持高速增长。

"我们一直希望中国的卫星也像高铁、核电一样，能够收获更多的订单，把中国的卫星项目也带出去。"航天五院市场人士表示。

向航天强国迈进

只用了短短的51年，谁都没有想到，中国已经迅速进入到航天事业崛起的阶段。

航天五院"嫦娥"团队成功研制出我国第一颗月球探测卫星——嫦娥一号，树立起中国航天史上第三个里程碑；成功研制我国第一个行星际探测器——嫦娥二号；成功研制嫦娥三号探测器，使我国成为第三个实现地外天体软着陆和巡视探测的国家，尤其是成功研制嫦娥四号探测器，实现人类历史首次在月球背面软着陆和巡视勘察。

此外，"神舟"团队肩负我国全部载人航天器研制设计的重要使命，是党和国家创新发展载人航天的主力军和国家队，团队成员平均年龄仅33岁。从立项至今的27年时间里，"神舟"团队取得了包括神舟飞船、目标飞行器、空间实验室等共计 15 个载人航天器连战连捷的优异成绩,实现我国载人飞行、太空出舱、交会对接、在轨补加等多项核心技术"零"的突破。

截至目前,航天五院在空间技术等多个领域荣获部委级以上奖励共 2500 余项,其中荣获国家特等奖 8 项、一等奖 12 项、中国专利金奖 3 项、授权专利 5000 件;建成了以钱学森空间技术实验室为龙头、5 家总体单位研发中心为主体的系统创新平台,拥有 6 个国家级重点实验室、5 个国家级研究中心、3 个国家级国际合作基地以及 29 个省部级重点实验室/研究中心。

2018 年中国航天发射数量第一。北京时间 10 月 29 日 8 时 43 分,中国在酒泉卫星发射中心用长征二号丙运载火箭,成功发射中法合作研制的首颗卫星——中法海洋卫星

在航天强国建设的新征程上,航天五院有自己的规划,到 2020 年,圆满完成以重大工程为代表的各项宇航任务,加快推进全面深化改革,全面实现"十三五"规划目标,为建成世界一流宇航企业夯实基础;到 2030 年,实现空间基础设施一体化、网络化,实现全球覆盖、实时获取、安全可控、随遇接入、按需服务的目标,建成世界一流宇航企业;到 2040 年,空间探索、空间应用能力全面提升,实现太空资源深度开发利用,全面建成世界领先的一流宇航企业,为集团公司全面建成高质量的世界一流航天企业集团奠定坚实基础。

中国一重：来自富拉尔基的金色传奇

"我的父亲、我的几个兄弟姐妹都是中国一重人。"人到中年的刘伯鸣全部的世界都紧紧围绕着这家央企而展开。从 30 年前技术学校毕业后，在遥远的黑龙江富拉尔基，刘伯鸣走进车间的第一天起，便开始了和大型机械锻件相伴以及昼夜颠倒的生活。

在生产一线工作了几十年后，2018 年 9 月，刘伯鸣作为中国一重的首席技能大师，站在人群队伍中的第一排，第一个和习近平总书记握手。"总书记，刚刚您看到的所有核电产品，都出自我们团队之手，很多产品已经由'跟跑'变为'并跑'，提升了国际竞争力，赢得了国际话语权。"

每当回想这一刻，刘伯鸣都非常激动，这个在车间一线工作了近 30 年的东北汉子，没有想到，中国一重起起伏伏，最终能摆脱老工业基地形势下滑的"魔咒"，企业效益实现逆势上扬。

北大荒上的奇迹

富拉尔基的秋天是金色的，这是东北黑龙江齐齐哈尔的一个普通的城区，距离齐齐哈尔市区有 40 分钟的车程。途中经过知名的扎龙国家自然保护区，其主要保护的对象是丹顶鹤。当地人把这里简称为富区。富拉尔基的四周都是农田，途中人烟稀少，若不是中国一重建在这里，这里会成为以农业为主的粮仓。

中国一重集团自主研制的世界最大、最先进的 15000 吨水压机于 2006 年 12 月 30 日一次热负荷试车成功。这是我国自 1958 年研制成功万吨水压机，50 年之后又一次取得的扬我国威的重大科研成果

刘伯鸣说："在富拉尔基有 10 多万人，几乎每个家庭都或多或少地与一重有联系，这里就是为一重服务的一个城市。"

中国一重的身世并不一般，被称为"共和国长子"。

1950 年 2 月 19 日，毛泽东与斯大林会面结束后，在回国途中，他和周恩来专程来到了乌拉尔重机厂参观。看了这里的大型设备后，毛泽东对周恩来说："有朝一日，我们也要建立自己的'乌拉尔重型机械厂'。"

这个愿景，影响了整整一代人，之后建立的几个大型机械厂都有"乌拉尔重型机械厂"的影子。

1952 年，中国首批赴苏留学生奔赴乌拉尔技术学院学习。

1954 年，在苏联专家的指导下，历时 4 年的时间，中国富拉尔基重型机器厂建成投产。这是新中国的第一家重型机械厂，也就是今天的"中国一重"。它也是"一五"期间建设 156 项重点工程项目之一。

那个时代，成为一名工人，是劳动者光荣的选择，来自祖国各地的大学生技术人员纷纷来到东北建设工业基地。

1958 年 8 月 15 日，炼钢车间炼出第一炉钢水。

工厂竣工投产后，成功制造出了我国第一台 1150mm 方坯粗轧机和第一台 12500 吨自由锻造水压机，为中国没有制造过成套重型机械设备的历史画上了句号。

习近平总书记称其为"中国制造业的第一重地"。中国一重从诞生的第一天起，就肩负起了振兴我国重型装备制造业的历史使命。在当时，中国一重被称为"国宝"。

从那个时代起，刘伯鸣父辈的命运便与中国一重紧密相连。

在经历了中国一重的第一台 12500 吨自由锻造水压机、第一套 1150mm 方坯轧机，获得"两颗卫星上天"的殊荣后，20 世纪七八十年代，中国一重生产了 400 吨锻焊热壁加氢反应器、2800 毫米铝板轧机等一大批国家重点项目，实现了替代进口和国产化。

那个时候，能成为中国一重的一员，都无比光荣。大量的高素质技术人员在中国一重聚集。

走出波谷

在计划经济时代，中国一重创造了中国诸多的"第一"。

随着改革开放的深入，国有企业粗犷的老大哥式的经营逐渐在市场经济面前显得力不从心。

订货不足、技术落后，甚至职工工资不能足额发放。这是这个时期重型工业企业面临的普遍阵痛。因国家调整、项目下马造成自有资金极度紧张，企业背负着办社会和大集体等负担，困难时每月仅给职工发 200 元生活费。

东北老工业基地的发展模式，整体落后于东南沿海。甚至从 20 世纪 90 年代末开始，一些工业企业就很难从国家获得订单。一些国营工厂甚至倒闭。

2014~2016 年，中国一重连续三年亏损运行。

"企业经历了一段非常艰难的时期。"刘伯鸣回忆，"那个时候，做大型锻件，需要昼夜工作，工人能拿到的夜班补助不够买一包方便面的。"

技术人才大量流失，在普通工人只有 3000 元/月的收入时，很多外企和民营企业来到中国一重挖人。开出的价码往往过万，科技人才大量流失。刘伯鸣看到身边大量的老同事、老同学，从小一起在富拉尔基长大的玩伴，离开一重，离开了东北。

拿着微薄收入的刘伯鸣有时并不能确定这样一艘大船该如何掉头。

此时的中国大地，一场新的改革正在推进——国有企业深化改革。

党的十九大报告提出，"要完善各类国有资产管理体制，改革国有资本授权经营体制，加快国有经济布局优化、结构调整、战略性重组，促进国有资产保值增值，推动国有资本做强做优做大，有效防止国有资产流失。深化国有企业改革，发展混合所有制经济，培育具有全球竞争力的世界一流企业"。

2016 年，刘明忠被国资委任命为中国一重董事长、党委书记，并同时兼任新兴际华董事长（至 2017 年 10 月）。

2017 年，中国一重成功制造了全球首台"华龙一号"福清 5 号反应堆压力容器，以实际行动打破了国外的封锁，开启了我国自主核电新时代

每个一重人都似乎看到了一线希望。

刘明忠曾经带着一家面临破产的企业——新兴际华，破浪疾行进入世界500 强。

在刘明忠来到富拉尔基之前，很多老一重人，开始在网上搜索刘明忠的过往业绩，这位新负责人的履历，带给他们一线希望。

首先，刘伯鸣自己就没有想到，在一线工作了二十多年，能够有机会与董事长坐在一起。"这在之前，是从来没有过的。没想到，新来的董事长要听我们一线工人的看法。"

刘伯鸣认为自己有些大胆，他提出，希望能够改善车间里的粉尘环境，保护工人健康。这看似最基本的要求，在过去的很多年都没有实现。没有想到，当天上午散会后，新任董事长刘明忠在下午就来到了一线。每个厂房都走了一遍，一面问生产情况，一面关心工人的劳动环境。"很快，纠缠了一线工人几十年的生产车间粉尘问题，就获得解决了。"刘伯鸣从那一刻起就意识到，新任董事长不同的工作风格，"他很尊重工人，以人为本而且很实干，雷厉风行"。

另外一个细节上的变化，是夜班工人有饭吃了，有人专门来送餐，而且还修建了食堂。

在工人体会到自身价值和被尊重之后，大刀阔斧的改革也更有凝聚力。

核电装备"领头羊"

什么是最好的时光，"在一重工作了这么久，我认为现在就是最好的时光。"刘伯鸣说，"员工对企业的信赖和满意度达到了前所未有的高度。"

在振兴老工业基地问题上，很多人评价的第一句话就是思想陈旧，甚至在市场上约定俗成——投资不过山海关。人浮于事，这似乎已经成了东北企业的常态。

刘明忠来到一重后，带头制定了《全面深化改革实施方案》，提出了完善体制机制等10个方面问题、21项任务、105条具体措施，并成立了由公司主要领导任组长的内部市场化、市场营销、技术质量、党建四个推进组，推进各项重点工作任务落实。

一重针对"人"的改革，就是按照"市场化选聘、契约化管理、差异化薪酬、市场化退出"原则，推行全员"全体起立"，重新竞聘上岗，以调动干部职工干事创业的积极性和主动性。刘伯鸣就是在这个时候，因为常年工作在一线，技术能力首屈一指，而被企业发现，被推举为技术带头人。

当时，核电装备制造中的大型锻件技术依旧受到国外的封锁。与普通锻件相比，核电大型锻件对钢锭的纯净性、均匀性和锻造的致密性要求更高，同时具有大型化和形状复杂的特点。

中国的核电企业把这一高难度的核电设备制造押宝在中国一重。

当时，还是水压机锻造厂锻造九班班长刘伯鸣在接到锥形筒体锻造任务时，心中也惴惴不安。中国一重和刘伯鸣个人一样，退无可退，只能凭借经验和技术反复磨炼。那段时间，刘伯鸣上班期间只要碰到技术人员就反复讨论参数和可能变形过程，有时候为了能迫切地找到一个关键点，他深夜两三点钟打电话和技术人员讨论模拟结果。功夫不负有心人，经过刘伯鸣和技术人员前期大量的工作，终于找到了锥形筒体在专用芯棒拔长、专用马杠扩孔叠片增减时机等锻造过程的关键控制点。最终，锥形筒体锻造成功，不仅填补了国内锻造技术的空白，同时也彻底打破了核电关键锻件全部依赖进口的局面。

"当时，我们还有很多技术是追赶国外技术，但是，现在，我们的技术能力甚至已经超过了国外企业，达到了国际领先的水平。"

2012 年，中国一重成功制造了我国第一台三代核电百万千瓦核反应堆压力容器，2013 年成功制造了我国首件 AP1000 整体水室封头，2017 年成功制造了全球首台"华龙一号"福清 5 号反应堆压力容器，以实际行动打破了国外的封锁，开启了我国自主核电新时代。中国一重也成为了世界上仅有的既能提供核岛一回路全部铸锻件，又能生产核岛主设备的供应商之一。这在过去，是不可想象的。

日本技术企业曾经害怕中国掌握核电大型锻件技术，千方百计封锁技术。一些生产环节，甚至不许中国人在场。然而一重挺过来了。

截至目前，中国一重已累计获得国家级科技奖项近 40 项，省部科技奖项 150 余项，市级科技奖项 80 余项，有效专利 496 项，其中发明专利 226 项，并且在核电、石化和冶金成套装备领域，制造能力已经达到了国际先进水平。

中国一重的发展壮大是改革开放 40 年我国发生翻天覆地变化的一个生动缩影，只有经历了不破不立的涅槃，才能真正放下重担，轻装前行。

刘伯鸣个人也在这一过程中，从普通的一线班长成长为首席技能大师，并先后获得全国技术能手、黑龙江省劳动模范、中国一重首席技能大师等荣誉称号，享受国务院特殊津贴。

刘伯鸣没有想到，曾经的一线工人能够获得这样多的荣誉和褒奖，"现在能感觉到整个企业的氛围都是积极向上的，实干精神在支撑着我们"。他也格外珍惜企业这来之不易的成功。现在，一重的管理层人员，常年下到第一线，考察生产情况。另一个让他有更多获得感的地方是，整个企业的价值观都在重塑。一重每年都要有劳动技能比赛——"百万一重杯"，企业拿出一百万奖励给技术人员。

再没有一重人背井离乡，远走他乡去谋生。在富拉尔基工作生活，就可以获得市场化的，同样优厚的薪酬。甚至，有大学生愿意来一重落地生根。一重兴，则富区兴。

刘伯鸣回忆，在前几年一重效益不好时，出租车司机都在抱怨"生意太难做了"。而现在，工厂下班的时候，门口则排起长长的出租车队伍。

一重的未来，可以想象。

中国石油：创业艰难百战多

文／李　哲

多少年来，几代石油人哼着《我为祖国献石油》的旋律，足迹踏遍祖国大江南北。对于中国石油天然气集团有限公司（以下简称中国石油）而言，肩负着保障祖国能源安全的重大使命。《中国经营报》记者实地调研了解到，这样的责任正如铁人王进喜所说：这困难那困难，国家缺油是最大的困难；这矛盾那矛盾，国家没油是最大的矛盾。70 年来，中国石油人秉承着这样的铁人精神，谱写了一篇为祖国献石油的华章。

石油工业的摇篮

站在玉门油田老一井前，91 岁高龄的赵宗鼐感慨万千。

1939 年，老一井正式投产。为了中国的解放事业，老一井同样贡献着自己的力量。十年后，经历过战火洗礼的老一井在 1949 年迎来了中华人民共和国的成立。

"我生命的三分之一是在玉门度过的，对玉门有着特殊的感情。每次回到玉门，都被玉门人那顽强拼搏、无私奉献的精神所感动。"中共中央组织部原常务副部长赵宗鼐向本报记者说道。2019 年是中华人民共和国成立 70 周年，同样也是玉门油田开发建设 80 周年。

1949 年，中华人民共和国成立之初，全国原油产量仅有 12 万吨，其中，天然原油仅 7 万吨。资料显示，玉门油田 1949 年原油产量为 6.9 万吨，占当年全国天然原油产量的 98%。

百废待兴中的中国，急需石油来恢复国民经济。朱德总司令曾感慨道，没有石油，飞机、坦克、大炮不如一根打狗棍啊！因此，恢复石油工业的重点被放在了玉门。

1951 年，大学毕业的赵宗鼐来到玉门油田。"当时我们一行人乘坐火车从北京到达西安后，再往西就不通火车了。从西安到玉门我们乘坐的是运送重晶石的卡车，行李放在石头上，人坐在行李上，每到歇脚的时候，就要把行李拿下来。道路崎岖，一路上都是土路、砂石路。一路走走停停，终于在十几天后到达了玉门。"赵宗鼐回忆道。

虽然条件艰苦，但正处于恢复生产期的玉门油田上空萦绕着一股昂扬的气氛。在那样一个物资匮乏的年代里，生产建设靠的正是一个信念。石油工人们的生产积极性空前高涨，钻井工人打破惯例，坚持在冬季出工，全矿生产现场一派欣欣向荣。

就这样，1950~1952 年，玉门油田新增油井 30 口，完成钻井进尺 1.7 万米，相当于玉门油田中华人民共和国成立前 10 年钻井总进尺量的四分之三。1952 年实现原油产量 14.3 万吨。

20 世纪 50 年代，玉门油田开始按照科学方法开发油田。1953 年，在苏联专家的帮助下，中国石油地质人员明确了老君庙油田为水驱油田。在科学采油的推动下，至 1959 年，原油产量达到 93.64 吨。回顾当年的场景，赵宗鼐说道："玉门是艰苦奋斗搞起来的，改变了石油工业落后的面貌，是石油事业的先行者。"

无论是保障供给还是科学采油，玉门油田作为共和国的石油摇篮，不断地为全国石油输送力量。

为祖国找油

与世界原油格局几乎同期发生变化的是中国原油的供给格局。

1953 年前后，美国原油产量开始呈现出疲软势头，与此同时，中东地区一批特大型油田陆续被发现。世界石油的中心开始从美国向中东转移。自此，全球石油大发展的时代来临了。

同样是在 1953 年，中国推进第一个五年计划，当时，石油工业在中国的工业部门中还是最薄弱的环节。1953 年，毛泽东主席在听取地质部部长李四光的建议时表示，要进行建设，石油是不可缺少的，天上飞的，地下跑的，没有石油都转不动。

然而，任何事业的起步都是艰难的。在第一个五年计划的头三年里，石油工业队伍装备落后，经验匮乏，将大量精力应用在玉门和准噶尔地区，但是勘探开发收效甚微，仅在甘肃和新疆零星发现了几个小油田。随后，时任石油工业部副部长的康世恩调整思路，在四川、青海柴达木盆地以及新疆克拉玛依地区采取"撒大网、捕大鱼"的做法开展石油勘探工作。

思路调整后，1958 年，青海石油勘探局在青海冷湖地区打出了日喷 800 吨原油的高产油井，到 1959 年，在柴达木盆地先后探明了冷湖 5 号、4 号、3 号油田，并于当年实现了 30.7 万吨的原油产量。

1959 年底，全国石油探明储量比第一个五年计划末增长了 77%，全国原油产量达到了 373.3 万吨，比第一个五年计划末增长了 1 倍以上。然而，1959 年，全国石油产品销量为 504.9 万吨，其中，自产的只有 205 万吨，自给率只有 40.6%。可见，当时我国石油工业的落后面貌还没有根本改变。

此时，石油勘探部署开始东移。1958 年，时任中共中央总书记邓小平同志指示，石油勘探工作应从战略方面来考虑问题。在第二个五年计划期间，东北地区能够找出油来就很好。

根据邓小平谈话精神，石油工业部（中国石油前身）于 1958 年先后组建了送料石油勘探局、华东石油勘探局、华北石油勘探处以加强这些地区的勘探工作。从此石油勘探的重点开始向东移动。

石油勘探的东移为 20 世纪 60 年代大规模开展东部地区石油勘探与开发创造了重要的前提条件。

石油大会战

1959 年 9 月，大庆地区松基三井喷出工业油流，一场轰轰烈烈的石油会战就此展开。一举让中国把贫油的帽子甩到了太平洋。

1959 年 9 月 26 日，松基三井喷出工业油流，标志着大庆油田的发现

1959 年，中国柴油和煤油库存量同比下降 24% 和 15%，1960 年再次同比下降了 23% 和 38%。其中，高级的航空燃料更是全部依赖进口。1960 年，苏联专家撤离，石油工业作为能源生产部门，面临的形势非常严峻。同年，石油输出国组织（OPEC，欧佩克）正式成立。

正是在这样的背景下，1959 年，大庆地区松基三井喷出工业油流。在随后的勘探中，逐渐探明大庆地区是一个面积达 2000 多平方千米的有利于含油的机构造带。基于此，一场集中石油系统一切可以集中的力量的石油大会战正式打响了。

然而，当时的大庆生活条件非常艰苦，大庆油田会战的第一年，4万多职工在毫无依托的大草原上进行工作。既无房屋又缺少交通工具，连锅灶、生活用具都不齐全。可以说，大庆石油会战是在困难的时候、困难的地区、困难的条件下进行的。

为了石油会战，石油工业部（中国石油前身）党组成员和部机关一半以上的干部搬到会战前线办公，时任石油工业部部长余秋里和副部长康世恩就住在现场的一座牛棚里。

为了支援大庆石油会战，玉门油田更是将家底掏空，机器设备几乎全部运往大庆，王进喜、孙德福等一批优秀的石油工人全部奔赴大庆。

1950年，王进喜成为中华人民共和国第一代钻井工人。在老君庙油田艰苦的环境下，王进喜获得了"钻井闯将"的称号。1960年2月，东北松辽石油大会战打响。"玉门闯将"王进喜带领1205钻井队来到萨尔图。

刚到萨尔图，下了火车，王进喜一不问吃、二不问住，先问钻机到了没有、井位在哪里。没有吊车和拖拉机，汽车也不足，王进喜带领全队工人用撬杠撬、滚杠滚、大绳拉的办法，"人拉肩扛"把钻机卸下来，运到萨55井场，仅用4天时间，把40米高的井架竖立在茫茫荒原上。

井架立起来后，却没有打井用的水。4月的大庆，冰天雪地，每个水泡子都是厚厚的坚冰。王进喜率先用镐头砸开冰层，敲开一个1米方圆的窟窿。大家找来了水桶、脸盆、水壶等各种容器，甚至连灭火器的外壳、铝盔都成了运水的工具。附近的老乡和许多机关干部都闻讯赶来端水，很快形成了一条人工运水线。水源源不断地被运到井场的泥浆池中。就这样硬是靠人力端水50多吨，保证了按时开钻。萨55井于4月19日胜利完钻，进尺1200米，创下5天零4小时打一口中深井的纪录。

在物质极度匮乏的情况下拿下大油田，中国石油人靠的正是那样一种精神。据一位曾经参与大庆石油会战的同志回忆，松辽地区的雨季来得特别早，大地刚刚解冻，就开始下雨。1960年，赶上了40年不遇的连续降雨。很多人没有雨衣雨鞋，只能光着脚站在水中。"当时油建有一个小分队，在荒原深处施工，被暴雨隔绝失去了联系，被困野外。他们只能靠吃野菜充饥，用雨水解渴，坚持施工，就这样度过了七天七夜。"上述同志说道。

这个小队的经历只是参与会战的一个缩影。1960 年 4 月 29 日，1205 钻井队准备往第二口井搬家时，王进喜右腿被砸伤，他在井场坚持工作。由于地层压力太大，第二口井打到 700 米时发生了井喷。危急关头，王进喜不顾腿伤，扔掉拐杖，带头跳进水泥浆池，用身体搅拌水泥浆，最终制服了井喷。就这样，王进喜带领着 1205 钻井队打出了大庆石油会战的第一口井。"宁可少活 20 年，拼命也要拿下大油田。"如今，铁人的精神仍然贯穿于中国石油的工作之中。

经过三年艰苦卓绝的奋斗，大庆油田从无到有。自 1959 年 9 月第一口探井见油到 1960 年底基本探明 865 平方千米的含油面积，只用了一年多的时间。到 1963 年，大庆油田累计打井 1178 口，建成了具备年产 600 万吨原油生产能力的大油田，并于当年生产原油 439.3 万吨，占全国原油产量的 67.8%，为实现石油基本自足起到了决定性的作用。

科学采油保稳产

初具规模的大庆油田面临着稳产和增产的任务，此时，科学采油成为了大庆油田发展的新动力。

1976 年，在国家统计局年报中，出现了一串闪耀的数字：大庆油田年产原油量 5030 万吨。这也意味着大庆油田跨入了世界特大型油田的行列。此时，第一次石油危机让全球经济遭受重创。石油在国家经济发展中的重要性再次凸显。此后的几年中，接连不断的石油危机让国际油价如同坐上了过山车。对于中国石油人而言，保证稳产成为了重中之重。

"快乐是一辈子做自己喜欢做的事。"这句话写在王启民讲义手稿的最顶端。今天，82 岁的王启民现在仍然在做着科研工作，对于王启民而言，为祖国献石油就是他一辈子最快乐的事。2019 年，党中央表彰的 28 位国家荣誉称号获得者中，王启民位列其中。多年的工作更是让他被誉为科技兴油保稳产的大庆"新铁人"。

1960 年，作为北京石油学院的实习生，王启民第一次来到大庆。会战现场的场景深深地印刻在了他的脑海里。1961年毕业后他主动来到了大庆。当时，开发这样的大油田在我国尚属首次，不少国外专家断言，中国人靠自己的力量开发不了这么复杂的油田。不服气的王启民和大家在"干打垒"的门上贴上了一副对联：莫看毛头小伙子，敢笑天下第一流，横批：闯将在此。就这样，探索油田开发规律成为了他一生的追求。

大庆油田开发建设不久，已有一半以上油井油层被淹，采出率只有5%。这样下去，将使油田80%的地下资源化为乌有。当时，国际油井开发的主导理论是"均衡开采"，就是通过向地下均匀注水，然后把油均匀地开采出来。但是，大庆油田采用这样的办法却让许多油井遭到水淹，产量急剧下降，甚至许多技术人员患上了"恐水症"。此时，有人提出"温和注水"的理论，只要油井见水就降低注水速度和水量，但是，这个方法导致采油速度缓慢，严重影响了开发效果。

掌握地下油水分布规律对保障油田稳产至关重要。地下的世界是看不见摸不着的，王启民决定到井上实地观察、取资料。就这样一干就是几年。几年的时间里，他逐步摸清了油田开发前期的油水运动规律，并提出了"非均质"开发理论。他将大庆油田地下的地质称为非均质，也就是厚油层与薄油层杂糅在一起的地质条件。他形象地将厚油层比作"大个子"，薄油层比作"小个子"。在注水采油时，先分析每一口井的情况，然后采取不同的注水方式，让"大个子"和"小个子"都能跑出好成绩。"非均质"理论的提出让日产百万吨的高产油井成批涌现。

如今，手拿着油矿标本的王启民谈起过往的经历时仍然难掩激动。"这里面是有油的，但是当时很多人不相信我们能够从这里面把油提出来。我当时就想，既然是做科研，研究研究总行吧。"王启民拿着手中的矿石说道。

就这样，为了保障大庆油田增产、稳产，王启民做了四五年的研究。但是，他的理论并没有得到认可。"就在我走投无路的时候，天上掉馅饼了。"王启民向记者说道。

"当时北京召开了一个研讨会，有一个做勘探的专家，对我汇报的问题很感兴趣。"王启民说道。随后，在专家的引荐下，王启民得以直接向康世恩和余秋里汇报了他的科研成果。"我们已经做了四五年了，资料和例子已经很丰富了。当时领导就说，你能把这里面的石油能变成产量，这就是有理、有功。"王启民向本报记者回忆道。王启民的科研成果直接保障了大庆油田在 20 世纪 90 年代的十年稳产。1996 年底，大庆实现了 5000 万吨连续 21 年稳产，创造了世界油田开发史上的奇迹。

中国石油成立

中华人民共和国成立至今，如果说前 30 年的中国石油业发展史是一部浴血创业的奋斗史，之后的 40 年中国石油则逐步变身为一艘现代企业的航母。

1988 年，经国务院批准，原石油工业部改组为中国石油天然气总公司（中国石油前身）。1998 年 3 月，国务院机构改革中，将石化总公司、石油天然气总公司和化学工业部的政府职能合并，组建国家石油和化学工业局。而化工部和两个总公司下属企业则按照上下游结合的原则分别组建两个特大型石油石化企业集团和若干个大型化肥、化工产品公司。

当年 5 月，中国石油天然气集团公司与中国石油化工集团公司签订了《关于划转企业的交换协议》。原中国石油化工总公司所属的大庆石化总厂等 19 家企业划转给中国石油天然气集团公司，原中国石油天然气总公司所属的胜利石油管理局等 12 家企业划归中国石油化工集团公司。

1998 年 7 月 27 日，中国石油天然气集团公司和中国石油化工集团公司正式宣告成立。次日上午 8 点 30 分，马富才总经理为中国石油天然气集团公司（以下简称中国石油）揭牌。

2000 年 4 月 6 日，成立一年有余的中国石油成功登陆纽交所，4 月 7 日又在香港联交所挂牌，上市资产包括石油勘探和生产、炼油、石油化工及天然气业务，涵盖了在 8 个省份中的 29 个炼油厂和 17 个化工厂。可以说，中国石油将最优质的资产上市。通过全球公开发行股票募集资金 203 亿元人民币。

正是因为借力海外资本市场，中国石油从一个传统国有企业转变为具有国际竞争力的公司。在海外资本市场的严格监管下，中国石油通过规范的公司改革，成长为适应市场要求、符合国际惯例的现代石油企业。凭借强大实力和发展活力，快速融入世界经济体系。

登陆纽交所 7 年后，中国石油选择了回归中国 A 股市场。2007 年 11 月，中国石油以每股 16.7 元的价格发行 40 亿股。融资规模达到 668 亿元，成为当年最大的 IPO 项目。上市当日，中国石油股价开盘价 48.60 元，涨幅达 191.02%。成为 A 股第一大市值股票，在上证指数中所占权重接近四分之一。总市值在当时一举超过埃克森-美孚石油，成为全球市值最高的上市公司。

高质量发展稳前行

经历过上市回归的风风雨雨后，中国石油逐渐成长为具有国际竞争力的现代化企业。新时代中，高质量发展成为企业追求的目标。

在今天的中国石油内部，玉门油田已经开发建设 80 年，而大庆油田也已耕耘 60 年。十九大报告中提到，国有企业要通过改革创新，走在高质量发展前列。对于高质量发展，中国石油选择了一条突出创新引领、绿色低碳、开放合作、共建共享的协调发展道路。

横跨 10 省区长达 3836 公里的西气东输管道，对保障东部地区经济发展发挥了重要作用。图为西气东输源头克拉 2 气田

在大庆油田刘丽工作室内，一台 3D 打印机正在工作着。在众多工艺能手的

眼中，这可是个好宝贝。"以前我们有一个好想法，往往需要和磨具师傅沟通，画成图纸，然后让车间去生产，这样不但费时费力，效率还非常低。"大庆油田采油工、中国石油集团公司技术专家刘丽指着3D打印机说道，"有了这台机器，我们就可以把一些想法先打印出来，然后去现场实验，调整方案，这样在提高我们工作效率的同时还降低了成本。"

而在中国石油玉门油田公司机械厂内，几台大型玻纤增强管缠绕机正在为柔性复合高压输送管缠绕纤维预浸带。"这样的管材不仅绿色环保，在柔韧性、耐高压、耐腐蚀、防结蜡等方面性能都很突出，可广泛用于石油开采及炼化过程中的输水、输油、输气、注醇等作业需要。"机械厂负责人说道。

在高质量发展的整体思路指导下，2018年，中国石油主要油气田再次实现大丰收。其中，长庆油田2018年油气当量再次突破5000万吨，塔里木油田年产油气当量2673万吨，大庆油田完成油气当量4166万吨，骄人的成绩保障中国能源安全，"我为祖国献石油"的精神已经深深地烙印在每一代中国石油人的心中。

中国石化：让每个人的生活变得更美好

文／李 哲

　　上海世博会期间，石油馆长期处于热门馆榜单前三甲。4D 电影《石油梦想》让每一位排队进入展馆的观众流连忘返。而其中的一组数字让每一位参观者吃了一惊，人的一生要穿掉 0.29 吨石油，吃掉 0.55 吨石油，住掉 3.79 吨石油，行掉 3.84 吨石油。除了汽油，石油从未如此接近每一个人的生活。

　　记者了解到，正式通过炼化让石油变成了让生活丰富多彩的日常用品。70 年来，中国石化人的不懈奋斗见证了一个国家的崛起和人民生活翻天覆地的改善。

炼化艰难起步

　　"油品质量我们还是相信这里。"一位在中国石化加油站内加油的消费者向本报记者说道。如今，92 号汽油对于消费者而言已经司空见惯，然而，中华人民共和国成立之初中国只能炼化生产 56 号汽油。70 年间，中国的炼化能力实现了翻天覆地的变化。乙烯是衡量一个国家经济发展水平的重要标志，1962 年，中国的乙烯产量还只有 5000 吨，到了 2017 年，中国乙烯产量蹿升至 1822 万吨，位列世界第二位。

将时间拨回到 1949 年，中华人民共和国成立之初，全国原油加工能力非常薄弱。据统计，1949 年底，全国原油加工能力仅有 17 万吨，当年实际加工原油量 11.6 万吨。当时的石油产品只有 12 种。当时国内消费的石油产品 90% 以上依赖进口。中华人民共和国成立后，党和人民政府非常重视石油炼制工业的恢复和发展，1949 年 10 月，燃料工业部成立。然而，当时缺气少油的中国在炼化领域几乎是空白的。中华人民共和国成立时，全国在玉门、延长、独山子、大连、锦西等地有 5 个天然原有加工厂。1949 ~ 1959 年的 10 年间，中国的天然原油产量由 7 万吨增长到 276.3 万吨，快速增长的原油以及国防建设、工农业生产等方面的需要，10 年间先后改建和新建了 8 个炼厂，从而让当时中国的原油总加工量增长到 579 万吨。

但是，当时中国炼化的基础仍然非常薄弱。乙烯产量是反映一个国家综合国力的重要标志之一。1960 年，美国乙烯产量达到 247.2 万吨，英国 30 万吨，联邦德国 22.8 万吨，苏联 18.1 万吨，日本 7.8 万吨，而中国在 1962 年乙烯产量才5000 吨（2017 年中国乙烯产量 1822 万吨，位居世界第二位）。

大庆石油会战让中国的原油产量猛增。1965 年，中国实现原油产量 1131.5 万吨，比 1959 年增长了 3.3 倍。有了原油产量的支撑，中国炼化由此进入快车道。

"五朵金花" 保供给

1965 年对于中国石油炼化而言是具有重要意义的一年。

炼化工艺技术的发展是以社会对油品的需要和所加工原油的特性为基准的。20 世纪 60 年代初，中国对汽油、柴油和煤油的需求量增长很快。然而，当时中国的炼化技术只相当于 20 世纪三四十年代的水平。因此，对于国内炼化而言，及时采取新技术、新工艺来替代原有技术已经迫在眉睫。因此，经过多番论证和调研，最终决定，中国炼油技术要依靠国内自己的力量，尽快掌握流化催化裂化、催化重整、延迟焦化、尿素脱蜡和有关的催化剂、添加剂五方面的工艺技术。当时，石油部副部长刘放形象地将这五项新工艺称为石油炼化工业的"五朵金花"。

在"五朵金花"中，首当其冲的就是流化催化裂化技术。这是一项在国外发展很快、在炼油工艺结构中占很大比重的二次加工技术。记者了解到，当时的汽车工业正在向高功率、高压缩比的方向发展。因此，车用汽油的辛烷值逐步从 56 号提升到了 66 号。而催化裂化装置生产的汽油产品辛烷值较高，这项技术在炼油工艺中占有十分重要的地位。

但是，当时的中国，工业配套体系还没有真正地建立起来。想要依靠自己的力量建造这样一套装置尚属首次。其中，双动和单动滑阀是用来控制整个装置催化剂流动和反应器、再生器压力的重要装置。"这款滑阀在当时来看结构非常复杂，有 2000 多个零部件，要求十分灵敏，同时还必须耐磨、耐高温。"当时参与设计的一位工作人员向本报记者表示，"当时我们希望从国外采购一套这样的滑阀，但是交货时间太晚了。并且灵敏度我们认为没有达到我们产品的要求。"

1965 年，部分设计人员在首套国产流化催化裂化装置前合影

这样关键的零部件只能依靠国产。北京石油设计院和抚顺设计院的工作人员共同绘制了产品图纸。并配合兰州炼油厂机械厂的工作人员一同参与技术攻关。经过大量的实验，克服了技术上、设备上的重重困难，最终将这款产品制造成功。

"我们制造的这款产品灵敏度可以达到 1/400，而国外的产品只能做到 1/150，可以说当时中国自制的滑阀产品已经达到了当时的国际水平。"参与设计的一位工作人员说道。

事实上，对于一套大型炼化设备而言，滑阀只是其中的一个部件。当时的流化催化裂化装置共有仪表 146 套、1355 台件，其中 90% 以上都是新型号，品种多、精度并且还带有声光信号和完善的自动保护系统。这些对于当时中国的炼化配套产业而言，有许多产品的规格在国内以前从没有正式生产过。

"当时，这套装置需要一种耐热耐磨衬里。这种材料在当时的制作配方是技术秘密。我们就只能畸形摸索着尝试，查阅了大量的资料，选择材料、研究配方和烘干方法。然后在现场反复试验。"参与设计的一位工作人员说道。最终，科研人员得到了技术指标达标的合格产品。

装置建成后，进入试运投产同样是非常关键的阶段。石油部组织了科研、设计、施工、生产等一大批相关的专业人员与职工一起参与到试运投产工作中。本着"稳扎稳打，步步为营，走上不步看下步，不断总结经验稳步前进"的试运投产方案将试运投产分步骤进行。

最终，在大家的共同努力下，1965 年，这套装置实现了工程质量总验收一次合格，装置一次投产成功，产品质量一次合格，优品收率一次达到设计要求的"四个一次成功"。

伴随着流化催化裂化技术的攻克，催化重整、延迟焦化、尿素脱蜡和有关的催化剂、添加剂也相继攻关成功。1965 年，全国石油产品品种达到 494 种，比 1959 年增加了 185 种，汽油、柴油、煤油、润滑油的总产量达到 617 万吨，比 1959 年增长了 387.5 万吨，使中国石油产品实现了当时供给水平上的全部自给。

用好 1 亿吨原油

1978 年 12 月，十一届三中全会的成功召开在指导思想上实现了工作重心的转移。在中央制定的到 20 世纪末工农业产值翻两番战略目标的推动下，中国石油炼制工业的发展进入了历史新阶段。

1981 年 11 月，第五届人大第四次会议的《政府工作报告》中指出：中国一亿吨石油所创造的价值同工业发达国家相比相差很大，这是一种很大的浪费。要大力改组、改造现有炼油、石油化工企业，提高原油加工深度，发展石油化工综合利用。

围绕用好一亿吨原油这样一个大课题，当时的石油部展开了大讨论。并决定从技术升级方面入手，提升原油炼化效率。

1983 年 7 月 12 日，中共中央、国务院批准成立中国石化总公司（中国石化前身），李人俊任中国石化总公司董事长、党组书记，陈锦华任中国石化总经理。原隶属石油部、化工部、纺织部和地方的 39 家企业及其他企事业单位相继划入石化总公司。为成立一家公司而由党中央、国务院直接发文件，这是前所未有的。

在成立大会上，中央政治局常委、国务院副总理姚依林表示："针对我国一亿吨原油的使用不合理、经济效益不高的现状，党中央、国务院经过充分论证，下了最大的决心，把分散在各部门、各地区的 39 个大中型石油化工企业高度地联合在一起，组成全国最大的石油化工总公司，这是一项重大的决策。无论从近期还是长远考虑，发展石油化工能为国民经济建设提供较多的财力，增加国家的收入和积累，石油化工技术的进步将带动其他工业的发展。"

可以说，中国石化总公司的成立之初就是带着高质量发展的任务的。1984 年 4 月，中央领导指示，要求少投入、多产出、快产出、为国家多做贡献。针对这一点，石化总公司做出了有针对性的工作。

当时，石化总公司生产的汽油还是 70 号，而国外大部分国家生产的汽油在 80 号以上。更加具体一些，炼油单位能耗比美国、日本大体上要高 6%～7%。合成氨吨氨能耗比国外先进水平高 200 万～300 万大卡。

差距就是潜力。石化总公司计划，"七五"期间的经济效益增长 85% 要依靠现有生产企业和装置承担。挖掘改造潜质成为了工作的重点。20 世纪 70 年代到 1985 年，中国先后引进并陆续投产石化、化纤、化肥装置共 68 套。但是，能够达到设计生产能力的只有 20 套，占比仅为 29%，与此相对应的是，国外相同的装置往往在验收后的第二或第三年就达到设计指标。

当时，有一套设计年产 30 万吨的合成氨生产装置，国外同样装置可以实现年产 33 万吨的产能，但是，国内以石油为原料的合成氨装置最高年产能力只有 27 万吨左右。

针对这一情况，石化总公司决定重点狠抓 7 套合成氨大化肥的产能达标，进行达标竞赛。一系列针对以石油为原料生产合成氨的技改计划开始实施。其中，一套生产装置的燃气轮机和空气压缩机的功率自装置上马之初就存在功率不足的问题。经过检测和重新测算，调整了燃气轮机的生产参数，从而改善了功率不足的问题。此外，还在合成塔进料口温度、合成装置气密性等方面改造生产装置。

经过装置改造，有 5 套装置第一次达到设计指标，其中，一套以气为原料生产合成氨的装置年产达到了 32 万吨。达标竞赛提升的化肥产量相当于不建装置、不花投资的情况下又增加了半套年产 30 万吨合成氨装置，一年的经济效益至少可以达到 2 亿～3 亿元。

经过一番精细化改造提升，至 1990 年，我国原油加工能力已经达到 1.44 亿吨（其中，中国石化总公司 1.24 亿吨），位居世界第四。中国石化总公司在六年内累计总产出（实现利税）946 亿元，超过预期目标 46 亿元，此外，石化总公司六年间累计创汇 56 亿美元。6 年间，轻质油品收率从 53% 提升至 58%，90 号以上汽油在汽油总量中的比重从 12.2% 提升至 35%。

打破格局整装待发

1998 年，中国石油化工产业格局再次发生变化。当年 3 月的国务院机构改革中，石化总公司、石油天然气总公司和化学工业部的政府职能合并，组建国家石油和化学工业局。而化工部和两个总公司下属企业则按照上下游结合的原则分别组建两个特大型石油石化企业集团和若干个大型化肥、化工产品公司。

在指导意见下，当年 5 月，中国石油天然气集团公司与中国石油化工集团公司签订了《关于划转企业的交换协议》。原中国石油化工总公司所属的大庆石化总厂 19 家企业划转给中国石油天然气集团公司，原中国石油天然气总公司所属的胜利石油管理局等 12 家企业划转给中国石油化工集团公司。

1998 年 7 月 25 日，国家经贸委印发了《中国石油化工集团公司组建方案》和《中国石油化工集团公司章程》，至此，中国石油化工集团公司（以下简称中国石化）组建工作基本完成。

在发展社会主义市场经济的基调下，新的中国石化实现了石油、石化的上下游一体化。观察当时世界主要石油巨头，埃克森、壳牌、英国石油等都是上下游相结合的。这样的调整可谓非常及时。

1999 年，国务院改革原油、成品油价格形成机制，决定国内原油价格从 1999 年 6 月 1 日起与国际接轨，成品油从 6 月 5 日起执行新的价格，并实行新的价格机制和流通体制。

当时，中国石化公司炼油开工率不足 70%，与此相对应的是，国外大公司的开工率大多维持在 80% 以上，此外，当时中国石化成品油终端的销售很薄弱，零售市场占有率只有 40%，而当时中国石化的资产利用率仅有 2%，与埃克森、英国石油等国外大企业相差四五倍之多。

这样的状况直接导致国内石化市场中有一半都被国外企业占领。当时，中国已经成为世贸组织的观察员国家，并且距离正式加入 WTO 还有不到两年的时间。国外的大公司兵临城下，可以说，市场上的主要竞争对手已经转变为国际石油巨头。

因此，在中国石化内部，改革内部管理体制，转变经营机制，推动重组改制的行动就这样开始了，而这一切的目标只有一个，那就是打造属于中国的跨国公司。

1999 年初，改组方案开始制定，在多个国家部委和主要银行的支持下，半年后，中国石化的充足改制方案初步确定。其中，把石油石化主营业务中的优质资产组建一个由集团公司控股、在境内外发行股票并上市的股份公司并使其成为主业突出、结构合理、管理和技术水平较高、市场竞争力较强的国际上市公司成为了重组改制的基本目标。

在这样的目标下，中国石化确定了"三分""三走""四化"的原则。着重将主业和辅业分离并突出和精干了主业，提高劳动生产率和提高竞争力的工作贯穿始终，最终确定了以油田勘探开发、炼油化工、市场营销为核心优势业务的业务架构，这样的业务架构一直沿用至今。

在改制过程中，最为艰难的是人走和人留。1999 年前后的国企改革中，一大批的员工面临下岗、买断工龄等实际问题。"很多人都是跟随石化一路走过来的老同志了，他们经历了那个艰难的年代。从情感上来说是很难割舍的。更何况他们的背后都是一个个的家庭。但是，为了给国企减负，给央企提升效益，这样的阵痛是必须要经历的。"一位经历了当时国企改革的人说道。

中国石化确定了上市人员占 45%、非上市人员占 55% 的目标，并继续减少下岗，实施社会部分逐步移交地方、多种经营带资分流、鼓励职工自谋职业等方式，尽量减少人员安置带来的阵痛。

在改制过程中，中国石化进行了非常关键的机构重组。中国石化既要保持国家出资设立的国有独资公司，国家授权投资的机构和国家控股公司等性质不变，又要成为上市公司的母公司，对上市公司享有所有者权益。在这些权益保障的前提下，中国石化上市公司做到管理模式与世界接轨，建立了法人法制机构并实行了业务部和职能部相结合的体制。这些如今看似很正常的公司制度对于当时的中国和大体量的中国石化而言，可谓至关重要的一步。

2000 年 2 月，中国石油化工股份有限公司在京正式成立。经过改制后，公司总资产达到 2495 亿元，原油产量 3531 万吨，炼油一次加工能力 1.27 亿吨，乙烯产量达到 205 万吨。一艘"国企航母"已经整装待发。

2000 年中国石化正式在海外上市，发行 167.8 亿股 H 股，募集资金 270 亿港币，约合 34.62 亿美元。2001 年 8 月，中国石化又成功在国内发行 A 股 28 亿股，筹集资金 118 亿元人民币。成为了我国第一家既在境外又在境内上市的特大型国有企业。

海外经营寻合作

中国加入 WTO 后，与国际接轨成为了企业发展的另一个主要方向之一。中国石化主动出击，在海外市场与国际石油巨头一较高下。

"十五"期间中国石化开始积极实施"走出去"战略。以中东、非洲、中亚等地区为战略重点。"十五"期间，完成海外油气总投资 27 亿美元，2004 年获得权益油 21.66 万吨，实现了权益油零突破。截至 2005 年底，中国石化共拥有常规石油权益剩余可采储量 7000 万吨。

中国石化下游企业境内对外合资合作也在这一时期取得了突破。当时共设立合资企业 25 家，合同金额 80.5 亿美元，外方直接投资 42 亿美元，其中巨头代表性的扬子-巴斯夫、上海赛科合资项目取得了很好的效果，为中国石化产业发展注入了新的活力。

随着中国石化海外市场的不断扩大，权益油产量也在不断增加。2007 年实现权益油产量 686.6 万吨，两年后的 2009 年就猛增到了 1279 万吨。但是，2008 年的全球金融危机给中国石化"走出去"带来了影响。基于这样的市场环境和国际形势，中国石化采取了公司并购、资产收购、产权置换、参股等方式加大新项目开发力度。

通过资本运作等方式，中国石化先后成功收购了瑞士 Addax 公司、特尼达和多巴哥 Talisman 资产以及加拿大 NLP 项目。

2011 年中国企业在海外的 11 宗海外油气并购案中，中国石化占了 5 宗，其中收购葡萄牙 GALP 能源公司拥有的巴西深水油田资产交易额高达 51 亿美元，创下当年中国企业最大一起海外并购案。

2013 年，中国石化收购了美国阿帕奇公司埃及油气资产权益，首次进入埃及油气市场。同时，其还以 10 亿美元收购了美国切萨皮克公司在俄克拉荷马州北部部分密西西比灰岩油藏油气资产 50% 的权益，创出中国企业收购美国油气资产的最高比例。2014 年初，中国石化以 12 亿美元收购了俄罗斯卢克石油在双方位于哈萨克斯坦合资公司中的股权，并由此获得哈萨克斯坦四个陆上油田的完全控制权。

积极的对外合作态势让中国石化在国际市场上确立了属于自己的份额和地位，促进了结构调整和产业升级。

非油业务迅猛发展

随着时间的推移，国际能源格局也在发生着变化。2010 年前后，全球环境问题越来越突出。煤炭、石油等一次能源正在面临着清洁能源和新能源的挑战。

这一转变也带动了中国石化在非油业务的发展。全国 2.7 万座加油站成为了中国石化进军零售业的重要抓手。经过十余年的发展，易捷便利店品牌已经成为全国连锁百强企业。

对于国外成熟市场的加油站而言，利润有 50% 以上来自非油品业务。在江苏省南京市西湖路易捷便利店俨然已经集合了汽车生活多方面的需求。洗车服务、生活购物甚至蛋糕店都一应俱全。

9 月 5 日，中石化全新品牌"易捷咖啡"首店落户苏州星湖街加油站，目前苏州已有 9 家店，都在加油站附近。据介绍，"易捷咖啡"是中石化易捷基于新零售理念，推出的全新自有咖啡品牌。该品牌基于满足有车一族车内消费需求构建，是加油站便利店业务"外送+到店消费"新零售模式的创新。其打造了三种不同定位的系列产品：92 号（黑白咖啡）、95 号（时尚特饮）、98 号（精品系列），这样的名称也是与中石化加油站的场景非常契合。

伴随着能源格局的转变，全球石油巨头同样在发生着调整。如今，包括道达尔、英国石油公司、壳牌在内的多家石油巨头纷纷开始在新能源方面投入。中国石化在加油站中加入了充电服务。2010 年和北京首科集团宣布共同出资成立中石化首科新能源科技有限公司，拟投入 40 多亿元用于建设充电站以及电动汽车和充电设施的研发；2015 年，中石化与北汽达成合作，在北京市内建设充换电站。

党的十八大以来，"互联网+"成为了央企转型升级的新方向。2015 年，中国石化结合公司物资采购与供应实际建立的集采购、销售功能于一体的电商平台易派客正式上线。

2018 年易派客平台交易量 2862 亿元，超前几年交易量总和。截至 2018 年底，平台累计上线商品 401 万种、上架单品 5030 万个、注册用户超 16.6 万个、交易金额 4835 亿元。

其中，易派客国际业务平台交易额达 175 亿美元。已汇聚全球采购商超 1 万家，供应商超 1200 家，商品近万种，业务范围覆盖美国、巴西、德国、俄罗斯、印度等 104 个国家和地区，涉及原料、材料、设备、化工等多个工业品领域，交易金额达 175 亿美元。

中石化下属茂名石化千万吨级炼油基地全景

易派客已为"一带一路"沿线国家提供贸易服务金额超 46 亿美元。易派客积极遵循"一带一路"倡议，不断拓展跨境电商功能，已与"一带一路"沿线 34 个国家共计 125 家供应商、141 家采购商建立合作。截至目前，易派客国际业务平台已实现"一带一路"沿线企业间的工业品进出口贸易 46.6 亿美元，占平台贸易总量的 26.6%。

如今的中国石化已经成为一家年营业收入近 3 万亿元，日均净利润超亿元，年加工原油约 2.5 亿吨的全球最大的炼油商。70 年一路走来，中国石化伴随着共和国共同成长，无论是炼油化工还是社会责任，中国石化都在践行着一个央企的责任和担当。

华为：32年崛起路

文／李正豪

从 1 人到 19 万人；从 0 元到 1000 亿美元；从代理他人产品到全球电信设备巨头——过去 32 年，华为从深圳出发，与共和国同行，成为我国民营企业之星。

任正非在 1987 年 9 月 15 日创立的华为，其自主创新、永攀高峰、敢于挺进无人区的精神，正成为新时代的创新榜样。其所体现的"深圳速度"，也更深刻地诠释着"中国经济奇迹"的深厚基础。

为什么是华为？这可能是一个"横看成岭侧成峰"的问题，但"用好人，分好钱"一定是其中一个关键因素。

"任正非既不懂技术，也没有客户关系，但在用人方面确实非常独到。他有一个理念，就是敢于分钱，比如内部期权，很早就在运作了，这是一般人做不到的。"华为第一任人力资源副总裁张建国（2000 年离职）告诉记者，华为最厉害的地方是用人，也是最早搭建人力资源体系并提出人才"知本论"的中国公司。

华为第二任人力资源副总裁吴建国（2002 年离职）则在相关讲座中提及，华为人才战略的秘密就是"5 个人的活 4 个人干，发 5 个人的工资"。

人才，以及策动人才的激励机制，始终是企业发展、社会进步的重要动力。在中华人民共和国成立 70 周年之际，我们再次回归，这一市场经济的"基本法"，共同期待一个更加繁荣昌盛的未来。

草创阶段的人才行动

现在，任正非被视为中国企业界的"教父"之一。但其创业之初有着颇多无奈。

大学毕业入伍成为建筑工程兵，但 1983 年我国撤销基建工程兵。39 岁的任正非以副团长的身份转业，成为当时深圳最好的企业之一——南油集团旗下一家电子公司的副总经理。但因为一笔生意被坑，导致公司 200 多万元货款无法收回，任正非被炒了鱿鱼成了失业者。

1987 年 9 月 15 日，43 岁的任正非，找朋友凑了 2.1 万元，在深圳注册了华为技术有限公司，并成为香港康力公司的产品——HAX 模拟交换机的代理商。

彼时，大学生仍非常稀有，华为则在创业初期就很重视人才。很多华为老员工都记得，任正非经常会到人才市场吆喝招人。有的大学生还没毕业，任正非先付路费，让其毕业后直接到华为报到。

华为轮值董事长郭平就是一个例子。华为草创阶段，为解决技术难题，任正非曾背着一台交换机到高校找一位教授咨询，与当时 20 岁出头的研究生郭平第一次相遇。

此后，郭平跟随导师到华为公司调研，第二次见到任正非。此次见面中，任正非关于通信设备市场"华为将三分天下"的一席话，让郭平有了"21 世纪非华为莫属"的感觉，于是，1988 年，华为成立第二年，尚在读研的郭平加入华为，成为产品开发部一名项目经理。

1989 年，郭平又说服师兄、已考上清华大学博士的郑宝用，邀其来华为看看，这一看不打紧，后者放弃清华读博，成了任正非的爱将，华为内部昵称"宝宝"的"2 号员工"。

同年，任正非还挖到了曾出任董事长的"华为女皇"孙亚芳。而华为现任董事长梁华 1995 年加入华为，郭平之外的另外两个轮值董事长胡厚昆、徐直军分别于 1990 年、1993 年加入华为。

由此可见，今天引领华为的"四梁八柱"，多在创业初期加入华为。在华为目前 17 名董事会成员当中，任正非、郭平、胡厚昆三人是 1990 年之前入职的，余承东等 14 人是 1990~1997 年入职的。

兰州交通大学自动控制专业的硕士毕业生张建国，在接受记者采访时回忆，1990 年他加入华为的时候，公司只有 20 多人，还是在南油集团 A 区 16 栋 8 楼、9 楼的民房里办公，其中，8 楼是两室一厅，9 楼是一个简间。面试那天，因为天气太热，刚刚冲完凉的任正非，穿着大裤衩出来，看张建国研究生毕业，直接通过，并开出 300 元的高工资——当时普遍工资仅 100 元左右。作为原华为第 25 号员工，张建国对这段经历记忆犹新。

到 1991 年 9 月，华为租下深圳市原宝安县蚝业村工业大厦的三楼作为研发程控交换机的场所，搬家时，华为员工数量刚刚超过 50 名。

局部的考评试验

"弟兄们冲山头，流血流汗，冲上山以后怎么分成果呢？" 1994 年，华为成立考评办公室，解决如何分配销售人员奖金的问题。

到 20 世纪 90 年代中期，华为才开始设置人力资源岗位和部门，并开始探索人力资源制度与体系建设。"人才不是华为的核心竞争力，对人才的管理能力才是。"任正非后来说。

"弟兄们冲山头，流血流汗，冲上山以后怎么分成果呢？"张建国在《经营者思维：赢在战略人力资源管理》（以下简称《经营者思维》）中写道。他告诉记者："真正的人力资源管理是从 1994 年开始的，当时在销售部成立考评办公室，解决如何分配销售人员奖金的问题。"

"一开始我觉得很简单，有销售业绩在，按业绩发奖金就可以。后来发现不行。"张建国回忆说，"为什么？因为那一年如果按业绩，是派到乌鲁木齐的销售人员奖金最高，能拿到十几万元，而派到上海的销售人员 5000 元都拿不到，这样纯粹按照业绩算出来的奖金悬殊很大。如果按照这种激励导向，像上海这种战略市场就没有人愿意去做了，而进不了上海这样的战略市场，华为就无法达到市场的制高点。"

当时，华为管理层认识到，纯粹依据业绩的考核办法与华为的价值观不一致，但又不知道该如何考核。

后来，张建国经深圳南山区人事局一位朋友的介绍，知道中国人民大学劳动人事学院彭剑锋教授有一套书，叫《现代管理制度·程序·方法范例全集》，是中国人力资源领域最早的一套书，售价 1040 元。张建国买下这套书，并找到了彭剑锋教授。

按照张建国的介绍和《经营者思维》的记述，华为最早的考核制度是由彭剑锋、包政、吴春波三位中国人民大学的教授设计的。按照最初的考核制度，当时华为市场部销售人员被分为 5 个等级，最高一级为 S，接下来是 A、B、C、D。每个等级都有具体市场份额比例的要求，其中 S 级别的比例为 15%。频率为每个月考核一次。按照这套制度，困扰华为市场部的考评难题解决了。

《经营者思维》记载：刚开始的时候，华为很认可这套考核制度，但是实施半年以后，却变得难以为继了。原因在于：每个月都要强制评价等级，员工感觉压力很大。华为管理层逐渐认识到，考核是一把"双刃剑"，太严苛会损害员工的积极性。本来有些员工的评价结果没那么差，但越考核越差，而且考核后员工的业绩没有太大变化。

另外，由于华为 1996 年已经增员至 1000 人以上，每个月每个部门都要向公司申报为员工调薪，具体细节特别烦琐。华为公司管理层意识到，业绩考评制度必须改革了。于是，华为的考评制度逐步在实践中改良：从月度考评变为季度考评，考评的等级也从 5 个变为 4 个。

"经过两年多的实践以后，华为人力资源体系逐步从绩效考核转变为绩效管理的体系。虽然从绩效考核到绩效管理只有两个字的差别，但本质发生了改变。考核不是目的，提高绩效才是目标。"张建国介绍。华为这套人力资源管理体系主要分为四个部分：一是组织与整体体系，明确人力资源部干什么、各个业务部门干什么，各个部门的功能设置、分配办法等；二是确立考核指标，与激励制度挂钩，如果从整个公司的 KPI 到各个部门的 KPI 再到每个岗位的 KPI，仅仅是指标分解的关系，没有与激励制度挂钩，那就没有任何意义；三是培训体系；四是明确考评的结果怎么应用，跟奖金和职位升迁的关系等。

这套人力资源管理体系在华为内部被称为 PDCA。"什么叫 PDCA？就是通过改变计划、行动、检查、考核，不断地再改进，每个季度考评一次，不断循环、不断坚持、不断跟进目标，起到管理的作用。华为的人才管理机制就这样建立了起来。"张建国说。

体系化的人才观

就在人力资源考评机制建立的同时，以任正非为首的华为管理层认识到应该建立一整套管理体制，这就成为 1996 ~ 1997 年《华为基本法》以及 1996 ~ 1997 年华为建立更为完善的薪酬体系的主要推动力。

《经营者思维》一书介绍，从 1996 年开始，华为大量从国内名牌大学招聘优秀毕业生，用的"撒手锏"之一就是高起薪。当时，华为一年招聘几百名乃至上千名大学毕业生，甚至后来一次性招聘 5000 人，被很多媒体称为"一次进万人"。随着大量人才的涌入，也让华为面临人才管理问题——如何将人才的潜力转化为市场的开发能力、技术的研发能力，进而转化为现实的利润？这成为华为面临的现实问题。

在此背景下，张建国从华为市场部的考评办公室主任变成了华为人力资源总监，全面负责人力资源管理。

"由我作为组长，由中国人民大学几位教授作为组员的专家顾问小组，工作重点也从最初协助华为管理市场部的考评变成协助华为进行人力资源管理。"张建国告诉记者，"专家顾问小组引进的先进人力资源管理理念和系统，于 1997 年提出的基于本土特点的人力资源管理系统，指明中国的人力资源管理核心是考核和薪酬问题。这也是《华为基本法》的起源。"

而中国人民大学几位教授，包括张建国、包政、吴春波、黄卫伟、杨壮、孙健敏，也因为参与《华为基本法》的制定，被称为"人大六君子"。今天，市面上流行的很多华为内控和管理的畅销书，大多出自"人大六君子"之手。

至于《华为基本法》为何取名"基本法"？据记者了解，由于当时正值 1997 年香港回归祖国的前夕，香港基本法是热门话题，因此华为参考了香港基本法的命名。

黄卫伟 2002 年出版的《走出混沌》一书，记述了《华为基本法》的台前幕后。黄卫伟披露，《华为基本法》出台的重要背景还包括 1995 年华为在内部推行 ISO 9001 标准，规范业务流程、提高内部运作效率和顾客满意度等。"但在重整之后的业务流程体系中，各个部门和岗位的职责和权限应该如何定位？一切按流程操作会不会导致组织的僵化？显然，华为需要有一个纲领性的文件，理清公司组织建设、管理制度建设、文化建设的思路。这个纲领性文件是什么？任总称它为华为公司基本法。"黄卫伟披露。在张建国带领"人大六君子"组成的专家顾问小组中，黄卫伟和包政是文件的执笔人。

华为始终注重人才激励制度。图为 2003 年，在北京一次技术设备展上的华为展板

《华为基本法》1995 年萌芽，到 1996 年正式定位为"管理大纲"，1998 年 3 月审议通过，历时数年。即便是在这两三年之间，华为也经历了巨变——营收从 1994 年的 14 亿元增长到 1995 年的 26 亿元，再增长到 1997 年的 41 亿元。

在这样的变化中，全文 16576 字的《华为基本法》开篇首先定义华为的价值观："华为的追求是在电子信息领域实现顾客的梦想，依靠点点滴滴、锲而不舍的艰苦追求成为世界级领先企业。为了使华为成为世界一流的设备供应商，我们将永不进入信息服务业。通过无依赖的市场压力传递，使内部机制永远处于激活状态。"

论述核心价值观之后，《华为基本法》在第二条即写明："认真负责和管理有效的员工是华为最大的财富。"第九条又规定："人力资本不断增值的目标优先于财务资本增值的目标。"第十三条写明："机会、人才、技术和产品是公司成长的主要牵引力。"

在分配机制方面，华为推行基于"人才资本论"的"知识资本化"方针。《华为基本法》第十七条写明："我们实行员工持股制度。一方面普惠认同华为的模范员工，结成公司与员工的利益与命运共同体。另一方面将不断地使最有责任心与才能的人进入公司的中坚层。"

第十八条又进一步解释说："华为可分配的价值，主要为组织权力和经济利益；其分配形式是机会、职权、工资、奖金、安全退休金、医疗保障、股权、红利，以及其他人事待遇。我们实行按劳分配与按资分配相结合的分配方式。"

通过一系列制度安排，"人才资本论"和以此为基础的"知识资本化"分配方针在华为得以确立，并得到持续不断的执行，由此不断激活华为人及华为企业组织的内在活力。

不拘一格的用人之道

华为激活内在活力不仅仅只是依靠规章制度，也在于华为管理层尤其是任正非凭借嗅觉和经验的驭才之道。

这方面，华为第二任人力资源副总裁吴建国在一组《以人制胜》的讲座中贡献了很多生动案例。其中，涉及华为团队搭配的部分尤为精彩。

吴建国介绍说，在华为的高管会议中，任正非总会讲到自己是战略思维最强的人，为了证明自己的观点，任正非在会议中讲自己开车的时候主要是看红绿灯不是看路。"我们就在下面议论，前面有红绿灯也有大坑，光看红绿灯一不小心就进大坑了。"吴建国说："在华为，前董事长孙亚芳就是专门看大坑的。"这就是企业人才搭配问题。

吴建国还举例说,华为"2号员工"郑宝用是一个能冲撞闯但又不太拘泥于条条框框的人,华为有几个重要部门都是在组建之初打不开局面的时候起用了郑宝用,等部门走上正轨了,郑宝用就被调到了其他部门。

比如华为战略Marketing部门相当于"参谋部",是非常重要的一个部门,组建之初就是郑宝用负责管理,同时华为决策层选择非常"温柔"的徐文伟担任其副手,等到战略Marketing部门走上正轨时,徐文伟(现为华为公司董事、战略研究院院长)在2014年4月则开始担任战略Marketing部门的总裁。

"人才配置很关键。什么叫配置?就是人选对了,但组合搭配错了,或者说个人是正确的,但团队是错误的,就会发现这是对人才的巨大浪费。"吴建国表示,这是因为"大家在一起工作的时候,都是以团队的形式在运作,所以必须解决好团队搭建的问题"。

吴建国还表示,从华为的实践来看,如果是搭建一个部门,两个人选非常关键,一个是正职,一个是副职。选择正职和副职的基本原则,一方面是价值观一定要趋同,另一方面是优势要互补,"优势互补尤其重要"。

2019年10月23日,在深圳华为总部举行的华为5G终端与全场景新品发布会上,华为折叠屏MateX手机终于在国内发布,于11月15日上午10点开售

另外,在企业用人上还有一个重要原则,就是"尊重创新创业人才的个性,

包容准企业家人才与创新人才的偏执与个性缺陷"。在这方面，彭剑锋教授举了华为消费者业务 CEO 余承东的例子。据介绍，任正非在用人方面有一个很重要的观点，就是真正的顶尖人物特级人才一定有缺点，所以任正非提出，有洁癖的人不能当领袖。而按照华为内部评测机制，余承东是两次被任职资格评价应该下岗的人，但任正非认为，越是这种被评价体系评为要下岗的人，越是优秀人才，说明他有个性，说明他能打破常规，有创新性思维，越应该用他。

最近几年，业界已经看到，虽然被称为"余大嘴"，但余承东吹过的各种"牛皮"都变成了现实，而且已经将华为手机业务带到了全球第二的位置。

阿里巴巴：呼唤出的不仅是黄金

文 / 李立 李晖

　　"阿里巴巴只是我很多梦想中的一个。"2019 年 9 月 10 日，马云正式宣布卸任阿里巴巴集团董事局主席时，颇为豪气地说道。

　　"人生不是你取得了什么，而是你经历了什么，世界上还有那么多不美好、不尽如人意的地方，我还要折腾折腾。"爱"折腾"的马云用了 20 年时间，紧扣中国经济的脉搏，伴随社会发展的起伏，折腾出一个中华人民共和国成立以来最引人注目的商业世界——阿里巴巴。

　　阿里巴巴如此特殊，一路打仗，从未停歇，却痴迷江湖侠义，将金庸的武侠世界平移到现实商战甚至公司治理中。在孤独的摸索中，培育了中国最早的电子商务市场，建立了阿里巴巴式的新商业文明。

　　马云的梦想是让阿里巴巴活 102 岁，眼下阿里巴巴才 20 岁，马云却决定退休。

从时间线上看，阿里巴巴不过刚刚成年，却已然在历次战斗中变得成熟、老练甚至世故。同时，创新、冲动与克制又复杂地交织在它身上。

离开了马云的阿里巴巴，如何持续保有传说中"战斗力"，更旺盛地活下去。记者采访了从最初陪伴阿里巴巴一起成长、制定游戏规则的人，和阿里巴巴度过紧张焦虑、不眠之夜的人，在关键时刻按动按钮的人，也包括阿里巴巴的对手与长期观察者。通过他们更细致地讲述阿里巴巴如何打仗，那些看似虚无缥缈的武功秘籍如何在阿里巴巴的空气中持续发酵，通过他们的讲述，你可以看到一个更真实的阿里巴巴以及它的未来。

黄金时代的"生意人"

1999 年，马云在杭州湖畔花园创立阿里巴巴，被解读为一个典型的英雄主义创业故事。与英雄主义相对应的是马云身上的侠义与胆气，如果没有马云的坚持，阿里巴巴不会长成现在的样子，阿里的故事也可能是另外一个结局。

严格来说，马云并不是中国互联网世界里的领跑者。2000 年，马云创立阿里巴巴第二年，三大门户新浪、网易、搜狐先后在纳斯达克上市，门户网站是当年最炙手可热的方向。马云却异想天开地提出了三个目标：要建立一家生存 80 年的公司，要成为一家为中国中小企业服务的电商公司，要建成世界上最大的电子商务公司，进入全球排名前十位。现在回头来看，除了活多久还未知，其他两大目标已然实现。

后来者评述阿里的成功认为，马云起到关键作用。不仅如此，时代风云际会、正确的时间遇到合适的人，加上一些运气，才成就了现在的阿里巴巴。

1984~1993 年是商业作家李翔眼里的一个奇特时间段，类似美国 19 世纪 30 年代的九个年头，经济体制重建下的创业黄金年代。一大批如今仍然叱咤风云的企业家都是在这个时间段出现：1989 年从校办工厂起步的宗庆后，1995 年成立吉利的李书福，1984 年创办联想的柳传志都在同一个时期创业，包括随后的张近东、马云……他们敏锐地抓住了改革开放的机遇，直接受益于邓小平"南方谈话"，开辟了中国式创业的黄金年代。

最早的创业动作始于 1991 年，1995 年创办中国黄页，正式进入刚刚兴起的互联网。值得注意的是，1999 年和阿里巴巴一起出现的还有携程、当当网、陈天桥的盛大游戏，马化腾也是在那一年开发了与 MSN 类似的即时通信网络工具 QQ。不过在当时，阿里巴巴是看似离互联网最远的那一个。它的商业模式不是以产品和技术为原点，网上的生意究竟怎么做，谁也不知道。

这种溯源性的误读，以至于公众对 BAT（百度、阿里巴巴和腾讯的简称）的固有认知，很多年都停留在腾讯的产品、百度的技术、阿里巴巴战略很强的印象里。而正是离互联网最远的"生意人"，坚持到现在，成功挤进了全球互联网公司前十。

对资本的清醒认识与取舍，亦是阿里巴巴成功的重要基石。蔡崇信被认为是除马云之外阿里巴巴最重要的人。在阿里巴巴的合作人制度中，两个人是永久合伙人，一个是马云，另一个则是蔡崇信。

拥有投行工作经历的蔡崇信在阿里创业初期即加入，从阿里早期融资开始即帮助马云过关斩将，面对高盛、软银与雅虎都表现出游刃有余的专业与自信，这种创业组合在中国的互联网公司中并不多见。既让阿里拥有豪华的投资人阵容，也不被资本左右。

蔡崇信的辅助让马云对资本的认识很清醒，很多年后他和创业者谈到资本，马云说，"永远不要让资本说话，要让资本赚钱"。

人们评价阿里式的成功，认为蔡崇信是阿里十八罗汉中唯一一个并非跟随式的人物。难得的是，蔡式的理性克制与马云的激情敏锐地在阿里起飞前已经结合到一起。

作战体系：遇到问题解决问题

阿里巴巴从不否认自己是一家战斗型的公司，战斗伴随一路成长，最著名的战役莫过于蚂蚁雄兵打败 eBay。

2003 年淘宝上线，对手是庞然大物 eBay。马云宣布了上线三年不准盈利的政策，相对应地，三年内产品对外免费。此举被认为是打败 eBay 的关键点。马云对这场战役的总结外界耳熟能详，他将此形容为"扬子江的鳄鱼打败海里的鲨鱼"。

表面上看，这是弱小者在本地市场应战巨人的刺激故事，另一面却是阿里战斗体系在摸爬滚打中形成。

浅雪，阿里巴巴集团副总裁、人工智能实验室总经理，曾是淘宝网第一代产品经理，淘宝网产品团队总负责人。

"早期淘宝是非常小的，啥也没有，我们要怎样面对行业里很大的 eBay 的挑战呢？"作为当年战事的亲历者，浅雪在内部和同事分享心得，"首先你要有自己的假想敌，如果没有假想敌，你肯定只会关注老板说什么。一旦有了假想敌，你的视角会聚焦在用户，你就会关注市场。"

早期的阿里巴巴团队在马云公寓内工作

浅雪 2003 年入职阿里巴巴，从 P2 一直做到 P11（P 是阿里内部的技术职级体系），也是阿里年青一代的精神偶像。她略作停顿，抛出一个更实际的问题：很多人遇到困难和挑战容易害怕，你要爬的山太高了，如何不害怕呢？"办法肯定比困难多，这是融到阿里血液里的东西。"

关于如何打仗，浅雪讲了一个更细节的例子，阿里大战 eBay 时，多渠道

B2B 媒体公司——环球资源也是强劲对手。阿里巴巴集团前副总裁、阿里国际公关团队负责人波特·埃里斯曼曾经回忆与 eBay 大战胶着时，不惜与环球资源联手合作，甚至承诺将阿里的展会展台临时转让给环球资源。

不过阿里总是能想出来另类打法。广交会上资金雄厚的环球资源几乎把所有广告位都买了。阿里就想办法买下对面居民楼的窗户，打上"阿里巴巴中国供应商"的字样；后来竞争对手把窗户也买了，阿里就从展会地面做文章，在地面上印刷广告。"阿里总是非常乐观，也愿意相信这都不是事儿。"

真正的困难并不只来自竞争对手，更本质的问题来自阿里内部。

淘宝刚刚开始做的时候，所有的东西都不知道应该怎么做。"商业规则该如何设计，如何让商家参与进来，消费者怎么去购买，只是一个信用评价体系，就足够把脑烧坏。"

最早阿里进行实名认证，需要商家把身份证等相关手续都寄到文三西路（阿里曾经的办公地点），阿里再拿着一摞纸去公安局做校验。最后想出的办法是，让商家用身份证去银行开户，阿里往商户账户上打钱，再核对金额。这样既进行了身份确认，又和银行系统进行了打通。在浅雪看来，每一个现在看起来顺理成章的交易流程、规则，背后都是团队从无到有、绞尽脑汁的创新。

正是在这些点滴的创新之中，阿里创造出了中国电商的雏形与基本游戏规则。

谈及阿里，甚至拼多多的创始人黄峥在上市前接受《中国经营报》记者采访时，也表达了对阿里的感谢。"淘宝走过的路、遇到的问题我们也要走一遍。"尽管他认为"今天阿里的成功未必是明天的成功形式"。

"双十一"渡劫：一切从乱哄哄中长起来

2011~2013 年天猫"双十一"的技术负责人南天永远忘不了 2011 年"双十一"的恐怖经历。

正式开卖前系统被打挂，在文三路华星时代广场的 24 楼，他把自己反锁在会议室，赶在天亮之前恢复战场。2011 年 11 月 11 日早上 6 点，南天拿着大喇叭跳到办公桌上，对运营的同事大喊所有问题排查完毕，仍然充满志忐。

这就是逍遥子（现任阿里巴巴集团董事局主席兼 CEO 张勇的花名）后来对外提及的"双十一"午夜惊魂。尽管事后重提，逍遥子举重若轻，但他承认那是他经历的所有"双十一"中最紧张的时刻。

为了保证用户买到的折扣是绝对真实的，2011 年阿里在"双十一"做了一个核心改变：在"双十一"当天收回商家修改价格的权利，所有价格申报平台确认后生效。也是在这一年"双十一"，11 月 10 日深夜 11 点多系统被打挂了，"更可怕的事情是系统再也起不来，用户规模大到一定程度，雪崩效应一直持续"。

现在回忆起当晚的恐怖经历，南天额头上仍然止不住地冒汗。最恐怖的事情仍然不断刷新，紧急启动预案 B 系统之后，商品价格系统又出现了混乱。"当时感觉满世界都是一折商品在飞，距离'双十一'开卖只有 20 多分钟，已经来不及给老道做汇报了，所有决策必须在一分钟内完成。"

预案 C 被推上前台：所有商品全部"滚"回原价，把申报小于 3 折的商品全部删掉，再把这部分数据进行覆盖。"从技术的角度来讲，这绝对是一件非常严谨、非常有逻辑的事情。"不幸的是，南天遇见了最糟糕的情况，预案 C 的一行代码出了错。最终出现了南天将自己和同事反锁在会议室的一幕，一点点复盘排查错误，最终赶在天亮前将"战场"打扫干净。

阿里内部有一个不成文的经验，所有没经过"双十一"考验的系统都是不稳定的。为了绝对杜绝再次惊魂，"双十一"的预案从 2011 年的 50 多个，增加到了 2012 年的 800 多个。2013 年，南天最后一次做天猫"双十一"的技术负责人，准备了 2300 多个预案。

惊魂当晚的两个细节，南天仍然记忆犹新。一个是复盘找问题，逍遥子站在门口不敢进来，南天说："要么你闪一下，你站在门口，我们也紧张。"逍遥子听完就走了。另一个是"双十一"结束，远远传来欢呼声，马云带着李连杰过来祝贺。南天当时的心情是赶紧结束这一对话，把扫尾的工作做完。马云看了他一眼似乎很快明白了形势，说了一句"不打扰你们了，我们走了"，就带着李连杰离开了。

也是在 2011 年，"双十一"销售额从前一年的 9.36 亿元暴涨到 33.6 亿元，只是很少有人知道当年的午夜惊魂。"你看今天的'双十一'发展成这样，是从乱哄哄中长出来的；淘宝长成这样，也是从乱哄哄中长出来的。只要路对了，就坚定往前走。"

南天后来被调去无线事业部，和蒋凡一起主导整个阿里从 PC 到无线端的转型，逍遥子也只是打了个电话，"没带过那么大的团队，正好去练练"，"你胆子那么大，没关系，你搞得定"。

他后来养成了一个习惯，状态非常不好的晚上，开车到龙井山上去吸氧，早上五点多再开车回去，"在那个极度压力下，逼着自己往前做了很多事情"。

移动时代的焦虑：边界与取舍

现在阿里巴巴 20 岁了，马云却决定"退休"。

阿里却注定还有更多的仗要打。从当年打败 eBay，到战京东打美团，再到复活聚划算、阻击拼多多，20 岁的阿里从来没停止过战斗，离开马云的阿里将如何应对？

在长期观察阿里的业内人士看来，阿里 20 年来身经百战，战争却在不断升级。当初战 eBay 是小公司对大公司，凭借灵活战术和对本地市场的充分了解取胜；战京东形势已经发生变化，京东的背后是腾讯，战争变成集团之间的对垒；中间杀出来王兴带领的美团，开启的是平台公司之间的战争；再到拼多多出现，阿里的业务铺得越广，就注定在不同的局部战场遇到新的敌人。

拼多多创始人黄峥曾和本报记者探讨与阿里在下沉市场的竞争。"一个企业想去做另外一件事情也是很正常的，就如 10 年前 Google 也很想做 Facebook，你总不能说你既是 A 又是 B，你占尽了所有 A 的好处，你又想占 B 的好处的时候，有可能你连 A 都没了。"

不过现在的问题是，一直在五环外打拼的拼多多开始向内环进军。在上述人士看来，20 岁的阿里巴巴现在面临的问题是，已经修成一等一的高手，面对的敌人却越来越多。

不过为了这一天，马云已经至少准备了 10 年。谈到寻找接班人，马云早年接受采访时就谈道："我要找的人，我不找一个完美的人，我不找一个道德标准很好的人，我找的是一个有承担力的、有独特想法的人。有独特想法的人未必有执行力，有执行力的人未必有独特想法。所以你要 pick a team。"

阿里现在的局面是，马云退休背后是逍遥子带领的一整个团队，逍遥子的身后有蒋凡，蒋凡的身后有南天这样一批关键时刻敢扣动扳机的人。在南天看来，领导力的第一件事情就是要有担当，行动力要强，"你该举手的时候举手，该发言的时候发言，不拖延、不迟疑，关键时刻你要敢于跳出来"。

阿里巴巴首批"80 后"合伙人、蚂蚁金服集团副 CTO 胡喜是程序员转管理岗。

以前最喜欢做的事情是一早打开电脑开始写程序，写完以后不经过任何调试，凌晨两三点钟点一个运行按钮全过。

技术男为什么会被选中成合伙人，胡喜说自己喜欢不断设定高标准去挑战自己。"并且我不会太多去顾及现在的位置越来越高，做人做事情就要采用中国比较传统的中庸，有什么问题我会直接说。"

江湖再见！2019 年 9 月 10 日，杭州，阿里巴巴 20 周年纪念晚会，马云卸任董事局主席眼眶含泪

阿里 20 年之际，阿里内部做了一个梳理。在马云看来，过去 20 年阿里所有重大的历史节点做的选择，比如为什么做淘宝、支付宝，为什么做阿里云、做新

零售、做商业操作系统，包括外界曾经争议的十月围城、月饼事件，最根本的决定性因素，不是能不能赚钱，不是这个业务有什么好处，而是阿里的价值观。

阿里巴巴集团公众与客户沟通部总经理颜乔回忆，当初决定要不要做阿里云，马老师强烈要求在会议纪要上加一条，"我们不知道以后靠什么赚钱，也不知道能不能赚钱，但我们认为未来的社会商业运转是一定离不开数据应用的，数据一定会成为一种新的能源方式"。

在颜乔看来，"阿里的强战斗力，与阿里的价值观紧密相连。阿里有句土话，又猛又持久，驱动一定是来自人的自我驱动。但是人的自我驱动一定不是所谓的金钱、物质、官位，而是你真正希望做的事情，每个人从中有获得感。我们共同创造了一个东西，或者共同去改变了一件事情，让这个世界变得更好"。

颜乔曾经在逍遥子身边做了三年助理。他说逍遥子每天干的事情，是决定什么事情不做。"赚钱的机会很多，最重要的事情是决定什么事情不做，有没有真正回到你的初心和使命。"

9月10日晚间，马云卸任也意味着张勇正式接棒。张勇被认为是与马云完全不同的领导者，与马云的天马行空、光芒四射相比，张勇冷静克制、逻辑严密，在最关键的时刻能扣动扳机。

离开马云的阿里巴巴将会怎样？"我们希望做一家好公司，希望我们的客户、我们的合作伙伴过得比我们好。"张勇说。

张勇开出阿里未来五年的新目标：服务全球超过10亿消费者，通过平台继续成长，实现超过10万亿元的消费规模。"只有达到这个阶段性目标，阿里巴巴才能真正走向未来的长期目标——到2036年服务全球20亿消费者，创造1亿就业机会，帮助1000万家中小企业盈利。"

从长期愿景看，阿里巴巴还是最初那个阿里巴巴。在湖畔花园初创时，马云就确定好的目标——要活很长，面向世界，为中小企业服务。阿里巴巴从一开始就明确了自己的使命，要在这个时代与世界并行。

现在阿里巴巴20岁，少年剑客初长成。马云决定放他去更大的风浪里行走。只有这样，阿里巴巴这个快乐的青年才有可能成为一代大侠。

蚂蚁金服：支付出海记

当印度人在用 Paytm 打突突车时，孟加拉人正在用 bKash 收助学贷款，而马来西亚的车主可能在用 TnGD "无现金"过高速公路。当中国香港的菲律宾家政服务通过 GCash 向家乡亲人汇款时，在马来西亚的巴基斯坦打工者也用上了 Easypaisa 的跨境支付服务……

据第三方统计，目前在"一带一路"沿线国家，尚有超过 20 亿人没有银行账户，不过眼下这些发展中国家已经开始出现基于数字技术创新的积极变化。这种变化的驱动因素之一，即来自中国金融科技企业的"走出去"——自 2015 年蚂蚁金服选择印度作为出海第一站开始，五年来，随着中国工程师将技术带往"一带一路"，移动支付正在成为"数字丝路"上的普遍选择。

截至 2019 年 6 月，支付宝及其协助"复制"的 9 个本地钱包，已服务到全球 12 亿人。这背后，是"合作伙伴+技术输出"模式探索的逐步成熟。这一技术主导的出海路径，不仅让"一带一路"倡议有望在移动支付领域率先成形，也为中国企业"走出去"的案例库提供了创新的模式参考。

中国方案出海"造船"

从应对国内市场增量趋缓和企业"走出去"的双重需要看，"出海"是必选项。2016 年 10 月，在蚂蚁金服成立两周年的年会上，CEO 井贤栋宣布了公司未来发展的三大战略，国际化作为其中之一被明确提出——"未来四年内，蚂蚁金服的用户 50% 在海外，50% 在国内；未来九年，可以服务全球 20 亿消费者"。

此后，蚂蚁金服国际化布局节奏明显加快，"两条腿"走路的模式也逐渐明确——一方面随中国游客"走出去"提供相应跨境支付支持，另一方面通过入股等方式对当地支付机构进行"本土化"改造，服务当地用户，并派出团队进行技术、运营等方面支持。

2015 年，支付宝在资本层面对印度支付公司 Paytm 开启战略投资，一开始蚂蚁金服是在理念、业务逻辑上帮忙，并没有想到技术。

但海外复制并不是一帆风顺。由于印度手机号码不是实名制，曾有用户"钻空子"套取转账奖励金，导致公司险些关闭这一功能。

从 2015 年 8 月开始，蚂蚁金服的技术团队开始频繁飞往印度，从系统架构改造，到风控体系搭建，再到数据分析、运营方式，全面帮助 Paytm 提升平台能力。由于技术不能直接挪用，需要做大量本地化工作，最多的时候，其向印度 Paytm 派出了 100 多名工程师，而 Paytm 也会派出技术团队到杭州学习。

在这种"贴身式"教学中，蚂蚁金服自主研发的反欺诈、反洗钱等技术开始系统输出，Paytm 建设起了一套远程开户系统。不仅可以通过挖掘用户交易行为大数据，实现预判交易风险，还将服务范围扩张到了农村偏远地区。

在蚂蚁金服全球本地化钱包技术负责人熊务真看来，支付宝在中国经历了十多年的发展，以支付宝踩出来的一些经验帮助全球合作伙伴，可以让他们少踩一点坑。

具体到移动支付的这种技术输出，由于各国法律、市场成熟度以及市场需求的区别，也并不能简单标准化复制，而是更多需要采取因地制宜、一地一策的打法。

在海外选择合作方时，也更注重"优势互补"。比如在投资韩国社交平台 Kakao 旗下的支付公司时，由于支付宝金融属性和业务加构更清晰，但社交属性弱，因此双方合作中约定：支付由支付宝做、社交由 Kakao 来做。这也解释了为什么 Kakao 在此前虽然接受过腾讯投资，但在 Pay 业务端仍旧选择了蚂蚁金服。

事实上，在大多数国家，国际金融合作均是敏感问题。因此，在与海外机构的合作原则上，支付宝基本上采取的是相对低调的战略投资方式——通过占较小的股份实现既保持双方战略目标一致又符合当地监管要求，然后尽可能提供技术辅助。

这其实也回答了出海造船之所以成为一种新阶段下的新模式的核心差异——更注重本土化、经验和技术分享以及本地伙伴的培育。

从数字中国到数字丝路

需求的一致性也成为"一带一路"金融科技合作的重要基础。

在 Paytm 的样本取得成功后，蚂蚁金服开始逐步将"技术分享+合作伙伴"模式在亚洲多国复制：2016 年起，其陆续投资泰国支付企业 Ascend Money；菲律宾最大数字金融公司 Mynt（旗下拥有菲律宾最大电子钱包 Gcash）；韩国互联网银行 K-BANK、支付公司 KakaoPay；巴基斯坦小微金融银行 Telenor Microfinance Bank（TMB）；马来西亚联昌国际银行（CIMB）旗下的 Touch'n Go；孟加拉国移动支付公司 bKash，并与印度尼西亚 Em-tek 集团合作通过聊天平台 BBM 提供移动支付服务……

据蚂蚁金服方面统计，在印度，Paytm 的用户数量从 2015 年初开始合作时的 2000 多万，发展到如今全球第四大电子钱包；印度尼西亚的 DANA 从 2018 年底上线从零起步，在 9 个月内增长到 2000 万，成为当地增速最快的电子钱包；在马来西亚，同样新生电子钱包 TnGD 只用 10 个月即在当地 49 个电子钱包中排名第一，并率先提出"你敢付我敢赔"的安全方案。

值得注意的是，这些支付宝在海外的"本地伙伴"并不是孤立和零散的。

2018 年 6 月，两个本地版"支付宝"——从香港的 AlipayHK 到菲律宾的 GCash，首次实现了全球首个跨境电子钱包区块链汇款服务的打通，在港务工二十多年的菲律宾务工者 Grace 成了第一个吃螃蟹的人，原本需要周末请假出门去汇款点排队三小时，现在只用不到 3 秒钟。这也真正让技术赋能爆发出了激活区域协同的价值。

事实上，在出海之初，东南亚和南亚的金融欠发达市场就是重要目标，而在"一带一路"倡议的背景下，密切这些沿线伙伴国家的区域合作就变得更为重要，移动支付为代表的技术创新恰恰成为了一条重要纽带。

北京大学数字金融研究中心在今年年初发布的《亚洲四国金融科技考察报告》（以下简称《报告》）显示，除新加坡外，东南亚和南亚的金融体系并不发达，正规金融服务供给严重不足。

但另一方面，这些地区人口众多，人口结构非常年轻（东南亚 70% 的人小于 40 岁），对新技术的接受能力较强。加之当地一系列 4G 网络等数字基础"硬件工程"的配套上马，金融科技市场前景十分广阔，也急需成熟的先行者"带一带"。

这种需求的一致性也成为"一带一路"金融科技合作的重要基础。

以巴基斯坦为例,今年 1 月 8 日,巴基斯坦中央银行行长在伊斯兰堡宣布该国首个区块链跨境汇款项目上线。其技术解决方案由支付宝提供,从项目计划到落地仅用时 168 天,"为了引入支付宝的技术,当地政府专门为支付宝开了监管沙箱"。

从业务模式上来看,目前面向这些地区的技术和模式输出基本停留在支付业务,但在未来,目前在国内通过支付发展到贷款业务、保险业务、理财业务甚至公益、互助计划等成熟模式都可以成为"一带一路"沿线国家的参考范本。

据熊务真透露,在过去的几年支付宝 9 个本地钱包的逐步落地过程中,模式的优化一直在持续进行。最开始,中国团队和当地团队分得比较清楚、有一些界限,开始我们主要集中在推动技术赋能;但是现在我们越来越看到,其实不单单是技术赋能,还有运营赋能、商业赋能甚至生态赋能,都值得和当地伙伴一起来做。

中国银行：让世界侧目

文／张漫游

从按部就班运营的外汇专营银行到网点遍布全球 57 个国家和地区的国际化金融机构，中国银行跨越两个世纪。

中华人民共和国成立以来，现代化金融体系逐步形成，金融开放新格局随之开启。作为我国银行机构国际化的探路者，中国银行率先顺应中国经济高速增长、对外经贸快速发展的趋势，紧跟经济全球化发展浪潮，海外布局不断扩展，国际竞争力持续提升，逐步走出一条独具特色的国际化之路。

站在中华人民共和国成立 70 周年这一新的历史起点上，中国银行将把握改革开放新机遇，紧跟对外经贸发展趋势，抓住人民币国际化"黄金期"，紧紧围绕"建设新时代全球一流银行"发展战略确定的路线图、时间表、任务书，稳步迈进。

深耕外汇业务　初探国际化道路

1949 年，中华人民共和国成立，万象更新，中国金融行业迎来了发展新起点。

同年，为了与当时的计划经济体制相适应，我国银行业进入了"大一统"的管理时代——中国人民银行既行使中央银行职能，是金融行政管理机关，又办理具体的商业银行业务，是经营金融的经济实体。

随后，1949 年 3 月，中共中央七届二中全会闭幕后，首任央行行长南汉宸就到天津传达了中央关于接管中国银行的方针。按照中央的方针，在中华人民共和国成立后，中国银行要建成面向海外的外汇专业银行，统一经营管理国家外汇，支持外贸发展。

图为大清银行旧址（上海汉口路 3 号，后改为汉口路 50 号），1912 年中国银行在此开业

彼时，于 1912 年成立的中国银行已经走过了 37 个年头。作为四大国有银行中成立最早的一家，中国银行于成立初期，在外资银行大部分控制我国国际汇兑业务的时期，就已经积极发展外汇、侨汇业务和国际汇兑业务，探路国际业务。

在中华人民共和国成立初期，中国银行始终践行外汇专业银行职能，创新开展外汇相关业务，成为了连通中国与世界的重要桥梁。

如在 20 世纪 50 年代期间，中国银行与外贸部门联合，开展了反封锁、反禁运、反冻结的斗争。为鼓励进口，1950 年下半年，中国银行开展了对进出口厂商开办进口人民币贷款的业务，给进口企业提供资金支持，鼓励其扩大进口规模。在改变对资本主义国家的贸易方式和支付方式方面，中国银行和外贸部门商定，进口时不再迁就国外出口商先付款、后发货的要求，改成要求国外出口商先发货，货到中国口岸后才付款。为了支持进口结算支付方式的转变，中国银行推出了信用保证书，给予向中国出口的外国出口商出具信用保证书，保证货到中国口岸后付款。

在"大一统"格局持续了近 30 年后，伴随着党的十一届三中全会召开，这一格局被打破。为了适应经济体制改革的新要求，银行业开始探索专业银行的企业化发展。

于是，1979 年 2 月，央行提出了中国银行体制改革方案，提出为了加强外汇管理，建议成立国家外汇管理总局，并将中国银行从央行分设出来。随后，1980 年 9 月，中国银行第四届第二次董监事会议对《中国银行章程》进行了修改，明确中国银行是社会主义国营企业，是中华人民共和国的外汇专业银行。同时，在业务经营范围方面，中国银行除了经营一般外汇银行业务外，还新增加了国际银行间的存款和贷款、国际黄金买卖、组织和参加银团贷款、国家授权发行外币债券和根据国家授权参加国际金融会议等带有政府职能色彩的条款。

此后的十余年间，中国银行坚持围绕外汇业务创新稳健展业，在改革开放的浪潮中，中国银行积极承担起对外筹资的重任，为国家重点行业和重大项目建设提供外汇资金。

1979~1992 年，中国银行通过"三贷"（外国政府贷款、政府混合贷款和买方信贷）、商业贷款和发行国际债券共筹措资金 168.4 亿美元，成为国家对外筹资的主要渠道。同时，中国银行开创了中国金融史上的诸多"第一"，建立健全金融业的一系列规范和标准，包括利用国际化优势，顺应改革开放需要，陆续与一些国际知名银行和金融机构签订了信用卡取现和直接购物协议，率先引入信用卡业务；加强外汇管理，方便外国旅客，增加非贸易外汇收入，中国银行获央行授权可发行外汇兑换券；在香港和澳门回归前，取得港币和澳门币发行权，助力港澳经济繁荣稳定等。这些也为后期中国银行开展国际化业务打下了基础。

全面开展跨境业务拓展海外机构布局

要发展国际化单纯依靠外汇业务是远远不够的，中国银行迫切需要商业化、市场化转型。

1992 年，党的十四大确立中国经济体制改革的目标即建立社会主义市场经济体制。随着市场经济改革进一步深化，银行业面临更多发展机会，客观上也要求国有专业银行进行商业化改革。

20 世纪 90 年代中期以后，按照《商业银行法》和国家经济金融体制改革的总体部署，中国银行转变为国有独资商业银行，全面提供各类金融服务。"有一句顺口溜，正好生动地反映了我国国有专业银行向国有商业银行转变的过程，即'工行下乡，农行进城，中国银行上岸，建行破墙'。"新网银行首席研究员、中关村互联网金融研究院首席研究员董希淼如是说。

商业化改造后，2001 年，中国加入世贸组织，面对外资银行将全面进入中国金融市场的现状，银行机构向市场化转型需求日益迫切。自 2003 年起，国有商业银行开始股份制改造，到 2010 年，中国银行、中国工商银行、中国建设银行、中国农业银行已在上海和香港两地证券交易所成功挂牌上市。中国人民大学财政与金融学院副院长赵锡军认为，股改上市为国有银行提供了更加广阔的融资渠道；我国主要商业银行开始真正成为市场化的主体，接受来自市场的多重考验和监督；同时，引入了国际先进的管理理念和技术，为进一步融入国际金融市场、参与国际化竞争奠定了坚实基础。

在机构进行体制机制转型的同时，中国银行跨境机构也早已开始布局。

在中国银行成立 5 年后，1917 年，中国银行便在香港设立了中银香港，开启了国际化的第一步。1929 年，时任中国银行总经理的张嘉璈率团考察，历时10 个月、途经 18 个国家、跨越亚欧美三大洲，最终选定在伦敦设立经理处。中国银行原董事长田国立曾对此评价称："正是这样一个神来之笔，让中国银行在创业之初就被注入了国际化基因。"

中国银行方面认为，伦敦经理处的创办对中国银行外汇业务的发展起了十分重要的推动作用，其一是收回了政府外债和国内生产事业所需外资的经理权；其二伦敦经理处成为中国银行总处及分支行外汇资金集中调拨的枢纽，使得我国外汇利润不致外溢；其三为中国进出口厂商做交易媒介，促进了进出口贸易发展。

在开设伦敦经理处后，中国银行于两年后在大阪开设分行；于 1936 年开设新加坡分行和纽约经理处；1937 年以后，为支持抗战，在东南亚陆续增设了多个分支机构。

同时，中国银行的海外代理行方面也有较大发展。1930 年底，中国银行已有国外汇通行 62 家、特约代理行 96 家，代理行遍及 43 个国家，外汇业务顺利开展。随着中国银行海外机构的不断增设，代理行数量和范围的不断扩大，该行外汇业务的全球网络基础得到进一步加强，外汇业务得到了较快发展，并且为当时中国的建设做出诸多贡献。

如在抗战前期，为了进一步吸收侨汇和战时需要，中国银行在海外陆续增设了 18 个分支机构，该行还与邮汇局订立"吸收侨汇合作原则"，规定凡中国银行在海外设有分支机构或已有代理行的地方，由中国银行承揽侨汇。在国内，则不论付款地中国银行有无机构，均尽量利用邮汇机构设点普遍、投递迅速的优势，委托邮汇局解付侨汇。经收侨汇过程中，中国银行主要海外分支机构发挥了重要作用。1939 年到 1945 年的 7 年中，中国银行经收侨汇共折合法币 35.7 亿元，若将侨汇补助金计算在内的话，解付侨汇汇款超过 160 亿元法币。1939 年，新加坡中国银行经收的侨汇占全行侨汇总数的 97%；1940 年，纽约中国银行经收的侨汇约占全行总数的 25%，后期增加到 75%；1944 年，伦敦中国银行侨汇汇入增加到总数的 20%。

据悉，到 1950 年，中国银行已经拥有了 11 家海外机构，覆盖中国香港、英国、新加坡、马来西亚、印度尼西亚、印度、巴基斯坦、孟加拉国、缅甸 9 个国家和地区，海外员工 704 人。

1978 年改革开放初期，除中国银行一直有海外业务以外，亦有其他少量中资银行开始以代理行形式小范围、小规模地从事周边国家的进出口贸易融资和结算活动。

如今，中国银行业"走出去"已经摆脱稚嫩，进入成熟期。目前已有20多家中资银行在全球60多个国家（地区）设立了分支机构，覆盖全球五大洲。其中，截至2019年上半年，中国银行已经拥有553家海外分支机构，覆盖全球57个国家和地区，其中包含24个"一带一路"沿线国家。截至2019年6月末，中国银行海外商业银行客户存款、贷款总额分别为4492.30亿美元、3832.36亿美元，比2018年末增长3.64%、4.92%。2019年上半年，实现利润总额48.09亿美元，利润的贡献度在中国银行集团中为21.34%。

乘对外开放之风　开启国际化新领域

如果说，跨境机构布局是"地利"，银行机构市场化转型是"人和"，那改革开放以及"走出去"战略、"一带一路"倡议等政策，则可称之为银行国际化布局的"天时"。

自2013年"一带一路"倡议提出以来，银行机构便积极发挥国际化优势，布局"一带一路"沿线国家，助力倡议落地。现任央行行长易纲介绍道，截至2018年底，已有11家中资银行在28个沿线国家建立了76家一级机构。

自2014年末提出构建"一带一路"金融大动脉，力争成为"一带一路"资金融通主干线、主渠道、主动脉以来，中国银行始终坚持深入推进"一带一路"金融大动脉的各项工作。

在公司金融业务方面，中国银行通过银团贷款、项目融资、跨境并购、出口信贷、全球现金管理、保函等核心产品，支持基础设施建设、能源资源开发、国际产能合作、境外合作园区等领域的重点项目，持续提升对"一带一路"沿线国家重大项目的金融支持力度与服务水平。截至2019年6月末，中国银行在"一带一路"沿线已经累计跟进重大项目超过600个，提供授信超过1400亿美元。

在金融市场业务方面，2019年4月，中国银行在境外又一次成功完成发行规模为 38 亿美元等值的"一带一路"主题债券发行定价。至此，中国银行已累计发行 5 期"一带一路"主题债券，总规模接近 150 亿美元。

在经济全球化背景下，为有效地帮助中小企业融入全球资金链、价值链、产业链，对世界各的中小企业经济合作与交流起到桥梁纽带作用，中国银行首创"中银全球中小企业跨境撮合服务"。2014 年以来，中国银行累计举办 55 场跨境撮合活动，吸引来自全球 108 个国家和地区的 3 万家中外企业参加。2018 年 11 月，中国银行承办首届中国国际进口博览会展商客商供需对接会，是进博会最大规模的配套活动，来自 82 个国家和地区的 1400 余家海外展商与 3000 余家国内客商进行了对接洽谈。

同时，随着"走出去"的个人增多，中国银行依托海外机构网络，为"走出去"个人客户提供了"一站式"金融服务，包括持续拓展出国金融见证开户服务，覆盖北美洲、欧洲、亚洲、大洋洲的 18 个国家和地区，打造美国、英国、加拿大、澳大利亚、新加坡等多个留学服务品牌；打造跨境场景，优化信用卡跨境服务专区，为客户提供优惠、便捷的跨境用卡服务；与留学、商旅机构开展合作，通过沙龙、讲座、机构活动等形式，实现跨境客群的源头获客；拓展海外发卡和收单业务，研发澳门万事达信用卡等新产品，支持东南亚地区海外聚合支付业务，统一境内外"中银智慧付"产品体系，进一步提升在当地支付市场的竞争力；完善海外借记卡布局，在 19 个国家和地区发行借记卡产品，涵盖银联、Visa、万事达三大品牌，在取现、消费等基本功能的基础上，拓展非接触式支付、无卡支付、3D 认证支付等创新功能，支持海内外柜台、网上银行、手机银行等多渠道使用。

推动人民币国际化 紧握"走出去"新机遇

谈及影响中国银行业"走出去"的因素，中国银行首席研究员宗良认为，必须要提到人民币国际化。

宗良称，一方面，中国银行业"走出去"是人民币国际化的助推器，金融机构是人民币国际化进程推进的重要载体，国际化程度较高的中资银行能够提供跨境清算、结算、企业投融资等全方位的金融服务；另一方面，人民币国际化进程的推进也为中资银行国际化提供了重大机遇，如提高人民币在国际上的地位可以推动增加人民币境外业务需求，这为中资银行境外发展提供了更广阔的空间。

人民币国际化的步伐可以追溯至十年前。2009 年 4 月，国务院决定在上海、广州、深圳、珠海、东莞先行开展跨境贸易人民币结算试点。同年 7 月 6 日，中国银行上海市分行收到首笔人民币跨境贸易结算款项，标志着人民币跨境使用的起步，也被认为是人民币国际进程中的里程碑。

其后，中国银行又相继实现了全国首笔跨境人民币项下外保内贷业务、外商投资新政推出后上海市首笔人民币外债资金汇入业务等多项"零"的突破。

2011 年，中国银行的跨境人民币结算试点地区已涵盖境内全部区域以及境外全部地区，数万家企业办理跨境人民币业务，跨境人民币政策框架也基本确立，业务量快速增长；2013 年，人民币国际化进程加速推进，不仅体现在跨境人民币使用日益频繁，且多个人民币离岸市场发展壮大，比如中国香港、中国澳门、伦敦等，人民币被越来越多的境外主体接受和使用。

至 2016 年，人民币正式加入 SDR 货币篮子，成为人民币国际化进程中的里程碑事件。人民币在 SDR 货币篮子中的份额为 10.92%，在"篮子"里的权重仅次于美元和欧元。

经过十年发展，人民币作为全球支付货币的功能已经稳步增强，作为投资、储备与计价货币的功能逐渐显现。在此期间，中国银行充分发挥全球化优势，在人民币国际化业务的客户基础、金融产品、清算渠道、品牌形象等多方面确立了领先优势，利用多样化的人民币国际化产品服务实体经济，不断推动高质量发展。

2019 年 9 月 17 日，央行发布公告授权中国银行马尼拉分行担任菲律宾人民币业务清算行。至此，中国银行已在 13 个国家和地区担任人民币清算行。2019 年上半年，中国银行集团跨境人民币清算量达 212.67 万亿元，同比增长 22.64%，继续保持全球第一，为全球客户提供 24 小时不间断人民币清算服务。

央行公布的《2018 年金融统计数据报告》显示，2018 年，以人民币进行结算的跨境货物贸易、服务贸易及其他经常项目、对外直接投资、外商直接投资分别发生 3.66 万亿元、1.45 万亿元、8048.1 亿元、1.86 万亿元。2018 年跨境贸易人民币结算业务发生 5.11 万亿元，直接投资人民币结算业务发生 2.66 万亿元。

中国银行连续开展的客户调查显示，境内外工商企业对人民币国际地位的预期保持上升趋势。2018 年的调查结果显示，超过四分之三的受访对象认为人民币在国际贸易投资活动中的使用度将提升，超过半数的金融机构对参与中国资本市场抱有浓厚兴趣。

作为四大国有银行中成立最早的一家，中国银行运营已逾百年，其发展历程可谓是我国近现代金融史的一个缩影

随着对外经贸的发展，中国已成为全球第一大货物贸易国、第二大外资流入国和第三大对外投资国，融入全球一体化程度不断加深，人民币结算乃至人民币国际化也将迎来发展的"黄金时代"。在此背景下，中国银行业"走出去"范围逐渐扩大，影响力不断提升。

雄关漫道真如铁，而今迈步从头越。顺应新时代改革开放大潮，未来中国银行将继续砥砺前行，努力提升在国际市场上的竞争力，早日实现"由大到强"的转变，书写高质量发展的新篇章。

中国人寿：为生命奔跑的『老大哥』

文／杨崇

中国的保险行业中，中国人寿一直被称为"老大哥"，这不只是行业地位的反映，更是岁月沉淀的体现。

中国人寿的历史可以追溯到 1949 年 10 月，原中国人民保险公司经办的人身保险业务，此后历经在原中国人民保险公司总部设立人身保险室，再到停办 20 年后的恢复发展，走专业化经营道路，重组改制后上市，确立金融保险集团的发展目标。

一路走来，中国人寿与国同行，是中国保险业的探索者、开拓者和领跑者。

作为中央管理的国有大型金融保险企业，目前中国人寿旗下共有 8 家一级子公司、1 所附属保险学院，是 1 家全国性股份制银行的单一最大股东，业务范围涵盖人身保险、财产保险、商业银行、企业和职业年金、保险资产管理、电子商务、基金、财富管理、教育服务等多个领域。

1949 年，原中国人民保险公司在北京西交民巷 108 号成立

同时，中国人寿在除台湾以外的全国 23 个省、5 个自治区、4 个直辖市和 2 个特别行政区共拥有 2 万多家分支机构及网点，4000 多个客户服务中心，200 多万员工和销售队伍，已累计为 6.9 亿客户提供保险保障、财富管理等服务，合并总资产近 4 万亿元。

中国人寿的 70 年，是中国经济不断腾飞的见证者，亦是中国保险业发展的缩影。

始于分业经营（1995～1998 年）

1995 年，对于中国保险市场而言是一个至关重要的年份。自 1979 年恢复国内保险业务以来，这一年发生的一系列事件正在影响着中国保险市场的未来发展。

5月1日，中国人民银行成立保险司，并下设寿险管理处、财产险管理处和综合处。此前，中国人民银行只在"非银行金融机构管理司"设置保险处。从组织架构上，对于保险业监管由"处"转变为"司"，亦从侧面反映了中国人民银行对保险业的监督和管理力度增强。

保险司成立后，时隔两个月，第八届全国人大常委会第十次会议通过了《中华人民共和国保险法》（以下简称《保险法》），并宣布自当年10月1日起正式实施，至此中国保险业进入有法可依、依法经营、依法监管的新阶段。

监管与政策的先行，为中国保险业的规范化、有序化发展保驾护航，而此次《保险法》中最大的亮点则在于，其中第91条第2款规定："同一保险人不得同时兼营财产保险业务和人身保险业务。"中国保险业财产险和寿险分业经营由此拉开序幕。

此时，占据国内保险市场最大份额的中国人民保险公司（以下简称人保）是此次分业经营的先行者。

1995年9月，国务院正式批准中国人民银行《关于中国人民保险公司机构体制改革的报告》。同时遵照《保险法》要求，人保产、寿险开始实行分业经营，即原人保"一分为三"，分别为中保财产保险有限公司、中保人寿保险有限公司、中保再保险有限公司，三家共同组建集团公司。

1995年底，人保正式更名为中国人民保险（集团）公司（以下简称中保集团）。其中，中国人寿的前身——中保人寿保险有限公司，其在承继了原人保全部人身保险业务和重组17家地方寿险公司的基础上组建成立，至此，中保人寿保险有限公司进入专业化经营时代。

中保集团计划于1996年上半年完成集团总公司内部改革，主要包括分设机构、分流人员、划转财务、配备班子、建立运作程序和办理法律手续、加强内部纪检和稽核审计工作等。

中国保险学会一份当年的研究文章显示，原人保总公司共有900余名员工，此次内部改革，分流至集团公司约270名；分流至产险公司约290名；分流至寿险公司约210名；分流至再保险公司约110名。

在当时，相比财产险公司的市场规模和地位，寿险公司并不是择业首选。所以面对分流至寿险公司，部分员工颇有几分不情愿。分设后的中保人寿保险有限公司（以下简称中保人寿）注册资本 15 亿元，全国分支机构 2412 个，人员 3.6 万人，但其正面临业务底子薄、办公条件差、员工不安心等各种内外部困难和问题。

办法总是要比困难多。1996 年 6 月初，中保人寿寿险营销会议在沪召开，这次会议成为了公司业务发展的转折点。

一方面，会议决定将于 1996 年 9 月在全国首批 120 个中心城市大规模推行个人寿险业务，并推广到全国各地。同时，会上还下发了有关"寿险营销业务核保办法""个人代理营销财务管理和会计核算办法""个人代理营销管理试行规定""营销员初级培训大纲"等。

另一方面，在上海分公司的带领下，中保人寿其他分公司纷纷来沪取经。1996 年下半年，中保人寿所有的分公司都走上了寿险营销的道路，一支庞大的营销员队伍正在逐步有序地建立。

数据显示，1996 年国内保险市场业务增速迅猛，全年保险业务收入 856.46 亿元，其中财产保险收入 452.47 亿元，人寿保险收入 332.85 亿元。到 1997 年，财产险与寿险保费收入格局发生逆转，全年总保费收入达 1100 亿元，其中寿险保费收入 600 亿元，超过财产险保费收入，且个人营销业务收入占寿险保费收入的 33%。

中保人寿亦通过全面推行个人营销制度，迈上了发展的快车道。营销队伍由 4 万多人发展到 20 万人，保费收入由 1995 年底的 126 亿元增长到 1998 年底的 540 亿元，短短 3 年时间一跃成为中国最大的保险企业。

总体而言，这一阶段寿险业务的迅速发展主要得益于几方面因素。对内，《保险代理人管理暂行规定》《保险管理暂行规定》等文件陆续出台，保险市场法制化体系初步形成；同时，寿险市场主体日益壮大，1996 年底国内经营寿险的保险公司中资占 5 家，外资占 3 家。

对外方面，外资保险机构纷纷瞄准中国保险市场，1996 年底，有 91 家外资保险机构在北京、上海、广州等城市设立代表处 154 家。与此同时，依据中国加入世贸组织及亚太经合会上的承诺，将有条件地开放金融服务业，其中保险领域拟每年审批 1~2 家外资保险机构。

国内寿险市场开始迈向同业竞争阶段,各家公司在内部管理、培训、营销等领域纷纷调整战略并发力。

分家、重组、改制（1999~2002 年）

分业之后是"分家"。

1998 年 10 月,国务院决定撤销中保集团,并确定在其子公司的基础上组建中国人民保险公司、中国人寿保险公司和中国再保险公司。

1999 年 3 月,中国人寿保险公司（以下简称中国人寿）在京成立。作为直属于国务院领导的金融性商业寿险公司,"中国人寿属国有独资性质,实行一级法人体制,主要经营以人的寿命和身体为标的的人寿保险、健康保险和意外伤害保险三大保险业务,继续承担原人保公司和中保寿险公司的人身保险保单责任。"一份当年的政策报告如是披露。

至此,中国人寿开始以独立品牌出现在竞争日趋激烈的金融保险市场上。

彼时,给予中国保险市场重磅一击的"利差损"已悄然而至,但多数险企及高管尚未意识到该风险与寿险行业会有如此紧密的联系。

《迷失的盛宴》一书中对利差损的影响曾作评述:中国保险业的三大不良资产,首先是 20 世纪 80 年代的"长尾保单",其次是 20 世纪 90 年代初期的"乱投资",但是负面影响最大的是最晚产生的"利差损"。

所谓利差损,是指保险资金投资运用收益率低于有效保险合同的平均预定利率而造成的亏损,最终将影响保险公司的偿付能力等。而自 1996 年 5 月,中国人民银行八次降息,一年期存款利率从 10.98% 降至 1.98%。

一面是因不断下调的利率,投资收益偏低,另一方面是过高的预定利率。但对于这次利差损风险判断的滞后性,让当时很多人误以为连续降息后,寿险产品收益率高的优势凸显,是做业务的好时机。

1999 年 6 月 10 日,中国人民银行第七次降息。此时,刚刚成立一年多的原保监会下发《关于调整寿险保单预定利率的紧急通知》,通知规定:将寿险保单

（包括含预定利率因素的长期健康险保单）的预定利率调整为不超过年复利2.5%，并不得附加利差返还条款。而1996年5月至1998年12月，一年期定期存款利率均低于寿险产品预定利率。其中，1996年5月寿险产品预定利率则高达10%。

彼时，中国人寿的经营举步维艰，除受利差损的影响外，这家占保险市场份额最大的国有独资公司亦面临管理体制和治理结构落后、经营机制僵化、历史包袱沉重等多重问题，改革一触即发。

1999年9月，中共十五届四中全会审议通过了《中共重要关于国有企业改革和发展若干重大问题的决定》（以下简称《决定》），《决定》提出，建立现代企业制度是国有企业改革的方向，是公有制与市场经济相结合的有效途径。同时，积极探索公有制的多种有效实现形式，大力发展股份制和混合所有制经济，重要企业由国家控股。继续对国有企业实施战略性改组，充分发挥市场机制作用，着力培育大型企业和企业集团，放开搞活国有中小企业。

2000年1月，中国人寿召开了公司全年工作会议。与以往不同的是，此次会议的氛围并非是鼓舞人心，更多是被一种业务承压的情绪笼罩，以至于刚刚上任的总经理王宪章及领导班子，为扭转局面制定了一个近乎零增长的年度目标，即保费收入目标为605亿元。

面对保费收入下滑的现状，3月，王宪章决定对症下药，一边给各省分公司总经理写信，恳切地要求各分公司自查业务下滑的原因；另一边开始着手对35个省中的15个省级分公司"一把手"进行人事调整。

与其他在竞争压力和市场机制下成长的险企相比，此时的中国人寿尚缺乏强烈的竞争意识和进取精神。随后，年中召开的中国人寿全国系统总经理会议上，关于中国人寿的股份制改革第一次被明确提出，改革方案的拟制工作于2000年底正式启动，确立了建立现代企业制度的发展方向。

随后，中国人寿发挥自身优势，强力启动大中城市业务发展战略，积极拓展县域保险市场，适时推出适销对路的保险产品，应对市场竞争的能力不断增强。

不过，中国人寿再次面临新的考验。此时保险市场中，万能保险和投资联结产品开始走红，这对中国人寿的业务造成了不小的冲击。不过，中国人寿很快找到了新的应对之策，即推出分红保险。2001 年 12 月，中国人寿单月保费收入130.66 亿元，全年实现保费收入 813 亿元，同比增长 25%，千亿保费目标近在咫尺。

2002 年伊始，保险业再次作为金融体系改革的"排头兵"，先于银行开始进行股份制改革。

2002 年 1 月，中国人寿宣布股份制改革正式提上议程，具体方案为通过重组、改制、上市，实现改革"三部曲"。

王宪章此前在接受《中国经济周刊》采访时，曾透露了关于此次改制方案的细节。"我们确定了新老划断的重组方案，并获得国务院的批准。该方案以时间为界对业务、资产实行重组，1999 年以前保单业务及相应资产保留在集团公司，1999 年以后保单业务及相应资产划归股份公司。"

除改制外，2002 年初的中国人寿全保会上还明确提出，实现"保费 1000亿，跻身世界 500 强"的奋斗目标。

事实证明，2002 年中国人寿超预期实现了目标，当年实现保费收入 1288 亿元，同比增长 58.4%，并凭着这一业绩，于 2003 年首次跻身《财富》世界 500 强企业。截至目前，中国人寿已连续 17 年入选《财富》世界 500 强，2019 年排名第 51 位，并连续 12 年入选世界品牌 500 强，2019 年品牌价值达 3539.87 亿元。

进击上市，打造金融保险集团（2003~2009 年）

2003 年，是中国人寿发展史上最具有里程碑意义的一年。

6 月，中国人寿重组为中国人寿保险（集团）公司，并独家发起设立中国人寿保险股份有限公司。同时，集团公司与寿险公司共同发起成立中国人寿资产管理股份有限公司，实现了国寿资金的专业化、市场化运作。

其实，中国人寿的重组方案在 2002 年末已经获得国务院的原则批准，即拟分设为存续公司和股份公司，前者负责经营存在利差损的老保单业务及对应资产；后者则负责新业务及对应资产，并用重组后的优良资产进行上市，引入战略投资者，建立现代企业制度。

　　不过，因首次修订的《保险法》于 2003 年 1 月 1 日正式实施，其中修订了关于允许保险公司投资于保险相关的领域。

　　中国人寿敏锐地捕捉到这一信号，随即对重组方案再次进行修订，将原方案中的存续公司组建为集团，其代表国家对股份公司行使股东的权利和义务，在此基础上，全面开展财产保险、保险代理、保险经纪等业务，通过控股股份公司，引进战略投资者，并与股份公司共同参股组建资产管理公司，谋求将集团公司建成一个具有国际竞争力、多元化、综合性的保险金融服务集团，将中国人寿做大做强。

　　重组方案顺利推进的同时，中国人寿亦在为海外上市做各项准备工作。其中包括聘请专业人士对公司的内在价值、评估价值、寿险新单价值及各项精算假设，这些关乎上市的成功与否。

　　除此之外，为了实现在纽约、香港成功上市，中国人寿将一直遵守的中国会计准则转换为美国和中国香港地区会计准则，同时考虑到中国香港地区和欧美投资者的需求，并建立了两套利润测试模型等。

　　2003 年的"非典"疫情并没有让中国人寿放缓上市的脚步，反而是全员投入紧张的准备工作，戴着口罩开会是正常，也是非常。

　　北京"非典"疫情结束后不久的 8 月 28 日和 29 日，中国人寿分别向美国证监会和香港联交所进行了秘密申报。之后连续 3 次接受香港联交所聆讯，先后回答了 3000 多个问题，后又回答了美国证监会提出的 80 多个问题，并 3 次修订招股说明书。

　　历时近 3 个月，美国证监会和香港联交所终于同意中国人寿正式登记。此时，中国人寿向保监会、证监会、财政部和国家税务总局等国内监管机构递交的公司境外上市请示，也已全部获得批准。

　　此时，距离中国人寿海外上市"通关"仍有一段距离。如股票发行价格尚待确定，这是一项具有技术性的工作，若定价过高，投资者不认同，不利于后市发展；定价过低，融资减少，公司利益难以维护。最终，发行价格确定在 2.98～3.65 港元。

　　12 月初，中国人寿开始上市路演，中国人寿总经理王宪章和副总经理苗复春各自带队，兵分两路，开启覆盖亚洲、欧洲、美洲，包括中国香港、新加坡、伦敦、爱丁堡、纽约、洛杉矶等 21 个主要城市的路演行程。

其间，中国人寿还拜访了 102 家机构投资者，并举行"一对一"说明会，以便近距离沟通，让机构投资者更好地了解中国人寿。王宪章曾回忆称，"有一家机构投资者，原本计划购入 1.3 亿美元的股票，但是与我们的管理层交谈后，立即决定改为购入 3 亿美元。人家看到我们的管理层是内行，懂保险，有开放意识，才认可我们，买我们的股票"。此外，中国人寿还召开了 6 次大型推介会和 1 次记者招待会，与 600 多位投资者代表和 30 多家新闻机构的记者进行了交流。

2003 年 12 月 17 日和 18 日，中国人寿的股票在纽约、香港两地成功上市。其中，此次公开发行最终定价为：全球机构投资者每股 3.625 港元，香港公开发售每股 3.59 港元（扣除相关税收），美国每 ADS（存托凭证）18.68 美元。

当日，纽交所 ADS 开盘价为 22 美元/ADS，最高至 25.2 美元，最后收盘在 23.72 美元，较发行价高出 27%。联交所 H 股开盘价位 4.55 港元/股，最高至 4.6 港元，最低为 4.3 港元，最后收盘在 4.525 港元，较发行价高出 24.8%。

至此，中国人寿此次 IPO 发行股票 74.4 亿股，融资规模为 34.8 亿美元，创下了当年全球最大规模的 IPO，其闯出了一条独具特色的重组上市之路。

2006 年，中国保险业迎来"第二个春天"。

6 月，国务院出台《关于保险业改革发展的若干意见》（以下简称国十条）。国十条明确了保险业在我国经济社会发展中的地位，突出了保险的社会稳定功能。更为重要的是，国十条规定，在风险可控的前提下，鼓励保险资金直接或间接投资资本市场，逐步提高投资比例，稳步扩大保险资金投资资产证券化产品的规模和品种。

至此，一直以来关于保险行业地位、投资局限等问题，等到了新药方。

在此背景下，时任中国人寿总经理吴焰表示，除抓紧筹建财产险公司和养老保险公司外，还要关注和把握金融综合经营的机遇，抓紧战略性介入与保险业发展紧密相关的银行等其他金融领域，逐步建立"主业特强、适度多元"的现代金融保险集团。

随后，中国人寿财险公司和养老保险公司相继成立，海外公司、国寿投资公

司、保险学院的改革等也基本完成。中国人寿的金融版图渐趋明朗，一个集寿
险、财险、企业年金、资产管理、实业投资、保险教育等业务于一体的大型金融
保险集团已初具规模。

2007年1月，中国人寿回归A股，其成为中国乃至世界第一家分别在纽约、
香港、上海三地上市的保险公司。

后续经历2008年牛市破灭后，原保监会在2009年的全国保险工作会议上提
出"防风险、调结构、稳增长"监管思路。中国人寿亦开启业务结构调整，保
费增速放缓。

转型升级：从"做大"到"做强"再到"重振国寿"（2010年至今）

2010年，中国保费收入达1.45万亿元，保险业总资产达5.05万亿元，中国
已经成为全球最重要的新兴保险大国。此时，中国人寿集团各项业务保持持续稳
健发展，集团合并保险收入3510亿元，同比增长15.9%。

2011年，中国人寿以转变发展方式为突破口，年底集团合并保费收入
3578.49亿元，实现平稳增长，合并总资产达到1.96万亿元。不过，对中国保险
行业而言，这一年的发展不容乐观，且出现两次负增长，即自1979年恢复国内
保险业务以来，保险行业和保险营销队伍均首次出现负增长。其中，7月末，中
国保险业总资产为56073.6亿元，较6月减少1396.3亿元。同时，受资本市场
和投资波动影响，投资收益情况面临承压。

面对纷繁复杂的经营形势，2012年，中国人寿将"创新驱动发展战略"作
为深入可推进科学发展的总战略。其间，中国人寿与中国人民保险集团、中国太
平保险集团和中国信保正式升为副部级单位，组织关系及人事权也由原保监会移
至中组部。

对于此时的中国人寿而言，重组改制10周年之际，亦是中国人寿从"做
大"向"做强"方向的转变，改革创新成为了中国人寿创造第二次辉煌的强大
动力。时任中国人寿董事长杨明生曾表示，"下一个10年，中国人寿将全力推进
五大方面的工作。一是进一步推进经营的综合化，二是进一步推进机制的市场

化，三是进一步推进管理的现代化，四是进一步推进业务的国际化，五是进一步推进中国人寿集团整体改制。其中，最核心的是要坚持改革创新、转型升级"。

2019 年，中国人寿工作会议提出重振国寿战略部署

从一家传统的保险公司，发展成为涵盖保险、投资、银行三大板块的现代金融保险集团。面对新形势，2019 年初，中国人寿提出"重振国寿"，进一步确立了面向未来建设国际一流金融保险集团的战略目标，以及"三转、四型、三化"的战略思路和"两步走"战略部署，并明确重振国寿的五项战略重点。

具体而言，"三转、四型、三化"即加快推进"三大转型"，即从销售主导向销售与服务并重转型，从人力驱动向人力与科技双轮驱动转型，从规模取向向价值与规模有机统一转型；全力建设"四型企业"，即党建引领型、价值优先型、科技驱动型、服务卓越型企业；努力在"三化"上，即在综合化经营、科技化创新、国际化布局上取得重大突破。

同时，"两步走"战略则是，第一步，用一到两年时间，抓好战略布局，升级发展理念，突破发展格局，重构组织体系，提振品牌形象，凝聚精神力量，聚焦做强做优国寿，为建设国际一流金融保险集团奠定坚实基础。

第二步，再用两到三年时间，基本建成综合化经营特色突出、科技化创新能力强大、国际化布局基本成形，核心主业市场引领地位稳固、服务国家战略能力和全球竞争能力卓越的国际一流金融保险集团。

"赢得未来有很多关键因素，对中国人寿而言，最重要的、最大的福利来自于公司的改革，通过改革练好内功，提升效率。"中国人寿总裁苏恒轩直言道。

唯改革者进，唯创新者强，唯改革创新者胜。中国人寿正是从一次次改革和创新中不断向前发展，此次其将"重振国寿"战略拆解成一项项任务、行动、举措，通过时间表、路线图、任务书，快速加以推进，从而真正转化为中国人寿的生产力、竞争力、创新力、战斗力、可持续发展能力。

在中国人寿董事长王滨看来，"守初心，担使命；建功新时代，争创新业绩。我们要把提升发展质量作为落实重振国寿战略的核心任务，走出一条规模效益化、效益规模化的高质量发展之路"。

中国人寿 2019 年半年报显示，截至 2019 年 6 月 30 日，实现归属于母公司股东的净利润达 375.99 亿元，同比增长 128.9%；公司实现保费收入 3779.76 亿元，同比增长 4.9%；总资产达 3.48 万亿元，稳居寿险行业首位。

对于"重振国寿"提出后，中国人寿首次"期中考"成绩，多家券商研报表示，"成效显著，看好全年业绩保持高增"。

新一轮的改革才刚刚开始，与国同行的中国人寿，自中国人民保险人身险业务起步，到分设中保人寿开始专业经营；从成为独立品牌走向市场，到重组改制上市做强做优，再到保险、投资、银行协同发展……是中华人民共和国成立七十年来中国保险业发展的注脚。

中国太平：筚路蓝缕90年

文／陈晶晶

"为天地立心，为生民立命，为往圣继绝学，为万世开太平。"

中国太平是当今我国历史上最为悠久的民族保险品牌，由中国保险、太平保险和民安保险三大历史悠久的民族保险企业整合而来。

风雨九十载，一代又一代太平人为中国各个时期的发展筚路蓝缕、栉风沐雨。90年来，无论是处于国难当头的危急时刻，还是面临改革开放的历史机遇，中国太平始终与国家同呼吸、共命运，形成了"与民族共患，与国家同兴"的"中国太平基因"。

从1929年在上海创立的太平水火保险公司，发展到如今的中国太平保险集团，一路走来，几经变迁，屡次重组，或兼并，或扩张，或合营，但仍薪火相传，连续经营，砥砺奋进，成为中国民族保险业屹立不倒的鲜艳旗帜，形成了"在传承中成长，在蜕变中新生"的"太平血脉"。

太平保险、中国保险和民安保险三个历史悠久的民族企业汇聚成一条中国民族保险业发展的长河，开拓出一条奋发图强的民族保险振兴之路。

起源：大业有基　太平有根

中国太平保险集团的起源需要追溯到 20 世纪二三十年代，当时正值列强环伺、外侮日甚、国难当头、军阀混战、民生凋敝。

太平保险、中国保险、民安保险三家公司从诞生之日起，便勇于肩负民族救亡、实业救国、挽夺利权的责任与使命，将自己的前途命运与国家、民族紧紧联系在一起，奋发图强，励精图治。

1929 年 11 月，太平水火保险公司由当时著名的"北四行"之一金城银行独资在上海创建，并逐渐成为中国规模最大的华商保险公司之一。

1931 年 11 月，中国保险公司由中国银行拨资于上海成立，并在中华人民共和国成立前发展成为中国规模最大、实力最强的保险公司，机构遍及国内主要大中城市，以及香港、新加坡、越南、马来西亚、印度尼西亚、泰国、缅甸和英国等地。

1943 年 11 月，由中共地下党所办企业广大华行和民生实业公司共同投资创办的民安产物保险公司在重庆正式开业。1945 年 9 月，总公司由重庆迁到上海，1949 年 10 月，由民安产物保险香港分公司改制成立的香港民安保险有限公司正式开业。

这三家公司即使渊源不同，发展脉络不一，但彼此传承，有着相同的使命与责任。

从 19 世纪末到 20 世纪初，中外保险商实力悬殊，我国的财产保险以及生命保险长期为外商所垄断，金钱外溢逐年递增，据当时数据统计，我国每年向国外流出的保险费约为 230 万英镑，相当于全国保险总收入的 75%，华商收入仅占 25%。这种情况已经严重影响到了我国民族工商业的发展。太平保险、中国保险就是在此背景下诞生的。

"因其时华商保险同业不足二十家，且大半属港商分设，组织散漫，社会方面亦少注意予以倡导，坐视利权外溢，莫能与外商相抗衡。且保险业有关国家经济社会安全，各国对此胥皆重视。"这就是太平水火保险公司于 1929 年 11 月 20 日的创立动机。

1929 年 11 月 20 日，金城银行在上海独资注册太平水火保险公司，注册资本金 100 万元（实收 50 万元）。太平水火保险公司以太极图形为商标，取其"生生不息"之意，宣传口号为"太平保险，保险太平"。太平保险事业由此发端。

1930 年 2 月 19 日，太平水火保险公司正式开业，总部设址于上海江西路212 号金城银行大厦。1933 年 7 月，太平水火保险公司改组完成。同时，将公司名称中的"水火"两字删去，改称为太平保险公司，并增办人寿、意外等保险业务。

自太平保险公司成立以来，便不遗余力地拓展市场，为民族保险业发展谋取生存空间。

开业初期，太平水火保险公司依靠金城银行发展代理业务，锐意开拓自营业务。彼时，其分支机构、代理网点遍布华南各大城市，并涉足南洋市场；在香港、西贡、雅加达、新加坡、马尼拉等地设立分支机构，成为华南保险业中规模最大的民营公司，使外商同业刮目相看，从此不再藐视华商保险。

中国保险公司第一届营业报告中详细记载了创建的时代背景及使命，"源自九一八东邻入寇侵犯我东北，举国蒙其影响，金融恐慌，百业凋敝，而本公司适于此时成立，不旋踵而沪战继起，尤感切肤之痛，商业更形惨落……且本埠保险公司林立，其中洋商公司或以历史悠久，或以资本雄厚，因此占有绝大势力。加之我国先后创设华公司共有二十余家，幸而努力进行业务，成绩犹能不落他家之后……夫保险业本非虚矫之事，办理斯业者，以谋安全固信用为职责，其有益于社会，与银行异途同归……"

1931 年 11 月 1 日，中国保险公司在上海仁记路（今滇池路）中国银行行址正式开业，注册资本 500 万元，实收 250 万元，主要业务有一般保险业务、再保险业务和人寿保险业务，公司董事长由中国银行上海分行总经理宋汉章兼任。

由于具有资本实力强大的中国银行股东背景，中国保险公司创办短短 3 年间，机构扩张速度飞快，收益也与日俱增。到了 1936 年，中国保险公司当年纯收益就达到 268499.8 元。

中国保险公司的创立改变了以往华商保险公司常因资金不足、难以与洋商竞争的局面，使华商保险事业焕发出新的生机与活力。

而民安保险公司的诞生与中共地下党所办企业广大华行密切相关，身上流淌着"红色血脉"。

1933 年，卢绪章、杨延修、张平、田鸣皋、郑栋林五人在上海合资创办广大华行，经营西药、医疗器械的邮购业务。1937 年至 1938 年，卢绪章、杨延修、张平等先后加入中国共产党。

1940 年初，卢绪章去重庆，以广大华行为掩护，建立了党的秘密工作机构，受当时党中央南方局和周恩来直接领导。从此，广大华行成为中共地下党秘密活动的"掩蔽体"。

为了贯彻中共中央提出的在国民党统治区"隐蔽精干，长期埋伏，积蓄力量，以待时机"工作方针，广大华行从需要和可能出发，经过认真讨论，提出创办保险公司，为党的秘密工作创造更为有利的条件。随后这个想法得到周恩来的肯定，在 1943 年初，卢绪章以广大华行董事长兼总经理的身份，在重庆筹建保险公司。1943 年 11 月 11 日，民安产物保险股份有限公司正式开业。

民安产物保险的创立，标志着中共地下党所领导的企业社会层次提高，经营领域扩大，已跻身大后方金融实业界，为中国共产党的秘密工作增添了浓厚的保护色彩。

传承：艰危时世中勉力经营　支援抗战救国

无论在战火纷飞、民族危难之际，还是自身经营困难，太平保险、中国保险、民安保险一刻也未退缩，他们在保存自身力量的同时，积极投身于救国事业中。

1937 年，抗日战争爆发，随着国民政府西撤，大批工商企业内迁，西南大后方的经济有了发展的契机，内地保险业也得以相应发展。

彼时，华商保险业虽经历了长足的发展，但与实力雄厚的外商保险公司相比，资本额依旧较为弱小。受承保能力与承保额度的限制，华商保险公司在取得保险业务后，自留业务量往往很小，必须依靠外国保险公司分保，将大量业务分给当地的外商保险公司或国外的保险公司。

太平洋战争爆发后，沪港相继沦陷，上海保险市场与外商联系分保的渠道被彻底切断，西南大后方原本有限的分保能力更显捉襟见肘。加之上海游资倒流后加剧的通货膨胀致使法币贬值、物价高企，保险公司资本金大幅缩水，经营愈加困难。为了改变现状，华商纷纷自发组成分保机构，寻求新的分保出路。

1942 年，太平保险公司联手中国保险、宝丰保险、兴华保险等公司成立了"重庆四联分保办事处"。但真正在分保问题上对太平保险公司及华商保险业影响至远的还要算太平分保集团的创立。

1942 年 2 月，太平保险公司在上海联合宝隆、大业等保险公司组成太平分保集团，当年 7 月，成员公司已扩大至 19 家。

在抗战背景下，太平分保集团不仅有力地瓦解了日本保险公司控制上海保险市场的构想，而且加强了同业间的团结，有效地解决了华商保险业的风险分散问题，为以后华商保险业经营自主化奠定了坚实的基础。

当时，上海的华商保险公司相继组建了大上海、久联、五联、十五联、华商联合 5 个分保集团，加上太平分保集团，共计 6 个，参加的公司达到 80 家，通过相互分保，有效地解决了民族保险业的风险分散问题，增强了保险能力，进而保持了业务稳定性，这在动荡时局背景下意义非凡。

1944 年 12 月，不堪战争摧残的太平保险，将总部迁往重庆，并改名为太平产物保险公司，开始经营国民党统治区保险业务。与此同时，太平人寿也将业务重心转移至大后方，一边与安平、丰盛、中国天一等 9 家民族保险企业携手组建分保集团，一边继续稳慎开展寿险业务。此举措使得太平人寿在盈余减少的情况下迅速扭转，1944 年的盈余额甚至较上年增加了 80%。究其原因，很大程度上取决于太平保险对侵略者及战争本身的痛恨，对凭借本业优势为抗战前线服务的决心。

彼时，日本陆军于 1944 年 4 月至 12 月期间贯穿中国河南、湖南和广西三地发动豫湘桂战役，1944 年 11 月 24 日，日军占领广西南宁，标志着从中国东北直至越南河内的大陆交通线被日本侵略者打通。

豫湘桂战役中，仅河南就损失 88 家工厂，湘粤桂 3 省工厂全部沦陷于日军手中，湖南著名的钨锑等重要战略物资亦被敌攫夺，豫湘桂的重要农业地区也被日军掌握。

这种危急时候，每一场战役的前线物资供应充足都非常重要。猪毛（又叫猪鬃）是洗刷枪炮，油漆军舰、坦克、飞机等不可或缺的工具，属于特别重要的战略物资。

1945 年 1 月 2 日，崇德公司所属的 100 包计 5001 斤的猪毛要从重庆周边的小镇龚滩走水路运往涪陵，再转装轮船至重庆。为安全考虑，崇德公司与太平保险重庆分公司订立保险合同，并获得了 113.3 万元保额的保障，保费为 6.0049 万元。

这张保单见证了太平保险立足后方支援抗战，凭借自身的保障优势，坚决满足国家最紧要的发展需求，拳拳爱国的一片赤诚之心和救国使命感跃然纸上。

转折：投身社会化改造　拓展海外为国积累外汇

1949 年是中国历史上最重要的分水岭，中华人民共和国成立，从此建立了全新的政治制度，社会性质发生了根本性的变化。中国保险业也随之翻开了崭新的一页。

1949 年 10 月 20 日，中国人民保险公司成立，标志着中国保险业进入了国家专营的新阶段。

上海作为民国时期全国保险业的中心，集中了数量众多的保险机构，所占比重最高。因此，中华人民共和国成立后对上海保险业的改造与改组也就成为中华人民共和国保险事业发展的基础和工作重点。资力最为雄厚的中国保险公司和太平保险公司则分别成为官僚资本机构和民营资本机构的改造与改组的排头兵，这对中华人民共和国保险事业的创建具有重要意义。

为了使保险更好地为国民经济恢复和发展服务，经中央批准成立了统一的国家保险机构——中国人民保险公司。

1951 年"中国保险"和"太平保险"完成公私合营改造。1956 年 8 月，太平保险与新丰保险又进一步合并为太平保险公司，并将总公司及太平人寿保险公司一并迁往北京，专营海外人寿保险及其他各类保险业务。民安保险则直接在上海申请歇业清理。

1951年8月10日，民安产物保险公司总公司发布歇业清理公告，至1953年5月26日，经上海市军管会财政经济接管委员会金融处批准，民安保险公司公开登报宣告清理结束。

由民安保险公司香港分公司单独向香港政府申请注册成立"香港民安保险股份有限公司"（以下简称香港民安保险）。1949年9月，作为独立法人的香港民安保险成立，注册资本1000万港元。就此，香港民安保险成为了中国第一家在香港注册的民族资本保险公司。

1956年，"中国保险"和"太平保险"相继由上海迁册北京，成为中国人民保险公司的附属公司。根据国家的统一安排，"中国保险"和"太平保险"停办国内业务，和"香港民安保险"一起，在中国人民保险公司的统一领导下，专门经营境外业务，继续为港澳同胞和海外侨胞服务，为国家对外贸易服务，为国家积累外汇资金。

1964年周恩来总理接见太平保险香港分公司经理张孝寅和香港民安保险有限公司经理沈日昌

从 1959 年起，国内保险业务除上海、哈尔滨等地因客观条件仍有一定需要，继续维持了一段时间，其余各地全部停办。与此同时，"中国保险""太平保险""香港民安保险"全力推进海外保险业务，业务完全转移至海外。

据老一辈太平人回忆称，当时公司在香港和海外地区努力开拓市场，积极创新业务种类，为当地华侨提供了贴心的保险保障，同时极大地促进了当地工商业发展。20 世纪风云变幻，即使在外部形势十分复杂艰难的情况下，太平各海外机构依然敬业进取，使得海外保险业务取得了长足的发展。

那时，为支援国家建设，公司海外保险机构积极筹措资金汇往国内，为国家积累外汇储备和社会主义建设做出了独特的贡献。当时中国保险公司和太平保险公司在中国香港、新加坡、马来西亚和印度尼西亚都设有分支机构。截至 1960 年，这些机构汇入国内的资金合计 90854 万美元，有力地支援了国内社会主义建设事业。

为配合祖国贸易需要，公司在香港的分支机构开展为客户办理转单手续业务，为国内转口香港的商品提供了便利的保险服务。此外，公司在中国香港、新加坡和马来西亚的分支机构还代理了国内出口商品保险的查勘理赔工作，促进了国家对外经济贸易的往来。

中国保险、太平保险、香港民安保险三家公司的海外员工总数分别为 181 人、76 人、39 人，总计 296 人。而正是这区区 300 人，在 20 世纪五六十年代特殊的历史时期，尽其所能，为国家奋力挣得了宝贵的外汇资金。

一位太平的老前辈也留下如此回忆和评价：退出国内市场，致力于海外业务，这是一项具有重大战略意义的根本性调整，对昔日的太平以及其他民族资本保险公司以及今日活跃于国内和海外两个市场的太平集团的个性、气质与风格都产生了深远的影响。

整合：恢复国内业务　实现集团化经营

时间转到 1978 年，神州大地吹起改革开放的春风，中国进入快速发展时期，中国保险业开始走进"春天"，海外保险也迎来了发展机遇。

1979 年 4 月，国务院决定恢复国内保险业。在新的政策条件下，根据国情以及当地实际情况，中国人民保险公司以及中国人民银行对港澳保险机构既有的管理体制做出了重要调整。

20 世纪 80 年代初，出于对驻港澳各保险公司领导层的统一考虑，中国人民保险公司和中国人民银行决定设立"保险驻港联办处"。

1984 年，中国人民保险公司不再隶属于中国人民银行，成为副部级建制单位。同年秋，经国务院港澳办批准，将原来的"保险驻港联办处"撤销，成立"中国保险港澳管理处"，作为中国人民保险公司派驻香港的行政管理机构。

之后，该机构的管理体制改革进一步深化。

1992 年，中国人民保险公司决定把单纯管理性质的"中国保险港澳管理处"改组为企业法人。也就在这一年，中国人民保险、中国保险、太平保险和中国人寿保险合资组建了"香港中国保险（集团）有限公司"。该公司取代了中国保险港澳管理处，对驻港澳各家保险企业进行了统一管理。

从中共中央决定实施改革开放，直到 20 世纪 90 年代中期，这一段时间是中国保险业发展的黄金时期。

但到 20 世纪 90 年代的最后几年，这些情况发生了重大变化。

首先是横扫亚洲、震荡世界的亚洲金融危机宣告了世界经济高速发展阶段的结束。曾经以现代化著称世界的香港、新加坡等地区与国家遭受重创，资本市场大幅下跌。也是在这个时候，中国保险业管理体制再次进行了重大改革。

1998 年 10 月，经国务院批准，与中华人民共和国一同诞生的中国人民保险（集团）公司被正式撤销，海外保险机构划归至中国保险股份有限公司，其与香港中国保险（集团）有限公司实行"两块牌子，一套班子"的管理模式，初步建立了集团化经营的组织架构，成为境外机构的最终控股公司和直属国务院的金融保险集团。

为完善集团化经营框架，推进本土化战略，2000～2003 年，香港中国保险（集团）有限公司从业务结构调整和重组改制两个方面对部分机构进行了一系列改革，其中就包括了在港澳地区、新加坡、欧洲、美国的机构。

2000 年，中国保险香港分公司、太平保险香港分公司的业务并入香港民安保险，同年 10 月，三间公司正式完成重组，组成新的香港民安保险有限公司。

在香港中国保险（集团）有限公司在对现有机构进行重组改制的同时，为抓住国内保险业快速发展的历史机遇，以时任董事长杨超为首的中国保险集团领导班子决定重回故土，在境内恢复开展保险业务。

此前，香港民安保险乘着改革开放春风早已经率先进入国内市场。1982 年 1 月，经中国人民银行和深圳经济特区政府批准，香港民安保险出资 100 万港币在深圳设立分公司，成为第一家在中国内地设立的境外保险公司分支机构。

在使用"中国保险"品牌还是"太平"品牌恢复业务的问题上，考虑到"中国保险"品牌在境外更有号召力，而在国内容易与国内多家国有保险公司名称混淆，因此，最后决定在港澳和海外继续使用"中国保险"品牌，国内则使用"太平"品牌。

2001 年，香港中国保险（集团）有限公司以太平品牌在国内顺利开业。经国务院同意，原中国保监会批准，太平人寿与太平保险公司相继于 11 月 30 日和 12 月 20 日宣布开业。几代民族保险人的梦想，带着多年探索的海外专业化经营理念和经验，重新回归到中华人民共和国保险业历史的舞台。

2002 年 8 月，中国保险股份有限公司正式更名为中国保险（控股）有限公司，成为中国保险业首家金融保险集团。

值得一提的是，在其全面开拓国内保险业务的同时，为了应对资金紧张的情况，上市融资被提上日程。

2000 年上半年，集团旗下中国国际再保险有限公司和华夏再保险顾问有限公司进行重组，成立了中保国际控股有限公司（以下简称中保国际），并以此为主体，于当年 6 月底在香港联合交易所上市，其成为中国保险业首家在境外上市的保险企业，开创了中国保险企业在资本市场融资的先例。

中保国际为中资保险业募集资金闯出一条新路后，香港民安保险很快也顺势提出上市。

2006 年 9 月 5 日，民安控股有限公司（以下简称民安控股）于开曼群岛注册成立，香港民安保险全部股权按现有股东持股比例注入民安控股，并以民安控股为上市主体。2006 年 12 月 22 日，民安控股在香港联合交易所上市挂牌。

随着经营模式转型和综合改革的推进，为进一步整合资源、提升集团整体的价值创造能力，两家上市公司也随即开始资源整合。

2009 年 7 月 30 日，中保国际宣布，完成收购民安控股 13.89 亿股普通股。当年 8 月 17 日，中保国际更名为中国太平保险控股有限公司（以下简称中国太平控股）。9 月 7 日，中国太平控股与民安控股联合公告称，中国太平控股以协议方式（以 1 股中国太平控股股份交换 10 股民安控股股份）全面收购民安控股。10 月 7 日，收购协议获法院会议批准，并在股东特别大会上正式通过。民安控股的最后交易日期为 10 月 21 日，11 月 2 日，民安控股在香港联交所摘牌退市。

统一：列入中管　重组改制腾飞

中国太平经历了时局多变、战火纷飞的岁月，经过了经济困难、社会动荡的时代，创业先辈们披荆斩棘、砥砺奋进，铸就了深厚的文化底蕴，传承了三大血统和三大历史悠久的保险品牌：最早创办的太平保险，其股东是金城银行，是民营资本；由中国银行创立的中国保险则是民国时期的官僚资本；民安保险则流淌着红色血液。

中华人民共和国成立前，三大品牌相互独立发展，中华人民共和国成立后，经过公私合营改造，三大品牌均纳入中国人民保险公司统一管理。直到 1998 年，中国人民保险集团撤销，所有海外机构划归中国保险股份有限公司（即今天的中国太平保险集团）管理后，三大品牌才统一到其旗下。

但多品牌的并行发展也给其带来了一些问题，主要表现在：一是各品牌虽有一定知名度，却呈现明显的地域特征，总体上知名度不高，中国保险的品牌主要在海外有一定知名度，民安品牌主要在香港地区有一定知名度，而太平品牌则主要在国内有一定知名度；二是品牌的分散与集团建设综合性金融保险集团目标的要求不适应；三是受整体财力的限制，集团不能同时支撑三大品牌同步壮大；四是多品牌并存制约了集团统一的企业文化的形成，影响了集团的凝聚力。

基于上述原因，集团于 2009 年开始进行品牌整合，决定从原来三个品牌并存改为使用统一的"中国太平"品牌。2009 年 5 月，原中国保监会批复同意，中国保险（控股）有限公司更名为中国太平保险集团公司。6月29日，"中国太平"品牌正式启用。

2011年10月，中国太平正式列为中共中央组织部直属管理单位，升格为副部级央企。中国太平从此进入了改革发展新的历史时期。

太平人寿国内复业新闻发布会

作为总部设在香港的唯一一家中管金融保险集团，相较同业，中国太平有着自己鲜明的特点，一方面，拥有最广泛的经营区域和最齐全的业务条线，立足香港、依托内地、辐射海外，跨境经营服务，品牌历史悠久；另一方面，中国太平整体实力较弱，规模不大，管理跨度与管理难度较大，市场影响力和品牌知名度不高。

对此，列入中管以后，中国太平加大了内部机构调整和业务整合力度，集中集团优势资源，全力打造全面、专业的保险理财服务金融平台，完善"一个客户、一个太平"的综合经营模式。

2012年，中国太平总保费收入突破500亿元，增速达18.5%，位居国内大型保险集团首位；总资产、净资产较年初分别增长25.9%、20.5%，总资产突破2000亿元大关，净资产逼近200亿元。

党的十八大召开后，中国太平率先进行金融保险机构深化改革，启动了重组改制和整体上市工作。

2013 年 6 月 6 日，中国太平保险集团有限责任公司创立大会在北京召开，意味着中国太平重组改制和整体上市工作顺利完成。

重组改制，对中国太平未来的发展意义重大。通过向在港上市平台注入核心业务及主要资产，进一步提升了中国太平对国际投资者的吸引力，可以为寿险、产险、养老和资产管理等核心业务建立持续的资本补充机制，增强集团可持续发展后劲。成功重组改制并整体上市，促进了中国太平不断深化改革，提升服务民生发展、参与社会管理创新、支持实体经济发展的综合金融服务能力，提升品牌影响力；进一步促进了境内外保险主业与资产管理业务的跨境联动发展，推动中国太平国际化经营格局进一步完善和国际化经营水平进一步提升。

同时，重组改制为有限责任公司，按照现代企业制度的要求，建立健全并不断完善董事会战略决策、监事会依法监督、高管层全权经营的现代公司治理机制，提升了中国太平整体战略决策、战略实施和战略保障能力，夯实了可持续发展基础。

随着中国改革开放步伐的加快，越来越多的中资企业开始了国际化进程，发展与风险并存，作为中管金融保险集团，用保险保障风险、服务中国企业"走出去"成为中国太平的重要使命。

今天，经过几代太平人的艰苦奋斗，中国太平经营区域涉及中国内地、港澳、欧洲、大洋洲、东亚及东南亚等多个国家和地区，业务范围涵盖寿险、产险、养老保险、再保险、再保险经纪及保险代理、证券经纪、资产管理和非金融投资等领域，业务重心横跨上海、香港、新加坡、伦敦、东京等国际金融中心，在世界版图上走出了一条极具中国太平特色的跨境经营之路。

2019 年 8 月 28 日，中国太平保险集团旗下中国太平控股有限公司（HK966）在香港公布 2019 年中期业绩显示，截至 2019 年上半年，中国太平总保费达到 1389 亿港元，同比增长 6.8%（合 1192 亿元人民币，同比增长 13.2%）；股东应占溢利 67.44 亿港元，同比增长 29.5%（合 58.22 亿元人民币，同比增长 37.3%）；总资产达到 8329 亿港元，较去年年末增长 10.7%。

斗转星移，岁月如梭。在即将迎来中国太平 90 周年生日之际，中国太平董事长罗熹感慨道："90 年筚路蓝缕，90 年春华秋实，中国太平从 1929 年诞生那一刻起，就打下了红色基因与民族血脉交融的深深烙印，一路披荆斩棘，一路砥砺奋进，在近百年来的中国历史上书写下一家民族保险品牌从诞生到坚守、从复业到复兴的传奇史诗。如今，中国太平历史传承的接力棒交到了我们这一代太平人手中，我们深知续写新时代中国太平发展新篇章的使命，也深感打造一家百年老店的不易，可谓是'行百里者半九十'。如何实现高质量发展，让太平事业薪火相传、基业长青？我以为就是要按照新发展理念的要求，以'为万世开太平'的境界，以'共享'为基本原则，与客户、伙伴、股东、员工以及社会公众一道，共同实现'共享太平'的美好愿景。"

"共享太平，就是大担当、大情怀、大格局、大责任，将自身发展和实现中华民族的复兴联系在一起，为人民创造美好生活服务，走国际化之路，承担好'在商言政'的使命和责任，大力发展在港机构和业务，助力香港加速融入国家发展大局，在新时代共享祖国繁荣富强的伟大荣光。"罗熹进一步表示。

只有创造过辉煌的民族，才懂得复兴的意义，只有历经苦难的民族，才对复兴有如此深切的渴望。未来，"中国太平"将继续在中国保险行业史上不断书写新的传奇故事。

中国平安：书写春天的故事

文／陈晶晶

"中国平安"，一个响亮的名字，它从深圳蛇口走出，一步步"茁壮成长"为今天中国乃至全世界知名的巨型集团，平安的发展历程就是国家通过改革开放从百业待兴到全面繁荣富强的一个精彩缩影。

作为一家用30年成为世界前30强的公司，一家永在变革创新的公司，一家正在批量化造就"独角兽"的公司，中国平安正向"世界前十"的目标迈进。这种勇气令人赞叹，也让每个关心中国经济前景的人感到骄傲和振奋。

平安是一部史诗。没有政策支持，也不会有今天的平安。

平安腾飞的故事，是深圳加速度的故事，更是国家全面富强的故事。在中华民族奋力实现伟大复兴的征程中，平安将继续为世人贡献更明媚的春天。

溯源：坚守初心不忘来时路　唯改革者当自强

平安为什么能走到今天，成为中国公司中的佼佼者之一，成为世界金融业的创新标杆？这一切，要从 40 年前，中国主动拥抱世界、拉开改革开放的序幕说起。

在这场影响国运的盛大变革中，蛇口有幸成为探索的旗，深圳有幸成为领航的帆，蛇口和深圳的先行实践重塑了一个民族面向世界的全新态度。

"30 年前的今天，公司在招商路租来的一间 440 平方米办公室开业，扣除洗手间和通道，使用面积仅 200 平方米左右。有很多老同事，都是内地的干部，刚到深圳，无法解决住宿问题，毫不介怀，白天一起骑自行车跑业务，晚上回公司打保单，夜里就睡办公室地板。当时办公大楼里有银行金库，每晚 7 点检查清场，不许留宿。我们只能 6 点半关灯，藏起来不作声，等保安巡过了，再开灯工作。公司第一笔资本金是 3000 万元，我们不乱花股东一分钱。那时全公司就一台汽车，非常宝贝，舍不得用，必须用时，一到地方，马上关发动机，节省油费。这种故事不胜枚举，其背后是平安的蛇口基因、创业精神，一句极具蛇口色彩的话，'竞争中求生存，创新中求发展'，一直是平安的座右铭，激励、支撑着我们，三十年如一日，迎难而上，奋斗至今。"

这是 2018 年马明哲在回顾创业往事时的一段深刻记忆。

平安一直如此拼搏努力，一个重要原因是平安从创立伊始就是一面改革的旗帜。改革者当自强，不成功便成仁，如果失败，不只是一家公司的失败，而且还意味着改革方向的失败。

从单一产险公司到解决分支机构难题，再到为实现综合金融集团目标而所做的一系列布局，平安十年初创时期走的每一步无不体现着变革。

1988 年 5 月 27 日，中国第一家股份制、地方性的保险企业——深圳平安保险公司正式开业。这一天也被定为平安"司庆日"。

创业初期的平安员工平均年龄为 28 岁，虽没有丰富的经验，却有冲天的无限热情。

1988 年 5 月 27 日，深圳平安保险公司在蛇口正式开业

那时，平安业务员一上班就离开办公室，每人顶着烈日烤晒穿街走巷，挨家挨户"扫楼"，中午饭常常是随便在外面买两块面包，晚上回来每个人的脸都晒得通红。每一笔业务都来之不易。

1989 年的最后一天，天非常冷，还下着大雨。许多公司都已放假，但平安蛇口分公司的办公室里还热火朝天，大家都想在年底最后一天多收些保费回来。一群人兵分六路，奔赴国际海运集装箱公司、蛇口培训中心、西丽湖度假村、深圳湾大酒店等企业，忙活了 4 个多小时，最后全部"搞定"，这一天的保费收入达到了 60 多万元。

靠着无限的拼劲，平安成立后短短一年多的时间，就已经和海外 300 多家保险机构建立了业务联系，接待了多个国家的保险公司、保险经纪人公司的高层管理人员，与港澳地区的保险机构来往更是频繁，打开了平安国际化视野，同时也催生了平安走向全国的战略。

在平安第一届第二次董事会上，马明哲提出平安"立足深圳、辐射全国"的发展目标，但也由此需直面开设分支机构的难题。

为实现走向全国的目标，平安必须在内地设立机构。而彼时人民银行没松口，平安的《公司章程》也有限制，只能在深圳开展业务。为此，整个管理团队一直在寻找和等待突破的时机。

皇天不负有心人。

1989 年 3 月 21 日，时任中国人民银行副行长刘鸿儒到招商银行检查工作。马明哲当时说，平安离招商银行就隔 100 多米，希望领导能移步看看平安。他心里的想法是机会只有一次，错过了或许很难再有，平安最迫切的问题是要建立起自己的网点体系。

后来马明哲回忆这个情景时说，"几乎是硬把刘行长拉过来的"。马明哲汇报了平安当时面临的困难，并提出了三项请求：希望能够追加公司注册资本，由原来的 3000 万元人民币和 3000 万港币分别增加至 1 亿元人民币和 1 亿元港币；在国内部分沿海开放城市建立办事处；增加开办人身险、石油险、航空险等业务。

终于，在不懈的努力下，1989 年 5 月 27 日，在平安第一个司庆日当天，海南分公司正式成立。

1992 年对平安来说意义非凡。

这一年，中国提出确立社会主义市场经济体制的目标，同时受益于经济回暖的宏观环境，以及平安天津分公司建立的示范效应，平安各地的分支机构如雨后春笋般地迅速成长起来。也是在这一年，平安迎来了其历史性一刻。

1992 年 6 月 4 日，国务院正式批准平安冠以"中国"字号，真正成为一家全国性保险公司。

"中国平安"旌旗招展，士气大振，进军全国市场气势恢宏，势如破竹。

到 1992 年底，共有 19 家分支机构在全国各地开张起事。其中分公司 2 家，深圳、海南；子公司 4 家，广州、大连、中国香港、美国；代理处 13 家，天津、沈阳、哈尔滨、新疆、北京、武汉、青岛、江西、湖南、安徽、重庆、吉林、宁夏。

1992 年 9 月举行的平安第二届董事会上，一个更宏大的战略规划被制订出来，平安确立了以保险为主业的综合性金融集团战略目标。

1993 年，深圳平安人寿保险公司经人民银行批准正式成立，在深圳地区首先按国际惯例运作，将人寿险业务与财产险业务分开经营。1995 年 10 月，人民银行总行批准平安证券有限责任公司成立。信托的牌照则是在1996年实现。平安收购了工商银行珠江三角洲金融信托联合公司，后将其更名为"平安信托投资公司"。当年7月2日，平安信托完成工商注册，正式宣告成立。

客观来说，这个时期平安所做的还不是"综合金融"，更多还只是"多元化金融"。当时平安投资的项目当中，还有保龄球馆、印刷厂、汽车修理厂等和金融主业并没有什么关系的业务。

"后来想清楚了，只做金融业了，就将这些资产都卖掉了。平安的综合金融战略，并不是一开始就形成的，经过了一个摸索过程。"平安集团副董事长孙建一说，一开始不可能制定出完整的战略，综合金融战略是在不同阶段不断变化，调整阶段性目标，不断深化之后才形成的。

而对平安日后实现综合金融集团目标有较大影响的动作，便是其开创了中国金融业先河，引入摩根士丹利和高盛两家外资当股东，请麦肯锡对公司进行系统的、全方位的再造。

事实证明，摩根士丹利和高盛这两家外资的进入不仅为平安发展寿险事业提供了资本支持，同时还促进了平安的公司治理、财务、审计、核保核赔等一系列制度上的变革。随后与麦肯锡合作在一定程度上也是得益于这两家外资股东的引荐。

平安找麦肯锡是想搭一座通向未来成功的桥。平安与麦肯锡合作项目的目标——帮助中国平安成为世界一流的公司，成为综合性金融服务集团。

很快，平安的改革蓝图被描绘出来，即明晰公司未来10年的抱负与远景规划、改革寿险运作流程、改革投资管理体系、改革人力资源管理体系。

平安把上述四个子项目浓缩在一句话中，就是麦肯锡在帮助公司"确立未来的发展方向和途径，并以高绩效的寿险运作为核心，以高效能的集团人力资源为依靠，以高质量的资产运作为保证，同时将相关的管理技能转移给项目小组中的平安成员"。

通过大刀阔斧的变革之后，平安走在了体制创新前沿，依靠制度优势取得了自己的市场地位，以"不成功，便成仁"的决心"变革自己"，实现一次又一次进步。

1998 年 5 月 27 日这一天，平安迎来了成立 10 周年的司庆日。

此时的平安已经实现总资产 238 亿元人民币，比 10 年前增值 475 倍，保费增长 3700 倍。机构从创建之初的 4 个扩大到遍布全国 29 个省、市、自治区的 529 个，员工由当初的 13 人发展到 13 万人，由当初只能经营产险业务扩展到集产险、寿险、证券、投资、海外于一体的综合性金融服务，已经成为全国性三大保险公司之一。

激荡沉浮：涅槃重生 坚定综合金融目标

"公司第二个 10 年远景和战略是什么？我们现在在哪里？我们要去哪里？我们应走哪条路？我们如何到达？"马明哲自问自答，"国际一流的综合性金融服务集团。"1998 年平安系统工作会议上，这 14 个字赫然出现在幻灯仪屏幕中央，这就是第二个 10 年的远景和战略。

"吾志所向，一往无前；愈挫愈奋，再接再厉。"因为志向远大，所以平安总是时不我待，抢抓机会，将机遇视为"企业不可重复的历史性资源"，将占尽先机视为"商战制胜的法宝"。

但闯在前面，必然会最先遭遇挑战。挑战既然是企业不可避免的命运，那么在挑战面前谁的意志坚韧，能够攻坚克难，既能看得远又善于吸取眼前的教训，谁就能真正做到一往无前。

平安步入的第二个 10 年，既是艰难爬坡的岁月，又是涅槃重生、实现综合金融集团目标的关键时期。

"投连风波""分业改革"、引进汇丰、实现两地上市等所有对平安产生巨大影响的事件被无限放大。它们纷至沓来，裹挟着，激荡着。

20 世纪 90 年代中后期，国内金融业进行分业改革，金融机构经营多种业务的被要求分拆。国务院颁布《关于金融体制改革的决定》，要求"对保险业、证券业、信托业和银行业实行分业经营"，之后颁布的《商业银行法》《保险法》进一步确立了金融业"分业经营、分业管理"的原则。

1998 年，整个国内保险业都面临经营盈亏的挑战。资本收益率低下、保费利润率大幅下降、人均创利逐年递减、主营业务难以盈利、利润结构表现不合理等。

此后的几年时间，平安不仅要扛住来自监管的分业经营压力，坚持综合性金融控股架构分业模式、全力解决"投连风波"，还急迫地寻找一位对平安进入国际资本市场有莫大帮助的专业战略投资者。

经历过央行多次降息之后，保险公司的产品收益率出现高于利率的现象，所以造成当时市场上"抢购潮"难以消退，短时间内又对外销售了大量的高利率保单。各公司寿险保费收入虽在短时间内有大幅增长，但同时也为日后的经营带来了更大压力。

降息风潮后，各家保险公司开发新产品时都注意到产品的利差问题。

平安管理层认识到，自身也存在着比较大的利差损压力，但当时上市融资的时机又不成熟，或许可以借助投连险产品化解压力。只要找到合适的投资渠道，投资联结险是可以通过投资盈利的方式有效地避免利差损失的。

1999 年 10 月，原中国保监会批准保险资金被有限制地允许进入证券市场。投资证券市场的开闸放行，为投资连结险的诞生打通了最后一个关键性环节，这时距离中国投资联结险的诞生仅有一步之遥。

1999 年 10 月 22 日，"平安世纪理财"是平安推出的第一代投资联结保险，也是国内的第一个非传统险的产品。

仅用了短短一年多时间，"平安世纪理财"席卷全国，成为大众保险消费新宠，跻身行业最热销的产品之一。"爆炸式"的销售业绩令业务员的收入飞升，高收益诱惑不断激发了客户尘封已久的暴富梦。客户对投连产品的"疯狂抢购"，成为彼时中国保险市场的一大"盛况"。

然而火热的销售场面不断出现，资本市场却开始拐头向下，和股市关联度极高的投连险的收益迅速走低。

2001 年 7 月起，A 股急挫，投连账户开始出现了大幅亏损，引发了更多的客户不满和投诉，退保潮从福建、广东和山东等省份开始迅速蔓延至全国，平安被推上了舆论风口浪尖。"投连险退保风波"就此引发。

"投连风波"发生不久，2001 年 12 月 7 日，平安终于等到了监管部门正式下发的《关于中国平安保险股份有限公司分业经营改革的通知》的红头文件，确定平安按保险集团模式进行分业改革，标志着平安主导的分业模式核心内容通过。2002 年 4 月 2 日，《中国平安保险股份有限公司分业经营实施方案》被监管部门批准，平安坚持了 7 年的分业改革方案开始进入实际操作阶段。

2002 年 10 月 8 日，137 岁的汇丰入股 14 岁的平安，由此成为继摩根士丹利、高盛后第三家参股平安的国际投资人。外资入股对优化平安的偿付能力、净资产等指标做出了直接贡献。同时，平安还与汇丰签订了策略性合作及技术支援协议，汇丰将在个人金融及保险领域向平安提供技术支持。

汇丰与平安合作最大的结晶之一，是日后扬名中国金融业的上海张江运营管理中心。上海张江运营中心作为亚洲最大的集中运营平台，是平安把"要把制度建立在流程上，把流程建立在系统上"的一个典范。平安的发展，之所以大而不乱，越大越强，就是因为通过制度、流程、系统将自己的竞争能力固化下来，并把数据和能力都变成可以不断增值的资产，越用价值越大。

引入汇丰后，平安的思维越来越敏锐，对于综合金融的判断也越来越坚定。汇丰也在极短的时间内影响了平安，包括经营模式、治理结构、管控流程、市场网络、后援服务等各个方面。

到 2003 年 2 月 14 日，经国务院同意，原中国保监会批准，中国平安保险股份有限公司正式完成分业重组，更名为中国平安保险（集团）股份有限公司。平安是继光大、中信后第三家金融控股集团，也是中国金融业综合化经营的试点企业。

至此，平安形成了以保险为主，融证券、信托、投资和海外业务为一体的金融保险集团架构，同时确立了把平安建设成为国际领先的以保险业为核心的综合金融服务集团的战略目标。

2003 年伊始，平安做出了一个至今看来仍令人震撼的决定——正式发起中国保险史甚至可能是全球保险史上最大规模的客户回访，也是平安历史上最复杂、最困难、历时最长、参与人数最多的客户回访项目。专项小组由马明哲任组长，带领公司上下十几万人，万众一心，用 500 多天时间，对 118 万名投连险的客户进行了 100% 逐一回访。

通过深刻反思投连事件，平安开始革新寿险营销的发展模式。一项名为

"卓越工程"的以转型为目的的工作全面展开。当时平安寿险计划用三年时间，锻造一支具有专业化竞争优势的新型营销队伍和后援服务平台，将销售体系转型的目标设定为：建立一支专业化销售队伍，逐步构建标准化、一致性的销售管理和支持平台。

"人生就是如此，顺境逆境共存，只有在逆境中的成长才更扎实。关键要保持积极心态，永不言败，艰难困苦都是暂时的，要有坚定的意志和毅力，把苦难当作锻炼意志、磨炼品格的好事，现在多吃苦不是坏事！"类似这样的话，马明哲在平安发展的不同历史时期都说过。

2003 年，也是保险业"大年"。

2003 年初的全国保险工作会议上，国有保险公司股份制改造被确定为工作的一项重点。时任原保监会主席吴定富说："希望年内保险公司上市能有零的突破。"

"国家要强大，金融就必须稳固，金融要稳固必须要有资本。资本从哪儿来？中央决定，要对中国银行、中国建设银行实行股份制改造和上市，并注资450 亿美元。这真的非常不容易。为什么国家花这么大的力气，到这么重视的程度？可以想到，不管是在国内或海外上市，这对整个金融业至关重要。平安上市不仅是公司自己的事情，也是整个国家的事情。"马明哲说："如果上市失败，我们承担不起这个责任。我们会让后来上市的金融企业背上沉重的历史包袱。"

麦肯锡曾经提出过将平安寿险业务分拆上市，平安高管层也曾短暂地商议过，但由于要坚定地秉承自 1993 年以来确定的公司战略，最后还是决定集团整体登陆资本市场。

2004 年 6 月 24 日，平安成功在香港挂牌上市，融资 143.37 亿港元，成为当年香港最大宗的 IPO。同时也是国内第一家以集团整体方式上市的金融保险企业。上市之后，平安强化保险主业发展，继续加速推进综合金融发展战略。

2006 年，继 2003 年与汇丰联手收购"福建亚洲银行"之后，平安再度出资49 亿元成功收购深圳市商业银行 89.24%的股份，成为深圳商业银行最大股东。

2007 年 3 月 1 日，平安成功在上交所挂牌上市，共发行 11.5 亿股，发行价格为 33.8 元/股，共募集资金超过 382 亿元，创下当时全球最大的保险公司 IPO，当日收盘，平安 H 股、A 股总市值逾 3000 亿元人民币。

在回归 A 股的同时，前身为福建亚洲银行的平安银行（2005 年更名，并将总部从福州迁往上海），和深圳商业银行（2006 年 7 月 28 日，平安投资 49 亿元人民币获得其 89.24% 的股份）进行了整合，由深圳市商业银行吸收合并平安银行并更名为"深圳平安银行"，使其从一家深圳本地的银行转变为总部设在深圳的跨区域经营的银行。

2007 年 3 月 1 日，中国平安保险（集团）股份有限公司在上海证券交易所挂牌上市

时间转而到了平安成立 20 周年——2008 年，是中国与世界经济发展极不寻常的一年，也是给平安带来重大考验的一年。经历了艰难的 2008 年，果断一次性减值计提了对富通投资的 227.90 亿元之后，平安迅速回到正轨。

平安正如与它生于斯、长于斯、爱于斯的国家一样，经历过考验以后，迸发出更加强劲的力量。

决胜：黄金时代大跨越

2008 年之后，平安不仅没有因为富通事件而放慢发展速度，反而加快了综合金融前进的速度，真正属于平安的黄金时代来临。

平安对于下一个十年的方向已经非常明确。平安的目标是"成为中国领先的个人综合金融服务提供商"。"综合金融、国际领先"就是战略目标。

综合金融不只是拥有更多金融牌照，而是要从内部把资源打通，把综合的作用发挥出来。平安一直在思考应该建立什么样的机制、用什么样的方法来打通，"后来有了互联网的大发展，对平安走综合金融道路是一个很大的帮助。上海张江后援中心就是互联网时代的产物。这么多年来，我们一直在做综合金融，到现在也不敢说做到位了，甚至只能算是刚刚开始，但只要继续往前，综合金融一定会有好的结果。综合金融道路在全球都不容易走通，我们不敢说走到世界前面去了，但至少在内部打通了整个环节"，孙建一说。

内部打通，一个新工具应运而生，这就是平安一账通。

一账通的定位是让客户以最便捷、最全面的方式，一次性解决所有需要的综合金融服务体系。看似简单的产品背后，实际是庞大的后援支持体系。它通过完成各业务平台和后援运作的集中、系统及数据整合、IT 治理等，"打通天地线，让梦想变成现实"。

为了打通这条通道，平安将四大集中工程作为核心任务，即后台集中、中台集中、前台集中和客户集中。

2008 年底，为推进综合金融战略，实现组织架构与运作模式的优化与完善，进一步推动后援集中项目，确立"一个客户，一个账户，多个产品，一站式服务"体系，平安对事业部实行公司化、市场化运作。按此原则，平安成立了平安科技（深圳）有限公司、平安数据科技（深圳）有限公司、深圳平安渠道发展咨询服务有限公司、深圳平安财富通咨询有限公司等多家子公司。

保险起家的平安，从来没有隐藏过对银行牌照的渴望。从收购福建亚洲银行，竞购广东发展银行功败垂成，收购深圳城市商业银行，再到收购深圳发展银行，决心与耐力从未动摇。

中国金融业一直有"得银行者得天下"的说法，虽然有些许夸张，但要成就综合金融大平台，无银行者肯定无天下。

从和汇丰一起联手收购福建亚洲银行的 2003 年算起，到成为深圳发展银行的第一大股东，平安花了整整 6 年时间。

资料显示，深圳发展银行于 1991 年 4 月 3 日以自由认购形式首次向社会公开发售人民币普通股，成为中华人民共和国第一家向社会公众公开发行股票的商业银行，股票代码"000001.SZ"。

2010 年 5 月 7 日，平安公告称，平安成为深圳发展银行第一大股东，持有股份比例达到 21.44%。

2010 年 7 月 2 日，深圳发展银行向平安集团旗下平安人寿非公开发行交易顺利完成。至此，中国平安及平安人寿共计持有深圳发展银行的股份提升至约 10.45 亿股，占总股份比例 29.99%。

2011 年 7 月，平安顺利完成了控股深圳发展银行的重大资产重组交易，深圳发展银行通过向平安发股买资产的方式实现控股平安银行 90.75%。根据相关要求，为避免同业竞争，两行将尽快完成整合，平安银行将并入深圳发展银行，正式合并成为一家银行。

合并一事，水到渠成。

2012 年 7 月，深圳发展银行吸收合并"原平安银行"，并更名为平安银行，建立起全国性银行业务布局。

合并后新的平安银行，作为平安综合金融旗下的银行平台，肩负起了银行端探索和发展综合金融的双重使命。

此后，中国平安"保险、银行、投资"三大综合金融业务战略布局正式成型。

综合金融在平安，更像是一种 DNA。经过多年的实践与培养，都已经深入到骨髓，长在身体里。

而平安之所以能在综合金融之路上走下去，最重要的是不断地闯与创，不断试验又不断总结，固化之后再优化，循环向上，最终形成自身一整套无可替代的内在优势。

开拓进取、改革创新，是平安的象征，是平安的生命，是平安的灵魂。正是如此，平安创造出了前所未有的奇迹。

新征程：金融+科技　站在万亿之巅

就在中国平安推进综合金融战略布局的同时，网络信息技术和移动互联网技术快速发展并与传统金融服务相融合，改变着中国传统金融产品和服务的消费场景。

2013 年来了，平安的第 25 周年，是新的五年规划，也是"金融+科技"的开局之年。

对平安来说，这场即将到来的变革，既是前所未有的挑战，也是不容错过的机遇。一方面，传统业务要继续确保"增长快于市场，品质保持领先"。另一方面，必须要抓住科技引领的难得机会。

而平安的特别之处就在于，从创立起，平安在 IT、互联网技术应用上做了大量工作。

中国平安"金融+科技"的创新发展历史，最早可以追溯到 1997 年。1998～2008 年，这 10 年间，平安也一直在不断探索前行。

1998 年中国平安推出了国内第一个远程核保系统，1999 年，平安开始筹建寿险管理信息系统（MIS）、个人寿险电脑作业系统（LBS）和个人寿险行销系统。2000 年 8 月，平安利用互联网络创建了中国最早的在线金融产品超市 PA18. com，开创中国金融业之先河。2000 年 12 月，该网站实现车险和意外险的在线购买与续保。

2002～2003 年，平安 IT 完成了基础的技术平台统一和应用系统建设。随后，是一系列的科技平台改造，包括数据集中、建立容灾平台、开发影响系统和工作流系统等。

2004～2005 年，配合集团后援集中战略，平安 IT 寿险实现了对保险系列应用系统的改造，促成了后援集中的关键一步。之前的 3A 服务升级为"无论何时何地、以任何方式、提供所有产品"的"4A 服务"，即增加了"Any Product"。

2005～2007 年底的 IT 奥林匹克项目，建立了 IT 和业务之间的协作机制和预算机制，打造了 IT 人员职业生涯规划，并修正了 IT 组织架构，更加强化了 IT 在业务规划方面的主动性、清晰的人才培养战略和运作机制。

尤其是 2006 年 5 月，平安创建的亚洲最大的集中运营平台——上海张江全国运营管理中心，实现服务和运营大集中，即通过统一的后台来提供标准化服务并控制风险，为日后的中国平安建立客户大数据库奠定了基础。

由于平安在金融科技领域布局的顺利推进，2013 年，马明哲正式提出"科技引领金融"的口号。从此，平安提出了"金融+科技"战略发展规划。

在 2014 年的财务报表中，平安第一次按照互联网公司的做法，公布平安的各项互联网数据，包括用户数、用户活跃率等，这在金融企业中是前所未有的。这样做的目的就是要改变市场对平安的印象，让市场和用户逐步了解到，平安已经不再是一个传统的金融公司。平安在变，已经迅速向一家科技与互联网型的金融集团转型。

现在，无论是科技人才储备、科技创新发明专利和国际认可，还是在科技创新成果应用方面，中国平安的"科技力量"让全球瞩目。

中国平安统计数据显示，过去 10 年间，中国平安在科技领域的投入已经超过 500 亿元。而在未来 10 年，中国平安还计划将每年经营收入中的 1%用于科技研发，预计投入将超过 1000 亿元。

平安的科研团队则汇聚了来自微软、亚马逊、甲骨文、IBM 等全球知名科技企业的优秀人才，拥有超过 24000 名科技研发人员和 500 位大数据专家。此外，中国平安还与北京大学、清华大学、复旦大学、麻省理工学院、美国国立卫生研究院等国内外顶尖高校、研究机构、科技企业深入开展合作和交流，建立了六大技术研究院，共同推进金融科技领域的研究。

截至 2018 年 9 月 30 日，中国平安的整体科技专利申请数量累计达 8534 项。据全球知识产权权威媒体 IPRdaily 联合 incoPat 创新指数研究中心发布的"2018年全球金融科技发明专利排行榜（TOP20）"显示，中国平安凭借当年 1205 件发明专利申请量，位居全球企业第一。

科技创新业务给中国平安带来盈利新增长点的同时，中国平安开始将公司战略发展主线由"金融+科技"升级为"金融+生态"，聚焦"大金融资产"和"大医疗健康"两大产业，并将科技深度应用于"金融服务、医疗健康、汽车服务、房产金融、城市服务"五大生态圈，并孵化出多个科技独角兽企业。

中国平安积极探索"金融+生态"发展模式的逻辑：一是通过科技驱动创新，以智能认知、人工智能、区块链、云四大核心技术为基础，将创新科技成果聚焦于金融科技和医疗科技两大领域，不断提升传统金融业务的竞争力，并深度应用于传统金融与金融服务、医疗健康、汽车服务、房产服务、智慧城市五大生态圈，打造发展新引擎，为客户提供更为丰富、便捷、个性化的金融产品和生活服务；二是通过输出创新科技与服务，促进科技成果转化为价值。

目前，中国平安的"金融+生态"业务格局雏形渐显，相关金融科技在陆金所、智慧城市、医疗科技、金融壹账通、平安城科、壹钱包等平安所孵化的企业中，均取得了较好的商业应用，并在企业规模与用户数方面显著增长。

平安好医生作为全球最大医疗健康服务线上入口，智能医生日均问诊量达50万次，并开始在"一带一路"沿线国家和地区逐步落地一站式医疗健康服务；平安医保科技为超过280个城市提供服务；上海知名三甲医院广泛采用平安医疗科技的病理质控 AI 技术；中国平安与国家人口与发展研究中心联合首发 AI 健康预期寿命测算模型。

不仅如此，中国平安利用区块链、人工智能、云技术等，为银行、保险、投资等机构提供一站式金融科技服务，已逐步走出中国。

2018 年初，中国平安金融壹账通在新加坡开设了办事处，目前它在中国境外有 100 多名员工。其区块链、人工智能等多项全球领先科技项目在"一带一路"沿线国家及地区落地，为中国金融科技赢得了良好声誉。

中国平安的"金融+科技"转型路径已经过验证，科技赋能金融的成效正日益显现。没有人怀疑即将发生的事实：这家掌舵万亿级资产、影响数亿中国人生活的企业，未来有可能成为全球金融科技的创新者和风向标。

改革只有进行时，没有完成时。

马明哲说，如果说过去 30 年，中国平安打造了一个国际领先的综合金融集团，那么面对下一个未知的 30 年，平安要做一个未来全球领先的科技公司、科技型个人综合金融集团。面对科技发展带来的挑战，平安要成为行业的领导者，必须先成为科技的领跑者，而非追随者。

　　追求卓越，矢志创新，超越自我，永不满足；注重可持续发展，注重专业化经营，注重承担社会责任，与商业文明同行，走光明正大的正道。

　　最初给平安"准生证"的时任中国人民银行行长陈慕华曾说，"希望把平安保险办成改革的产物，而不是改革的对象"。

　　无论前面有多少困难和挑战，只要开放，只要勇于探索，勇于实践，勇于创新，曙光就会闪耀，创造力的花朵就会绽放。

　　中国平安已经走过了 31 年。30 多年艰苦创业，平安从仅有十几个员工成为实力强劲的大型科技综合金融集团；30 多年勇往开拓，平安从地方性保险公司走向了国际化的舞台、引领科技创新浪潮。

　　成功的企业不仅是健康运行的经济实体，也是大国崛起背景中的坚实脊梁，而平安正是如此。

　　平安，正在迈向下一个无法预见，但一定充满了新的创造力、想象力，精彩纷呈的新时代。

　　未来，正为平安打开新的空间。

兴业银行：敢为人先者『因变而胜』

文／王柯瑾

自 1988 年成立以来，从东南一隅的地方性银行起步，砥砺前行，百折不挠，逐步成长为国内主流商业银行集团，兴业银行跨越式发展历程成为中国金融改革与发展的时代缩影和样本。

兴业银行何以取得今日之成就？纵观国内外商业银行发展史，唯有准确把握经济社会发展大势，前瞻布局，差异化发展，才能占据先机并赢得未来。回首来时路，兴业银行从同业金融、绿色金融，再到养老金融、普惠金融；从地方银行、区域银行，再到全国银行、上市银行、集团银行，在实现多级跨越的同时，不断努力破解金融同质化困局，逐步形成了被市场和业界广为称道的特色化经营模式、差异化发展的范本。30 余年来，兴业银行牢记"为金融改革探索路子，为经济建设多做贡献"的初心和使命，与中国经济同频共振，和实体经济相伴成长，在持续深化改革，优化金融供给，提升服务品质，践行社会责任的过程中

1988年8月26日，秉承"为金融改革探索路子，为经济建设多做贡献"的使命，兴业银行在福建省福州市宣告成立

实现了自身华丽"蝶变"，稳居全国股份制银行第一阵营。截至2019年上半年，兴业银行总资产规模达69895.94亿元；实现营业收入899.07亿元，同比增长22.51%；归属于母公司股东的净利润358.79亿元，同比增长6.60%。

当前，随着改革开放进程的持续推进，商业银行的发展也面临着前所未有的机遇与挑战。在激烈的市场竞争中，兴业银行深谙"适变而变，因变而胜"，结合形势大局的变化和自身禀赋优势，开辟了一个又一个新蓝海，并在创新发展的过程中，以宏大的格局开创了"寓义于利"的独特商业模式和社会责任实践观，不仅"在商言商"，而且更讲责任担当，将银行经营发展与履行社会责任有机结合，实现经济和社会环境效益的和谐统一。

站在新的起点，已经迈过而立之年的兴业银行，围绕新的战略布局，主动调整发展节奏，朝着打造"一流银行、百年兴业"的目标稳步前行。

敢为人先　打造行业范本

今年适逢中华人民共和国成立70周年，时代见证了商业银行的发展印记。目前中国银行业总资产超过280万亿元，位居全球首位，多元化银行业服务体系逐渐形成，金融科技运用赋能行业转型。其中，兴业银行作为股份制银行的代表之一，在探索规范的现代商业银行办行道路上，总是勇立潮头，敢为人先，在中国金融发展史上屡屡留下为人称道的"兴业传奇"。

在经营管理层面,兴业银行最早采用股份制这一现代企业组织形式,打破"大锅饭、铁饭碗、铁交椅";第一批建立"三会一层"公司治理架构,全面确立"可持续发展"公司治理理念;第一批建立统一法人、分级经营的管理体制,探索建立"条块结合、矩阵式管理"的新型经营体制;最早推行以 EVA 为核心的考核评价模式;第一批引入资产负债比例管理、信贷资产分类管理等现代银行管理方法,建立以 FTP 为核心的资产负债管理体系;第一批探索事业部制、条线专业化改革;将风险防控关口前置,风险管理职能打破常规内嵌至业务条线;首家设立市场化研究机构、金融科技公司。

在业务层面,率先发力绿色金融,打造全球一流绿色金融综合服务商;率先搭建中小银行合作平台——银银平台,开创普惠金融实践新模式;率先推进投行、资管、FICC 等投行与金融市场业务发展;率先推出国内首个养老金融服务方案;等等。

与此同时,兴业银行"跳出银行做银行",为中国银行业快速构建金融控股集团提供了独一无二的兴业经验。自 2010 年成立首家全资子公司兴业金融租赁公司以来,相继并购兴业信托、组建兴业基金、兴业消费金融、兴业研究和兴业数字金融等公司,发展成为国内领先,涵盖银行、信托、金融租赁、基金、消费金融、期货、资产管理、研究咨询、数字金融等多领域,具备较强综合金融服务能力的现代综合金融服务集团,实现了业务发展由"单兵突进"向"集团军作战"的重要转变。

回首 30 余年发展历程中的关键节点,兴业银行创造了诸多值得借鉴的行业范例。

2003 年,兴业银行在国内同业中最早提出推进业务发展模式和盈利模式的"两个转变","轻资本、高效率"转型方向始终贯穿于发展的各个阶段;同年 12 月,该行成功引入恒生银行、国际金融公司(IFC)、新加坡政府直接投资公司(GIC)三家境外战略投资者,被媒体评价为"创下了国内商业银行一次性引入股东家数最多、入股比例最高、涉及金额最大的纪录";2004 年,首例全国性股份制商业银行并购城市商业银行的个案在广东佛山尘埃落定,并购的主角正是兴业银行；2006年，兴业银行开创了国内商业银行向金融同业输出核心业务技术管理的先河，帮助三四线城市和边远地区金融机构提高现代化金融服务能力；2007年2月5日，作为我国金融全面开放元年首只大盘金融股——兴业银行在上交所挂牌上市，成为一家公众上市银行；2008年，公开承诺采纳赤道银行原则，成为中国首家、全球第63家"赤道银行"……

虽然创新的动力始终澎湃，但稳健也一直是兴业银行给外界的印象。从开门营业的"三铁"（铁账本、铁算盘、铁规章），到2000年提出三大治行方略"从严治行"为首，再到如今掷地有声的"合规制胜"，兴业银行始终坚持依法经营、稳健经营，在防风险与谋发展之间寻找最佳路径。30多年来，无论是初创期的经济治理整顿，还是二次创业遇上的亚洲金融风暴、2008年突如其来的国际金融危机，一次次的狂风暴雨中，兴业银行总是淡定从容，逢山开路、遇水架桥，锻造出更为旺盛的生命力。在当前严峻复杂的经济金融形势下，执守防风险底线，兴业会再一次证明"强者恒强"。

近年来，面对新的市场环境和监管政策，兴业银行围绕新的战略布局，主动调低发展速度，"强优势、补短板"两条腿走路，持续调整优化资产负债结构，启动新一轮体制机制改革，实现从产品主导向客户主导，从部门银行、条线银行向整体银行、流程银行转变，打造集团层面统一客户关系系统和一体化的营销服务能力，专业能力和服务效率更加精进。作为转型成效主要衡量指标的非息收入快速增长，在营业收入占比已超三分之一。

实际上，银行业的转型和发展从未停歇。近年来，金融科技的运用大大改变了传统银行业的格局。分析人士认为，金融科技将成为商业银行转型下半场的核心动力。在这方面，作为股份制银行的代表之一，兴业银行是国内少数具备核心系统自主研发能力和自主知识产权、首家通过ISO22301业务连续性管理国际标准认证的银行，也是国内最大的商业银行信息系统提供商之一。兴业银行始终奉行"科技兴行"战略，促进金融与科技的深度融合，并在云服务、大数据、人工智能、区块链、流程机器人等八大领域系统布局，持续提升金融资源配置效率与客户服务水平，推进安全银行、流程银行、开放银行、智慧银行建设，积极构建面向未来的银行。

特色经营 探索差异发展

众所周知，对于银行竞争力的提升无外乎两方面：一是积极拓展业务，把蛋糕做大；二是深耕市场，把业务做精。作为一家旧有体制外的新生银行，兴业银行诞生之初既没有强大的股东背景和行政资源，也不占据中国经济发展要津，毫无"先天优势"，兴业银行何以成功？

而兴业银行的答案是念好"差异化"三字经，办真正的商业银行。出身草根，白手起家，金融市场化改革的产物、股份制企业的"身份"，都决定了兴业银行在市场摸爬滚打求生存、谋发展，不能走"寻常"路，这也恰恰锻造了兴业银行敏锐的市场洞察、前瞻的战略把握和强大的创新力。

成立之初，网点稀少一直是兴业银行的短板，如何以网点之寡，博弈存款之广，服务客户之众？兴业银行寻觅市场，敏锐地嗅到了证券资金清算这一当时不被同业关注的业务。1996年兴业银行与上海证券交易所展开合作，成为国内最早开展资本市场银行业务并服务于金融同业的商业银行，为其后来在同业金融领域大展拳脚打开了局面。

2005年后兴业银行加快全国网络布局，但效仿国有大行广设网点明显不切实际，而城商行、农信社、农商行的营业网点在辖区内星罗棋布，出了"地界"却没有网络支撑。兴业银行又一次捕捉到了商机，面向广大中小银行首创"联网合作、互为代理"的合作模式，以互联网平台思维拓宽彼此的服务半径。2007年正式推出合作品牌"银银平台"，近年来升级扩展为涵盖支付结算、财富管理、资产交易、科技输出、研究咨询等多维的服务体系，成为商业模式又一成功案例。

不止于此，兴业银行的触角从银证、银银合作向银信、银保、银基、银财合作，以及场内资金交易、代理贵金属、FICC、资产管理、资产托管等领域不断延伸，形成了独树一帜、长袖善舞的金融市场业务板块，运用市场化手段有效配置资金资源，实现价值创造。如今，兴业银行资产管理、资产托管、资金交易等业务均稳居行业第一梯队，FICC业务能力为市场称道，成为新的业务增长点。

　　有业内人士评价，金融市场业务具有资本消耗、风险生成相对较低的优势，以及围绕金融市场业务长期形成的"跑市场文化"和市场化导向的体制机制，使得兴业银行的运营效率相对更高，成为过去 10 年轻型银行之路最为成功的商业银行之一。

　　改革开放后，随着中国经济持续高速增长，环境问题日益突出，推动绿色可持续发展成为共识。2006 年兴业银行在国内首推能效融资产品，开辟国内绿色金融市场。13 年间，从首推能效融资、节能减排贷款、碳金融、排污权金融、低碳主题信用卡，到率先承诺采纳赤道原则，设立专营机构，再到建立健全涵盖信托、租赁、基金、理财等在内的集团化、多层次、综合性绿色金融产品服务体系，兴业银行累计提供绿色融资突破 2 万亿元，服务客户上万家，探索出了一条"点绿成金"的可持续发展之路，并在绿色金融发展的国际舞台上崭露头角。

2008 年 10 月，公开承诺采纳赤道原则，成为中国首家、全国第 63 家"赤道银行"

　　近年来，兴业银行还顺应中国金融体系从间接融资向直接融资转型、人口老龄化、利率市场化、人民币国际化等发展趋势，大力发展培育了投资银行、养老金融、交易银行等一批特色业务、优势业务，在多个细分市场形成核心竞争力，构筑起了更宽阔的"护城河"。截至 2019 年 6 月末，兴业银行非金融企业债务融资工具发行 2412 亿元，同比增长 24%，继续保持同类型银行第一，资产流转同比增长 147%，业务模式稳步从持有资产向交易管理资产，从单个市场向整个金融市场转变；交易银行、绿色金融增势强劲，供应链金融融资余额同比增长 125.27%；养老金融服务老年客户超过 1400 万户，综合金融资产超万亿元。

事实上，商业银行多年来不同程度上存在的同质化竞争已经难以维系，不同银行在资金成本、目标客户、风险偏好等方面的差异将日趋明显。兴业银行的经营模式和发展路径也与业内专家不谋而合。在国务院发展研究中心金融所银行研究室副主任、研究员王刚看来，商业银行差异化发展知易行难。银行体系广覆盖，多层次已实现，差异化是未来一段时间银行业供给侧结构性改革的抓手和目标。同样，国家金融与发展实验室副主任曾刚认为，即便是同在中国市场中，不同类型的银行面临的外部环境也有很大的不同，商业银行应充分考虑自身的特点，制定有差异的定位与发展策略。

坚守本源　以实力兴实业

回顾 31 年发展历程，兴业银行始终执守本源，服务实体经济，努力为经济建设多做贡献。从传统制造业转型升级，战略新兴产业、绿色产业的培育发展，到破解小微企业"融资难""融资贵"、让企业开户"最多跑一次"，兴业银行始终与企业唇齿相依、相伴成长。

20 世纪 90 年代初，转型中的中国服装企业大起大落，初创期的利郎集团也曾因此遭遇融资困境。在其他银行犹豫不决之时，兴业银行为其发放了首笔贷款。20 多年来，在兴业银行持续不间断的合作支持下，利郎集团实现了从地方性服装公司、全国性品牌男装公司到香港上市公司的三级跨越。

2002 年，吉利集团还叫美日汽车有限公司。那时市场对民营企业造车普遍不看好，兴业银行基于对我国汽车制造业前景和公司自主研发的信心，率先给予其 7000 万元授信，由此开启了双方的密切合作。10 多年来，兴业银行的服务也从单纯的信贷支持扩展到涵盖供应链金融、债券承销、产业基金、并购基金、境外融资等在内的多元化金融服务，伴随吉利集团成为代表性民族汽车品牌并迈向世界舞台。兴业还积极为吉利一线产业工人提供各种贴心服务，代发工资、开发园区支付 IC 卡、提供个人便利贷款和定制理财产品等。2017 年 9 月，设在吉利宁波基地厂区的兴业普惠金融服务站正式挂牌，工人们真正有了身边的银行。

2006 年，转型果蔬行业不久、名不见经传的厦门福慧达果蔬股份有限公司从兴业银行获得了首笔贷款。后续十多年，兴业银行根据企业发展不同阶段的金融需求，配套提供一揽子综合金融服务，支持企业开枝散叶。福慧达现已成为国家农业产业化重点龙头企业，在全国多地设有子公司及物流中心，业务辐射全球 30 多个国家和地区。

上述案例仅是兴业银行 30 多年来支持实体经济的缩影。近年来，监管导向越发强调商业银行回归本源，强化主体责任，一手抓服务实体经济，一手抓风险化解，加大对实体经济特别是中小企业、民营企业信贷投放力度，与实体经济同舟共济。兴业银行积极响应政策号召，持续优化资产结构，加快自身供给侧结构性改革。

过去两年（2017~2018 年）兴业银行实现了"两个 9000 亿"，即表内贷款增加 9000 亿元，同业非标投资压降超 9000 亿元；"两个 6000 亿"，即新增客户存款约 6000 亿元，标准化债券投资增加约 6000 亿元；"两个 9.5"，即贷款占总资产比例较 2016 年末提高 9.5 个百分点，同业负债占比较 2016 年末下降 9.5 个百分点。

在此基础上，兴业银行 2019 年上半年进中求精，继续深化自身供给侧改革，推进资产负债表优化，实现了亮眼的突破：存贷款增量双双超过 3000 亿；贷款和法定利率存款规模双双超过 3 万亿。资产方面，兴业银行继续突出表内贷款资产构建，聚焦先进制造业、民营企业、小微企业持续加大金融供给与服务。上半年各项贷款余额 3.25 万亿元，较年初增长 10.78%，远高于同期资产规模增速，增量居同类型银行首位。其中按行业分，制造业企业贷款余额 3523 亿元，在各类贷款中占比最高，占全部企业贷款的 20%；从企业类型看，民营企业贷款 6934 亿元，较年初新增 559 亿元，新增占比超过 1/3，普惠型小微企业贷款较年初增长 17%，提速的同时覆盖面进一步扩大，贷款企业数较年初增长 32%。

负债方面，兴业银行持续推进结算型、交易型银行建设，加大核心存款尤其是结算性存款拓展，为服务实体提供更多稳定的低成本资金。上半年增量存款中法定利率存款占比超过90%，执行法定利率存款突破3万亿元，较年初增加近4000亿元，增幅14.51%，创近年最好水平。随着业务结构持续优化，企业的流动性指标显著改善，流动性比率、流动性覆盖率和净稳定资金比例等主要指标均好于监管标准要求。

从开业之初的"为金融改革探索路子，为经济建设多做贡献"，到起步阶段的"办真正商业银行"，再到快速发展阶段的"建设全国性现代化商业银行"，再到如今的"建设一流银行、打造百年兴业"，兴业银行始终向"实"而生，勇当服务实体经济主力军，在发展壮大中依托集团"联合舰队"经营优势，综合运用信贷、信托、租赁、基金等多元融资工具，为客户提供全生命周期、全产品覆盖的金融服务解决方案，在服务实体经济过程中深化自身转型发展，走出了一条相伴成长的可持续发展之路。

继往开来，兴业银行将面对持续演化的变革，坚持以"1234"战略体系（"1"是一条主线，以轻资产、轻资本、高效率为方向，稳中求进、加快转型；"2"是"商行+投行"两个抓手，坚持客户为本、商行为体、投行为用；"3"是三项能力，持续提升结算型银行、投资型银行、交易型银行建设能力；"4"是四个重点，强化重点分行、重点行业、重点客户、重点产品的战略作用）为引领，持续巩固并锻造差异化经营特色和核心竞争力，为客户和实体经济创造更多的价值和贡献。

中国银联：17年造就金融高速路

文/蒋牧云 李晖

回首中华人民共和国成立后的 70 年，我国金融业已发生了翻天覆地的变化。70 年间，我国现代金融体系从无到有，金融业不断加速对外开放。这之中，包含了无数金融人和金融主体的努力和拼搏。

其中，随着中国支付产业不断发展壮大，中国银联快速成长，成为了我国支付清算体系和金融基础设施的重要组成部分。在银联成立的 17 年间，推动我国支付清算体系不断完善，银行卡联网通用从无到有，成为新时期国家金融基础设施发展水平持续跃进的典型代表。

践行联网通用

2002 年，中国各银行的发卡量不断上升，但全国却没有一个公共平台来整合各家银行的银行卡，由此银行、商户、用户的用卡便利性和效率始终无法提高。

中国银联在此背景下应运而生，在合并全国银行卡信息交换总中心和18家城市（区域）银行卡网络服务分中心的基础上，中国银联既是银行卡组织，又是公司制企业，成为了银行卡联合发展组织的角色。根据银联的官方信息，其有需要重点履行的5项职能，包括：统一平台，联网通用；改善环境，推动发展；防范风险，维护安全；推动市场，良性互动；统一标准，创建品牌。

战略上，银联将全国银行卡联网互通分为三步：首先是同城联网通用，通过城市银行卡信息中心，实现银行卡在中心城市的同城通用；其次是重点城市联网通用，实现银行卡在重点城市的跨银行、跨地区通用；最后实现全国联网通用，在重点城市联网通用的基础上，逐步把网络覆盖到全国地市级以上城市和发达地区县级城市，并通过农民工银行卡特色服务，把联网通用扩大到农村地区。

成果方面，在2003年底，我国地市级以上城市基本实现了银行卡联网通用。2008年银行卡受理网络向全国二级地市、发达县市和农村地区拓展。

2006年9月19日，北京，中国国际金融技术展上中国银联Unionpay展区

从商户以及持卡人的角度来说，使用的便利性大幅提升。比如以往某银行发行的卡必须对应相应的POS机，面对客户手上各个银行的银行卡，商户往往需

要准备多个机器，而现在仅需要一台就可以。

通过联网通用，我国的银行卡产业如今基本实现由多种标准到统一标准、一柜多机到一柜一机、分散建设网络到联合建设网络、分散处理交易到集中处理交易的转变。同时，大量终端受理机具（ATM、POS 等）的标准化改造，使其能够受理符合统一业务规范和技术标准的所有银行卡，对于一些规模尚小的中小商业银行而言，可以利用这些现有系统来快速发展银行卡业务。

随着中国加入 WTO，市场开放度不断提升。开放合作也成为银联新的工作基调，服务市场，引领科技创新，成为银联新的发展驱动力。

正如银联董事长、党委书记邵伏军此前表示，中国银联将深入贯彻新发展理念，积极拥抱产业变化，更好地为产业各方创造价值。他指出银联将着力提升以下六大能力：以平台型生态体系为基础升级开放合作能力；以金融科技应用为抓手升级科技创新能力；以"支付为民"为理念升级普惠便民能力；以智能风控为核心升级风险防控能力；以打造国际品牌为目标升级全球服务能力；以体制机制改革为契机升级公司治理能力。

在移动支付领域，银联不仅在行业标准制定上起带动作用，也开始在探索商业模式、拓展产业发展空间方面发挥了更大的作用。比如，与中国移动合作推出 TSM（可信服务管理）平台，实现 TSM 的跨产业对接，并已吸引了数十家银行接入。又比如，银联与公安部共同牵头，联合商业银行、非金机构等多方力量共同发起互联网金融支付安全联盟，以数据、平台为依托的风险管理服务功能将发挥更大作用。

近两年，中国银联联合商业银行先后发布小微企业卡产品体系及乡村振兴主题卡，为小微企业、涉农生产的支付结算、融资经营和企业信息化建设等核心需求提供全新解决方案。

成立 17 年来，银联已成为全球发卡量第一、交易量第一的国际卡公司。2018 年底，中国银联银行卡渗透率 48.54%，达到发达国家水平。2018 年，银联网络转接交易金额首次突破百万亿大关，达 120.4 万亿元，同比增长 28.1%。

NFC 支付与二维码支付

随着国内的新兴支付技术、支付渠道不断兴起，互联网支付、移动支付、二维码支付纷纷出世，给银联发展带来新的挑战和机遇。

银联与互联网企业不同的发展方向在于对小额高频、大额消费场景的覆盖方向不同。银联依托二维码支付和手机闪付，其移动支付全面进入商超便利、餐饮、菜场、医院、公交地铁、信用卡还款、话费充值、公用事业缴费等各个应用场景，为消费者日常生活提供了极大的支付便利。

同时，各地交通、教育、医疗、通信、水电、社保、政务等民生领域电子支付渗透率进一步提升。目前，云闪付乘车码已在成都、上海、广州、天津、南京等 50 个城市的公交和地铁上线。全国已有 23 个城市地铁、近 900 个市县公交支持银联移动支付快速乘车。此外，逾 8000 家菜场和生鲜门店、逾 3000 个生活圈、逾 55 万家餐饮商户、近 20 万家便利店超市、逾 20 万台自助终端、清华大学、复旦大学、上海财经大学等逾 1200 所校园、逾 1600 家医院、逾 2400 个企事业单位食堂均开通银联移动支付服务。

云闪付 App 也在不断探索个性化功能，加强用户黏性。目前境内所有银行持卡人均可绑定云闪付 App，逾 500 家银行支持持卡人在云闪付 App 内查询借记卡余额。此外，逾 130 家银行支持在云闪付 App 内查询信用卡账单以及零手续费还款，为目前唯一支持零手续费还款功能的支付类 App。

得益于便民服务的不断完善，截至目前，云闪付 App 的用户已经突破 2 亿。2019 年上半年，云闪付 App 累计支付类交易笔数较去年同期增长 222%。银联移动支付方式快速普及，产品功能与场景建设持续完善，成为银联新的业务亮点。

至此，银联形成了集刷卡支付，以及扫卡、扫码、扫手机于一体的丰富多样的全产品支付体系。

同时，银联在 NFC 支付的方向始终在突破。截至目前，银联已与华为、OPPO、vivo、小米、三星等共计 7 家手机厂商进行合作，用户可直接在手机钱包中绑卡。而二维码支付必须打开 App 的特点在消费场景中始终有所不便，未来主流支付手段的转换或许只是时间问题。

打开国际市场

对于银行卡来说，仅有本土业务还远远不够。简单来说，随着用户海外消费的需求不断增长，用户更加倾向使用既满足本地支付又能直接进行国际支付的银行卡。所以对于银行卡而言，从长久生存的角度来看国际竞争力十分重要。

根据加入 WTO 时的承诺，更多的国际金融机构会参与到中国银行卡的业务中。对此，中国必须做好准备，拥有一个强大、自主的银行卡产业和银行卡品牌，同时快速推动国际化十分必要。

国际银行卡市场竞争日益激烈，尽管跨国银行卡公司占据了银行卡产业发展的先机和话语权，但是银联仍然在海外布局中取得不俗的成绩。根据银联和中国银行卡产业发展报告的数据，2004 年银联的发卡总量为 0.1 亿张，随后便成倍增长，到 2008 年达到了 9.1 亿张，之后的 10 年里也一直保持着稳定快速的增长，到 2016 年发卡总量已达到 60 亿张，目前，发卡量已接近 80 亿张。

"一带一路"倡议发起后，银联深入推进国际化进程。目前，参与共建"一带一路"的国家和地区中已有 106 个开通了银联业务。另外，通过参与境外支付产业基础设施、芯片卡标准授权等方式，逐步实现推动技术"走出去"的目标。比如，2016 年银联与泰国主流商业银行合作建立本地转接网络 TPN（Thai Payment Network）正式上线。以 TPN 为基础，泰国创建了自有借记卡品牌 TPN。

银联依托多年积累的技术特长和业务拓展经验，通过支付标准合作、支付基础设施建设，支持更广泛区域的银行卡产业与国际标准接轨，提升金融服务网络建设水平。

最新数据显示，目前境外发行银联卡的国家和地区已增至 55 个，累计发行量突破 1.2 亿张，其中银联高端卡累计发行量达 500 万张，较 2018 年同期增长近 20%。

同时，银联的境外发行卡交易量比重已经占到国际业务总量的近 60%。韩国、泰国、巴基斯坦、哈萨克斯坦等地发行的银联卡在境外交易量增速均超过100%，其中巴基斯坦发行的银联卡90%的交易发生在本地。

2018年8月，中国银联受邀参加第四届智博会，重点展示中国银联在推进新型智慧城市建设方面的新技术、新产品、新服务，以及倾力打造的智慧城市服务和无感支付新体验

此外，日本、韩国、加拿大、美国、泰国、新加坡、马来西亚等境外46个国家与地区超过300万家商户，支持使用云闪付App进行便捷支付。

中华人民共和国成立70年来，金融与金融科技始终快速发展，金融业成就并见证了祖国的繁荣，而繁荣与进步的故事将一直持续……

三一重工：从乡村走出的"中国名片"

文／周信 童海华

2019 年 9 月 4 日，三一重工股份有限公司（以下简称三一重工）总裁向文波从长沙带来的两台三一"老兵"，无疑成了第十五届中国（北京）国际工程机械、建材机械及矿山机械展览与技术交流会三一集团有限公司（以下简称三一集团）展台上最璀璨的明星，两位"老兵"致敬新中国成立 70 周年再好不过。

被称为工程机械"皇冠明珠"的挖掘机长期以来被外资品牌独占，但这位 2002 年诞生、服役 16 年、编号为"0383102"的三一"老兵"，是中国工业发展史上由民营企业研制的第一款履带式液压挖掘机，它的诞生打破了行业竞争格局。目前，三一挖掘机在国内挖掘机市场占有率超 26%，超过国际品牌卡特彼勒和小松销量之和，并连续 9 年国内市场占有率第一。

除此之外，三一集团还成功研制出世界第一台全液压平地机、世界第一台三级配混凝土输送泵、全球最大吨位挖掘机、亚洲首台 1000 吨级全路面起重机、全球第一台 3600 吨履带起重机等一大批世界首创、世界第一的产品，不断推动"中国制造"走向世界一流。

如今，始创于 1989 年的三一集团已发展成为全球领先的装备制造企业，其混凝土机械是全球第一品牌，被誉为"世界泵王"，挖掘机械连续 8 年国内市场占有率第一。三一集团的发展历程宛如一部浓缩的中国民营制造企业的奋斗史、创新史，其也成为中国名片，向世界证明了"中国制造"的力量。

时任十二届全国人大常委会委员长张德江视察三一集团时，盛赞其"是中国的一张名片"。国务院总理李克强参观三一"根云"平台，称其是产业革命风向标，并引用老子的话"一生二、二生三、三生万物"。他鼓励三一集团早日迈向世界高端制造前列。

从乡村走向国际

"三一一开始就志存高远，现在取得的成绩离不开当初宏大的企业愿景——为中国贡献一个世界级品牌。"2019 年 9 月 4 日，三一重工营销公司总经理李梁健在接受记者专访时说道。

1986 年，梁稳根、唐修国、袁金华、毛中吾从亲戚朋友那里凑来 6 万元钱，在家乡涟源茅塘道童村成立了焊接材料厂，由于产品适销对路，涟源茅塘焊接材料厂取得了快速发展。

3 年后，他们走出茅塘乡，在涟源市成立了"涟源焊接材料总厂"。时任湖南省委书记熊清泉来厂考察，见总厂大门口贴着一副对联"创建一流企业，造就一流人才"，就建议加一个横批"做出一流贡献"，这"三个一流"最终成就了"三一"的企业之名。

1991 年，向文波加盟三一，这位后来被称为"三一战略第一人"的合伙人，与梁稳根的想法碰撞出串串火花，之后，董事会提出了三一历史上著名的"双进"战略：进入中心城市——长沙；进入大行业——装备制造业，首先进入工程机械制造业。也是在这一年，公司正式更名为三一集团。

1994 年，三一重工成立，在"双进"战略的支撑下，三一重工落户长沙星沙镇，开始以混凝土泵送产品为敲门砖进军工程机械领域，最终进入国家支柱性产业。这一年，三一重工还研制出我国第一台大排量、高压力混凝土输送泵。

1995年，三一第一台拖泵

　　成立9年后，2003年三一重工A股在上海证券交易所挂牌上市，成为工程机械行业第一家民企上市公司。以三一重工上市为契机，三一集团全面进入工程机械制造领域及其他装备制造领域。

　　2005年6月，三一重工克服种种困难，成为"中国股改第一股"，开启了中国股权分置改革的新纪元，中国股市进入全流通时代。

　　此时的三一集团已经在发展的道路上越走越稳，越走越快。2006年，三一重型装备有限公司成立，进入煤炭机械制造领域，3年后在中国香港上市；紧接着，2011年和2012年，三一海洋重工有限公司和三一重工与奥地利帕尔菲格的合资公司成立，分别进军海工装备领域与随车吊市场。

　　2014年，三一重工筹备设立三湘银行股份有限公司，涉足信贷业务。2015年，由三一集团等15家股东联合成立的中国第一家基于物联网的装备制造专业财险公司——久隆财产保险有限公司正式开业。2017年，三一工学院挂牌新三板，三一集团旗下再添上市公司。

要么翻身，要么翻船

自 2012 年开始，工程机械行业遭遇了长达 5 年的调整。市场需求低迷，产能过剩，粗放发展模式难以为继，工程机械产业陷入迷茫。与此同时，在工业 4.0 的趋势下，主要国家纷纷将制造业与互联网融合发展作为着力点，加大战略布局力度，抢占全球科技和产业竞争的制高点。

"要么翻身，要么翻船！我们必须主动出击，跨过智能化、数字化转型这道关口。"梁稳根的话，道出低谷时期长沙工程机械行业的抉择。

2015 年，"中国制造 2025"和"互联网+"行动计划发布，7 月，工信部公布 2015 年智能制造试点示范项目名单，三一集团成为工程机械行业首批入选企业。

即便 2016 年是工程机械行业最困难的时期，但三一集团在智能制造方面却加快了研发和布局。平台体系是工业互联网的核心，这一年，"根云"平台成立，通过将机器、数据、流程、人等因素有机结合，为客户提供从便捷接入到应用创新的多层级跨行业赋能服务。

数字化制造也给三一集团带来巨大的收益，2018 年三一集团的销售规模增长了 50%，但是一线工人和管理人员各减少了 30%，"三一集团的人均产值已达到世界先进水平，预计今年全年人均产值将达到 500 万元"，李梁健说道。

李梁健还表示，2019 年是三一集团智能制造的元年，接下来会投资几十亿元在全国建立 6 个"灯塔工厂"，"绿色、环保、高效、无人化，今年下半年开始行动，现在已经在做方案了，我们希望未来，智能制造会是我们的核心竞争力"。

除此之外，三一集团在工程机械的智能化和电动化方面也走在了行业前列。

2019 年 3、4 月，三一集团先后与中兴通讯、华为技术有限公司在深圳、长沙签署了战略合作协议。7 月，由三一集团、华为、跃薪智能等联合打造的全球第一台 5G 遥控挖掘机正式亮相，三一大型挖掘机研究所所长石向星表示："5G 技术让远程遥控终于突破了信号传输的瓶颈，这是全球工程机械行业第一个 5G 应用落地的案例。"同月底，全球首款纯电动无人驾驶搅拌车在"灯塔工厂"三一集团专汽下线。

"三一集团的理念是为中华民族贡献一个世界级品牌，所以一定要走出去。"李梁健表示。

2001年，三一重工与全球500强——美国迪尔公司签署合作协议，拉开了三一集团国际化战略经营的序幕。次年，三一集团两台PQ190平地机销往摩洛哥，迈出进军国际市场历史性的一步。

2012年，三一重工联合中信产业基金投资顾问公司，共同出资3.6亿欧元，收购德国混凝土泵生产商普茨迈斯特（大象）的全部股权，三一重工也从"中国泵王"真正变成了"世界泵王"，加速了其国际化进程。

在国际化方面，三一重工还赶上了"一带一路"的发展战略。

三一重工参与智利救援

"5年前习近平总书记提出的'一带一路'倡议非常有远见，我们三一重工这5年是国际化业务发展最好时期，三一重工在德国、美国、印度等多个国家有15个工厂，其中在美国工厂占地1200亩、印度和德国的工厂占地600多亩。"梁稳根表示。

"当前，三一集团的国际化有两大聚焦，一是聚焦产品，二是聚焦国际。我们以前的国际化主要是在东南亚和非洲市场，是一些发展中国家或者非发达国家，但是从工程机械的市场规模来讲，这些国家占比很少。"李梁健表示，"除了中国，在欧洲、美国的工程机械销量超过50%，我们以前在销量占比较小的地方投入了大量的资源，所以接下来我们会在欧美加大布局"。"我们产品的可靠性、耐久性、精益制造，基本上达到了欧美制造商的水平，所以我们现在有能力到欧美的舞台上去一较高下。"李梁健自信地说道："客户认为我们的挖掘机比卡特的还好，但是我们的价格比它低了百分之三四十。"

2018 年三一集团与华为、腾讯、阿里巴巴等知名品牌一道，荣获中央电视台"改革开放 40 年 40 品牌"。在 2019 年的《财富》中国 500 强排行榜中，三一重工以营业收入 558.21 亿元、利润 61.16 亿元，位居榜单 168 位，排名行业第一。

"未来的三一集团，力争成为卓越的装备制造行业的领导者，受全世界人尊敬的企业。"李梁健说道。

日产中国：驶向中国高速路

文／
周信
童华
张海硕

继 1973 年第一辆日产公爵轿车进入中国市场以来的 36 年里，日产汽车在中国不仅达成了产销 1000 万辆的佳绩，也为中国的创新人才培养、学术研究和公益事业等做出了积极贡献。

对于当下备受关注的可持续发展问题，日产（中国）投资有限公司董事总经理西林隆在接受记者专访时表示，对于车企以及对于一个可持续发展的社会而言，环境、构筑安全可靠的汽车交通社会、不断地培养可持续发展的人才是非常重要的三个元素。日产汽车公司作为一个在中国开展商业活动的企业，一定要对中国市场及社会的健康、可持续发展做出贡献。

筑梦 36 年

"日产汽车公司与中国的渊源由来已久，1973 年随着第一辆日产公爵轿车的引入，日产汽车进入到中国市场。"日产（中国）投资有限公司执行副总经理铃木昭寿向记者表示。

1978 年，邓小平带领中国开启了改革开放之路。这一年，他访问日本，除了邀请松下幸之助来华投资的事迹广为人知外，他还去了日产汽车（以下简称日产）的工厂。在参观了日产的机器人生产线后，邓小平说："来到这里，我明白了什么是现代化、近代化。感谢工业发达国家尤其是日本产业界对我们的协助。"两年后，日产汽车公司北京办事处成立，即现在的日产中国。

1983 年，国务院着手组织"七五"计划的起草工作，根据"七五"计划中小型商用车制造技术的政策，日产与中国政府签署了技术和贸易方面的协议。

1986 年 12 月，日产向中国一汽（以下简称一汽）转让 Atlas 双排驾驶室的制造技术，一汽在此基础上开发出 2 吨和 1 吨轻型载货车，也正式进军轻型商用车领域。两年后，日产再向一汽转让 Caravan 车的车身技术，小解放 CA6440 就是根据日产 Caravan E23 的平台而来。

20 世纪 90 年代，中国开始通过实行合资建厂的方式允许外资车企进入国内。1993 年 3 月，日产与郑州轻型汽车公司组建了合资企业，并达成了技术支持协议。双方建立的合资企业郑州日产汽车有限公司于 1995 年 10 月开始生产皮卡。四年后，郑州日产成功导入日产汽车公司最新开发的 D22 系列皮卡车，并在国内批量生产。

而日产与东风汽车公司的牵手还是源于风神汽车有限公司。在 D22 系列皮卡投产一年后，风神汽车有限公司获得 BLUEBIRD（蓝鸟汽车）的生产许可，2003 年，日产汽车与东风汽车公司（中国）合资成立东风汽车有限公司（以下简称东风有限），旗下成立东风日产乘用车公司专门负责乘用车业务。

在工厂建设方面，2004 年，东风有限宣布投资 3.3 亿元在广州花都建立研发中心，同年 5 月，产量为 15 万辆的花都工厂竣工投产；9 月，湖北襄樊生产工厂正式竣工投产；2010~2011 年，郑州日产第二工厂和东风日产花都第二工厂竣工，2014 年东风日产大连工厂也正式投产。

在产品引进方面，2003~2004 年，公司推出 NISSAN 品牌 SUNNY 阳光轿车及全新豪华轿车 NISSAN TEANA 天籁；2005 年 4~7 月，东风汽车有限公司推出

NISSAN 品牌的 TIIDA 颐达和骐达轿车。2006 年和 2008 年，轩逸和逍客上市，2011 年，东风日产 MURANO 定名"楼兰"上市。

而 1989 年就诞生于北美地区的日产旗下豪华品牌英菲尼迪也在 2007 年正式投放中国市场，2012 年，英菲尼迪全球总部落户香港，2014 年 9 月，东风英菲尼迪汽车有限公司正式成立，并陆续引入 G 系列、FX 系列、M35 和 EX35 等多款高端产品。

2010 年，合资自主品牌——东风日产启辰品牌成立，先后上市启辰 D50、R50、R30、晨风纯电动车、T70、T90、D60EV 等车型。2017 年 2 月，启辰品牌从东风日产旗下的一个合资自主品牌摇身一变成为与东风日产平级的独立品牌，正式成为东风汽车旗下的第七个子公司。

值得一提的是，日产汽车为中国创新人才培养和学术研究做出了积极贡献，在华的公益事业也卓有成就。

早在 2003 年，日产汽车公司就向清华大学捐赠发动机装置，2014 年，日产汽车"制造"教室首次登陆中国，2016 年，日产汽车携手联合国教科文组织，启动筑梦课堂远程教育，同年，东风日产大学正式落成。

日产（中国）投资有限公司董事总经理西林隆

2018 年，东风英菲尼迪向清华大学汽车工程系捐赠代表内燃机巅峰科技的 VC-Turbo 可变压缩比涡轮增压发动机。

与此同时，日产汽车在中国的公益事业受到一致好评，先后启动了日产中国农民工子女关爱行动、携手"健康快车""日产筑梦课堂走进系列""阳光职业·金色未来"校企联合办学等项目，也获得了"光明公益奖""2013 年度中国汽车企业公益贡献奖"，2014 年汽车企业公益贡献"金益奖""最佳责任企业奖"。

因为良好的口碑和过硬的产品，2018 年，东风日产实现整车产量 1000 万辆，作为中国市场上第四家达到此目标的企业，东风日产做到了最快的速度——15 年，要知道，上汽大众用了整整 30 年，一汽—大众也耗费了 23 年。目前，中国已经超越美国成为日产汽车全球最大的市场。

助力可持续发展

世界水资源研究所近期发布的报告显示，随着气候危机的严重影响，合计居住着四分之一世界人口的 17 个国家，被认为处于"极高水资源压力"之下。

而早在 1980 年国际自然保护同盟的《世界自然资源保护大纲》中就提出："必须研究自然的、社会的、生态的、经济的以及利用自然资源过程中的基本关系，以确保全球的可持续发展。"1997 年，中共十五大把可持续发展战略确定为我国"现代化建设中必须实施"的战略。

2011 年，日产汽车公司发布了其全新的六年环保计划——日产绿色计划 2016。为指导日产汽车在华业务可持续发展的经营与管理，2019 年 9 月，日产汽车正式发布"日产中国可持续发展规划 2022"。

日产汽车执行副总裁、首席可持续发展官川口均（Hitoshi Kawaguchi）表示："在日产汽车'丰富人们的生活'的指引下，我们在做各项工作时，都应该首先考虑如何实现社会与企业的可持续发展。"日产汽车副总裁、日产（中国）投资有限公司总经理西林隆（Takashi Nishibayashi）表示，日产汽车将与利益相关方共同努力实现可持续发展的"零排放、零伤亡"社会。为此，日产汽车将以环境保护、社会发展和公司治理三个方面为核心，积极为中国市场实现可持续发展贡献力量。

2018 年 8 月，在迎来自己 15 周年生日的同时，东风有限也正式发布了"绿色 2020 计划"，此份计划共涉及产品、制造以及资源三大领域。

在绿色产品方面，东风有限将落实四大品牌全面导入"智行科技"，推行电驱动化车的销售占比达到 30%，三年内推进电动化关键零部件 100% 国产化，而根据东风有限发布的 2018~2022 年中期事业计划，到 2020 年将销量达到 260 万辆，并将投放 40 余款新车，其中包括 20 款 EV&e-POWER 车型。目前，日产轩逸·纯电 SYLPHY Zero Emission 已于去年上市，据了解，启辰品牌将在今年继续推出三款纯电动汽车。

"日产希望通过可持续发展方面的积极行动，为推动中国企业行业的转型升级而努力。"铃木昭寿表示。

为此，在绿色制造方面，日产中国围绕多项节能减排任务制定了严格的目标。"截至 2022 年，日产中国及其在华合资企业的用水量将比 2015 年降低 35%；有害气体排放量将比 2015 年降低 50%。以上目标均高于中国国家标准。"西林隆说道。

但"在中国的合资工厂里，产值水耗下降 2018 年就已经减少了 39.4%，提前超额完成。降低 VOC 目标是减少 8.7%，2018 年也顺利完成当年目标"。日产汽车执行副总裁兼首席可持续发展官表示。

为实现"零伤亡"社会的远景，通过引进"安全屏障"技术，实现日产汽车相关交通事故死亡人数为零的目标。作为世界首个驾驶辅助相关的安全技术，日产计划到 2022 年，搭载 ProPILOT（控领航技术）技术的车辆累计销量将达到 100 万辆，2016~2018 年，搭载 ProPILOT 技术的车辆累计销量达 35 万辆。

此外，为推动中国新能源汽车产业发展，自 2013 年，日产汽车连续 7 年与中国汽车技术研究中心共同编写《中国新能源汽车产业发展报告》，自 2015 年连续 4 年被中国社科院授予"年度优秀皮书奖"。

"改革开放 40 年来，日产汽车将贡献于中国社会的可持续发展为己任，不断成长的同时回馈社会。未来，我们将一如既往与众多合作伙伴携手积极迎接新时代中国所面临的可持续发展挑战，为完成中国从汽车大国到汽车强国的转变做出贡献。"铃木昭寿向记者表示。

中国一汽：梦想奠基者

文 / 尹丽梅 张硕

1949~2019 年，70 年沧桑巨变，中国汽车工业完成了从制造基础基本为零到成为世界汽车制造大国的转变。拨开历史的薄雾可以窥见，距离首都北京 870 多公里的吉林长春，是中国发展自主品牌汽车之梦开始的地方。

1953 年 7 月 15 日，长春孟家屯，时任中国第一汽车制造厂（中国第一汽车集团有限公司的前身，以下简称一汽）厂长饶斌把第一锹黑土抛向奠基石，奠基石镌刻着两行红字：第一汽车制造厂奠基纪念毛泽东。中国汽车工业发展的号角从这里吹响。

66 年前，中国制造的第一辆解放汽车在这里诞生，自此填补了中国汽车工业的空白。岁去弦吐箭，一个甲子过后，在 2019 年发布的《中国 500 最具价值品牌》榜单中，"解放"品牌以 756.29 亿元的价值位列商用车行业排名第一位，连续 8 年领跑中国商用车卡车品牌。

1958 年 8 月 1 日，中国第一辆红旗牌国产高级轿车问世。"红旗"自投入生产以来，在中国汽车工业史上一直占据着特殊的历史地位，是我国国家领导人专用车型，也是我国自主品牌的一面鲜红"旗帜"。

"红旗"轿车生产现场

如今，作为中国汽车工业起步的"摇篮"，一汽肩负着扛起自主品牌大旗的重任。

解放："根"与"摇篮"的记忆

"人要知道自己的来处，才能知道自己的去向。"这道理，放到一家企业身上亦如是。谈及什么是"解放精神"？何光远表示，"'解放精神'的背后是饶斌、郭力、孟少农等老一辈中国汽车工业奠基人，正是他们用自己的毕生心血铸就了这种精神"。

1956 年 7 月 13 日，新中国第一辆汽车"解放"牌 CA10 在一汽诞生，一声引擎，改变了中国人自己不能造汽车的历史。

"那时候，国外的汽车又贵又不好买，老百姓太希望中国能有自己制造的汽车了。"曾任一汽轿车厂厂长、一汽副厂长的范恒光老人回忆道。

说起解放牌汽车，就不能不提及中国第一家汽车工厂的"诞生"。中华人民共和国成立初期，党和政府开始考虑建立中国的汽车工业。1949 年 12 月，毛泽东主席出访了苏联，参观了斯大林汽车制造厂。当他看到一辆接一辆的汽车驶下生产线时，对随行人员说"我们也要有这样的工厂"，由此，一汽的建设被列入当时中国 156 个重点项目之一。1953 年 7 月 15 日，第一汽车制造厂奠基。据了解，为了生产解放牌汽车，一个集现代化工厂、公用动力、电讯、道路等配套设施和一大批职工宿舍的汽车厂区在相关领导和全社会各界的通力支持下于三年内建成，这在当时的环境背景下堪称一段"传奇"，甚至也带动了长春这座城市的发展。可见解放汽车对这座城市的特殊意义。

范恒光老人回忆起一汽建厂那段岁月仍难掩激动："我在苏联斯大林汽车制造厂学习回国后来到一汽工厂，觉得这里比斯大林汽车厂更美、更壮观。尤其是中央大道两边的房子，甚是气派。"他告诉记者，即使是在建厂 30 年后，一汽工厂仍能得到国际同行的赞赏。"1984 年，我接待美国克莱斯勒第一个来厂访问团时，团长凌费先生激动地跟我说，一汽是他在中国看到的真正的汽车制造厂，他为此感到振奋。"这位 88 岁的老人还告诉记者，凌费是克莱斯勒公司国际合作部部长，他表示愿意与一汽商讨合作业务。凌费回国后马上提出正式合作计划，双方很快签订四缸发动机技术和生产设备转让协议。这充分体现了一汽工厂在他们心目中的地位和价值。

"一汽是中国汽车工业的摇篮，'解放'是一汽的根。一汽是民族品牌的杰出代表，而'解放'可以说是中国汽车的精神图腾。"谈及"解放"于中国汽车的意义时，胡汉杰这样告诉记者。

第一代解放卡车结束了我国不能造汽车的历史，展现了中国汽车从无到有的艰苦历程，这段历程从 1956 年到 1986 年整整走过 30 年。从此，解放汽车不仅是我国汽车工业的发轫和先驱，还为我国进行大规模的汽车工业建设积累了丰富而宝贵的经验，培养了一大批汽车行业领导骨干和技术人才。在一汽的多方支持下，全国各大汽车企业如雨后春笋般发展起来，中国逐渐构建起自己的汽车工业体系。

1986 年 7 月 15 日，具有当时国际水平的第二代解放卡车经自主研发实现转产。"解放"完成了第二次创业，结束了老"解放""30 年一贯制"的历史，陆续推出第二代产品 CA141 和第三代产品"六平柴"，将中国汽车工业带入全新的发展阶段。

循着来路的车辙，一汽"解放"不断开拓前行之路。20世纪末，随着国民经济不断发展和高等级公路的普及，重卡在运输市场上的地位越来越突出。科技含量高，经济性、稳定性好，盈利能力强的重卡，逐渐成为广大用户购买大型货运车辆的首选。但是一汽要开发真正具有时代意义上的重卡，把"解放"打造成国际知名品牌，就必须开发具有世界先进水平的大马力柴油发动机。为了能在最短的时间内攻下这道难关，一汽曾尝试与某世界著名汽车公司进行合资谈判。外方的合资条件是坚持要求一汽放弃解放品牌，而这是一汽人绝对不能接受的。后来，一汽选择了一条独立自主但困难重重的发展之路。2004年7月15日，由一汽汽研所独立开发的"解放"第五代产品奥威重卡问世，标志着解放卡车的产品结构调整基本完成，正式转型为生产重型卡车的主力企业。

历代解放卡车

3年后的2007年7月，由一汽自主研发的解放第六代重型卡车——解放J6正式下线投放市场。这次换代在一汽发展史上具有里程碑意义——解放J6主要定位于国内高端重卡市场，既要抵御进口车的冲击，又要逐步出口海外市场。后来的事实证明，这次换代车型成为一汽解放引领重型卡车市场的新一代主导产品。10年后的2019年7月15日，解放J6迎来了第100万辆下线，充分彰显一汽解放自主创新的骄人成就。

在一汽解放董事长胡汉杰眼中，一汽解放自诞生之日起，就从未停止过自主创新的脚步。"我们的商用车开发院已有近70年的技术积累，有国内最强的研发体系力量，确保产品的技术领先。我们有四大整车基地，三大总成基地，掌握着由毛坯到零件，从总成到整车的深度生产能力。我们的整车生产基地，在制造技术上也是国内最先进的，很多竞争对手都十分羡慕。"

一汽解放 2018 年投放市场的 J7 是"解放"的第七代产品，其外观现代、内饰舒适、性能优良，处处凝聚着中国制造之美。荣耀版、领航版、质惠版、北方款、高原款……解放卡车根据不同的气候条件和应用需求，创新开发出了多种重卡产品，直击用户痛点。

"无论是从销量、市场占有率还是利润，解放汽车已经连续多年在行业中保持领先水平，未来'解放'的优势将更加明显。"胡汉杰表示，一汽解放 60 余年的发展历程，每一次更新换代都是一次跨越的进步，也是中国汽车工业发展的进步，在某种意义上说，"解放"代表了中国汽车的创业史。

红旗：闪亮的日子

1958 年夏天，毛泽东乘坐了一汽研发的中国第一辆"东风"轿车，随后中央向一汽下达了开发高级轿车的指令，当时的一汽厂长饶斌立即开始组织"大会战"。

在当时国际封锁的环境中，一汽的工人们硬是依靠拷贝进口样车——以克莱斯勒帝国 C69 高级轿车为蓝本，历时 33 天，依靠榔头手工敲打出车身，将中国第一辆高级轿车造了出来。这辆高级轿车被正式命名为"红旗"。

从此，"红旗"高级轿车成为中国民族轿车的开端，并蜚声海外。

进入 20 世纪 90 年代后，一汽也大踏步走在振兴"红旗"品牌的道路上，并通过与国外公司合作，逐步开发了"小红旗""大红旗"等多个品种的系列产品。

步入 21 世纪，一汽加速"红旗"振兴步伐。2008 年，一汽启动"红旗复兴"项目，从集团抽调骨干力量组成 1600 多人的团队，累计投入研发费用 52 亿元，自主研发了 L、H 两大系列红旗整车产品。在"十二五"期间（2011~2015年），一汽宣布投入 105 亿元用于"红旗"品牌的建设。

此后，一汽还进行了一场"刮骨疗伤"式的组织架构改革。2016 年 3 月，一汽宣布成立"红旗"事业部。2017 年 9 月，一汽企业改革正式开启，"红旗"由总部直接运营。一汽高层曾多次强调，"红旗是一汽集团的金字招牌"，而

"红旗"从原来一汽轿车股份有限公司的下设部门提升至集团管辖，自主权和决策权更大。

一汽组织架构调整的成果已然显现。一汽官方公布的数据显示，2018 年，红旗汽车销量首次突破 3 万辆关口，"红旗"迈入了品牌发展的快车道。

数据表明，红旗轿车正逐步走出此前的市场化转型挫折。2019 年 9 月，据"红旗"官宣，1~8 月累计实现销量 5.2 万辆，同比增长 231%。在中国车市整体不振的背景下，"红旗"品牌销量实现逆势上扬。

"红旗"品牌的振兴与其正在推行的新"红旗"品牌战略息息相关。2018 年 1 月初，一汽确立了"要将'红旗'品牌打造成'中国第一、世界著名'的'新高尚品牌'"的战略目标。这一年，"红旗"品牌进行了品牌、产品、设计、渠道等多个维度的创新尝试，全力推进新品牌战略落地。

尚未有穷期

"一汽是中国汽车工业的根，更是未来的希望。"

当被问及"解放"近几年的布局时，胡汉杰告诉记者，2018 年，一汽解放提出致力于成为"中国第一，世界一流"的智慧交通运输解决方案提供者。为了实现这一目标，"解放"首先在产品向上方面下功夫，打造高端产品。2018 年，经过 7 年的打磨研发一汽解放推出的第七代车型 J7，在各方面均取得了重大技术创新，成为比肩欧洲标杆、达到国际一流水平、全生命周期成本最优的国产重卡典范。"我们提出了要将 J7 替代进口，且出口到发达国家市场的目标，解放人有这个信心，也正在朝着这个目标努力。"胡汉杰补充道。

面向未来转型。一汽解放在 2019 年初推出"哥伦布智慧物流开放计划"，此计划包含两个子计划：以"解放"智能车平台为核心的智能加（Ai+）开放计划和以"解放"车联网平台为核心的互联家（Connect+）开放计划。目前，"解放"的智能车和车联网都获得了较大的进展。面对新能源、物联网、大数据、人工智能、区块链的新技术趋势，我们将从单一商用车制造者向智慧交通运输解决方案提供者转型，以开放共享的理念、科技创新的产品，为物流行业智能化发展赋能，为智慧城市升级赋能。

时光荏苒，解放品牌从诞生的那一天起，就承担着庄严的使命和责任。如今，它带着最初的梦想和追求站上了历史的新起点。

截至目前，一汽解放拥有1487项国家专利，相继荣获包括国家科技进步一等奖、中国机械工业科学技术一等奖、中国汽车工业科技进步特等奖在内的多项荣誉奖项。解放的战略目标——要奋力实现2020年销售整车35万辆、收入达到900亿元；2030年销售整车60万辆、收入达到1500亿元，要昂首挺进全球商用车行业第一阵营……

对于未来，"红旗"也有着清晰的市场规划。一汽董事长徐留平在2018年初的"红旗"战略发布会上表示，"红旗"2020年的销量目标是10万辆，2025年和2035年要分别达到30万辆和50万辆。

徐留平还全面调整了红旗品牌的产品规划，把"红旗"分为L、H、S、Q四大系列。其中，L系列主打高端豪华，S系列为轿跑产品，H系列为"红旗"主力车型，Q系列为商务出行车。

事实上，2018年以来，"红旗"加快了产品布局和区域研发布局，陆续发布了"红旗"L5、"红旗"E-HS3、"红旗"HS7等多类产品，并在2018年一年内建成了104家"红旗"体验中心，对重点城市和区域基本实现了全覆盖。

而在新业务开拓上，"红旗"新战略囊括了时下汽车行业所有的热点。其中，在新能源汽车方面，在"红旗"计划于2025年推出的17款新车型中，有15款为新能源产品。徐留平称，今后"红旗"的目标是"全部电动化"。

在自动驾驶方面，"红旗"将在2020年实现L4级自动驾驶车型量产上市，2025年则可推出L5级完全无人驾驶车。同时，"红旗"还在与百度、腾讯、华为等互联网巨头建立战略合作，探索"互联网+汽车"的智能互联生态圈。

值得关注的是，"红旗"还在积极拓展国际视野。在9月10日举行的世界上规模最大的车展——2019法兰克福国际车展上，"红旗"携两款重磅车型——"红旗"S9和"红旗"E115，开启全球首秀。值得关注的是，这是"红旗"品牌首次参加被誉为"汽车工业奥运会"的法兰克福国际车展，也是继1960年莱比锡车展后，"红旗"品牌再次亮相国际舞台。

　　"只要我们坚持初心，牢记使命，扑下身子，砥砺前行，中国就一定能在成立百年之前，成为一个真正的汽车强国。到那个时候，中国的道路上依然会有万国汽车的身影，但是在全世界任何地方，也必然能看到中国汽车的身影。也许我见不到这一天的到来，但是我坚信这一天必然会到来！"何光远在《解放》一书序言中如此表示。寥寥几百字，却道出了中国几代汽车人内心的呼唤和期盼。

　　不忘初心中国梦，一汽尚未有穷期。

一汽厂区远景

东风汽车：衔使命而生 怀理想前行

从十堰出发，途经襄阳，到达武汉，有这样一条绵延500多公里的世界级汽车工业长廊，它吸引了2000多家汽车及零部件企业在这里落户，擎起了整个湖北的汽车工业。

如果说，湖北的汽车工业始于十堰，那么，东风汽车集团有限公司（以下简称东风公司）就是最好的哺育者和见证者。20世纪60年代，为响应党和国家的号召，怀着对汽车事业的热爱，老一辈"东风"人从五湖四海聚集到贫瘠荒凉的武当山下，手擎马灯、人拉肩扛，开创了"东风"基业，也在大山里留下了"马灯精神"这一宝贵的精神财富。

经过半个世纪的传承与跨越，如今，东风公司已经成长为国内汽车产品品种最齐全、产品结构最优的汽车集团之一，不仅在合资领域大放异彩，同时不断加快在自主乘用车方面的步伐，形成了东风风神、东风风行、东风风光、东风启辰等自主乘用车品牌，生命力愈加旺盛。

东风公司并没有满足于此，基于对新时代的把握，东风公司于 2018 年 4 月发布了新的品牌战略：品质、智慧、和悦。按照公司战略规划，未来，东风公司还将大力发展新能源、智能网联、共享出行、自动驾驶等新业务方向，目标是到 2025 年自主品牌汽车全球销量实现 230 万辆，推动"东风"成为全球知名品牌。

东风公司办公楼

五十知天命，建设 50 周年的东风公司，即将翻开新的篇章。在接受记者采访时，东风公司董事长、党委书记竺延风表示："50 年，对于'东风'来说，要不忘初心，牢记使命。'东风'50 年前在大山里建设，留下了'马灯精神'这个财富。如今，'马灯精神'的内涵更为丰富：坚定信念、追求梦想的创业精神；同甘共苦、无私奉献的奋斗精神；深入群众、心系职工的为民服务精神；求真务实、敢做善为的责任担当精神。在新的时代，'马灯精神'需要传承，并且发扬光大，赋予新内涵，支撑未来的奋斗。"

大山里走出来的国有企业

50 年前的 1969 年，在毛主席作出"要建设第二汽车厂"的指示下，经历了 16 年的"三上两下"洗礼，东风公司前身"第二汽车制造厂"终于在十堰破土动工。

彼时的十堰只是一个百人的偏僻小镇，开门见山，树木稀少，仅有一条坑坑洼洼的砂石路横贯东西。来自四面八方的十万建设大军一下子涌入后，吃住都成了问题。

没有电、没有铁路、缺少运输工具，就这样，第一代东风人在鄂西北的山沟里，开始了漫长艰辛的创业历程。没有电，那就用马灯照明；没有铁路，那就通过水路转运物资；缺少运输工具，建设者们就用背篓背、用竹筐抬、用扁担挑，把重型设备搬运到工地上。

1970年，毕业于清华大学的战权理，就带着同为大学同学的爱人，留下还未断奶的半岁女儿，踏上了十堰这片热土。作为最早一批的东风建设者，战权理亲历了两吨半越野车生产准备和试生产的全过程。

"2月份的十堰，寒风凛冽，阁楼屋顶上的瓦片挡雨还行，但几乎起不到挡风的作用，一到夜晚，四处漏风。虽然大伙都是从北方过来的，但仍冷得瑟瑟发抖，碰上雨雪天，更是无处躲藏。有人冷得用电灯泡取暖，烤裤子，结果一不小心，烤出个大洞，差点着火。"战权理回忆道。同为第一代东风人的抗战老兵焦润坤回忆起过往亦感慨："能在那样的环境中把二汽建设起来就是一个奇迹。"

在东风人的不懈努力之下，1970年，第二汽车制造厂第一款军用越野车——25Y"出生"，经过不断改进、提升，1975年7月1日，这种两吨半军用越野车正式定型投产，被命名为EQ240，并陆续装备服役。这是我国生产的第一代军车中的重要车型，提升了部队执行作战任务的战斗力。

随后，二汽又开发了五吨民用车EQ140，成功实现"军转民"。1978年，二汽曾一度成为湖北省最大的亏损企业，可以说，EQ140的"诞生"给当时的二汽带来了转折。其改款车型EQ140-1，在巅峰时期，曾占据中国公路运输2/3的市场份额，顺利帮助二汽扭亏为盈，获得新生。到1987年11月，二汽的年产量已突破10万辆大关，成为我国第一家年产突破10万辆的汽车制造商。

1990年10月18日，东风EQ153型八吨平头柴油车（以下简称八平柴）下线，这款车代表了当时中国重卡开发的最高水平。EQ153是二汽生产的第一款重型车，也是国家"八五"计划期间重点攻关产品之一。"开上八平柴，财源滚滚来"的佳话，让 EQ153 成为当时中国卡车行业的一面旗帜。

到了 1992 年，二汽进入了新的发展阶段，当年 9 月，公司正式更名为"东风汽车公司"，东风汽车工业联营公司更名为"东风汽车集团"，同时，公司确立了以公司化管理体制步入市场经济的基本方针。

进入 21 世纪，随着东风公司的发展壮大，公司于 2003 年将总部从十堰迁往武汉。就在"迁都"第二年，东风公司销售突破 20 万辆，同比增长 20%，其中，重卡销售逼近 11 万辆，同比增长 34%。此后，东风公司一路高歌猛进，东风重卡销量曾经连续 13 年占据行业第一。

2018 年，东风公司实现汽车销量达 383.1 万辆，稳居行业第二位，收入、利润继续保持行业较好水平。其中，商用车位居行业第一位，自主品牌销售超过 120 万辆，位居百万辆以上自主企业前三。

总结 50 年来的成就，竺延风告诉记者，这 50 年间，东风公司以敢为人先的创新精神，建立起了适应社会主义市场经济的现代企业制度，为我国全面深化国有企业改革提供了重要参考和借鉴；公司推行的精益生产等先进生产管理方式，形成了优质高效的卓越生产方式；成立合资公司后的短短 10 余年时间内，就实现了汽车工业质的飞跃。同时，公司自力更生，打造出中国军车第一品牌，引领了国内商用车市场发展，并且在自主乘用车方面具备了完全自主开发能力和健全的产业链体系。

站在山巅看世界

采访过程中，竺延风谈及，东风公司取得的种种成就离不开公司的持续深化改革，是改革激发了蓬勃创造力。

时间拨回至 1978 年，彼时，中国改革的大幕拉开，国民经济在崩溃的边缘开始"调整、改革、整顿、提高"，一大批企业，尤其是新建、在建的"三线"企业被列入"停缓建"名单。

当时的二汽，即使是五吨载货车进入投产、三吨半越野车通过国家鉴定，企业发展本将翻开新的篇章，也还是因为基建任务没有完成，被列入国家"停缓建"名单。生死存亡关头，二汽选择自救，开启自主改革，向中央提出"自筹资金、量入为出、续建二汽"的十二字方针，开启了自谋生路、自主发展的征程。这为二汽争得了活路，二汽也从此走上了一条内涵式扩大再生产的改革发展之路。

竺延风告诉记者，改革开放之初，东风公司为应对"停缓建"提出的面向市场的改革方案有力地证明，只有企业大胆开拓，才能真正地解放生产力。

事实上，与其他国有企业一样，在发展壮大后，东风公司也曾遇到体制机制的瓶颈。比如原来"大一统"的管理体制难以适应日益完善的市场经济，企业大了，层级多了，还会出现"一抓就死，一放就乱"的情况。改革，再次成为"东风"义无反顾的选择。针对上述问题，竺延风表示，在改革过程中，东风公司施行了科学的授权体系——DOA 体系，还有一个科学的治理体系，把制度流程和信息技术相结合，使整个企业做到运筹帷幄之中，决胜千里之外。

另外，在国有企业体制机制改革方面，如何把国有企业的独有优势和现有的体制机制更好地结合在一起，东风公司做了大胆推进。在人事制度上，向推进市场化的职业经理人制度迈出了一大步。

据了解，2017 年，东风公司全面启动了高管人员岗位契约化管理，打破管理层干部的"铁饭碗"；同时引入职业经理人制度，以高薪吸引科技人才、激发创新活力。

竺延风表示，下一步，东风公司还将根据市场的实际进行细化和完善，解决干部能上能下、能多能少，甚至是能进能出的问题。

在开放方面，东风公司在技术体系上与大量的社会资源展开充分合作，包括新能源技术、新材料技术和网络技术等。

除此之外，为应对汽车产业新时代需要，东风公司还进行了一系列的"瘦身"动作。2018 年，东风公司剥离了所属企业的"三供一业"、医疗机构、房地产公司等多项社会职能，并优化整合了商用车、零部件等主营业务和子公司资源。其中，2018 年 11 月，东风汽车零部件（集团）有限公司宣布旗下 6 家零部件子公司整合为 2 家新公司。

据相关媒体报道，从 2014 年启动精简"瘦身"以来，东风公司已累计"压减"法人单位 67 户，提前半年达成国资委存量减压 20% 的目标，"僵尸"及特困企业处置完成 8 家。

"'东风'的改革是主动式的改革。'东风'提出要站在山巅看世界，不在山沟里想问题。因为'东风'是从大山里出来的，有的时候传统观念很多，会形成制约，我们必须用新发展理念进行突破，观念上的转化是最大的挑战。另外，在形成共识上也有一定的压力。但只要我们目标定了，做事情必须咬住牙，改革也是一个永远在路上的过程，需要长久地不断改善理念，日积月累地不停推进。"竺延风说道。

在持续的改革下，数据显示，2018 年，东风公司单车利润同比增加 7.6%，利润率同比增加 0.7%，管理费用和销售费用同比下降 5.3%，资产负债率同比下降 2.8%，降成本效果明显。

有评论称，"东风"的发展史，就是一部改革史。50 年间，"东风"一次次地在改革中超越自我、浴火重生，实现跨越式发展。改革，是"东风"事业发展的法宝，是"东风"在各个阶段保持生机活力的关键，是几代东风人身上最鲜明的品格。

剑指世界一流企业

新时代，新方位，新使命。与改革相辅相成的是，东风公司开始重塑品牌架构，并立下新时代新的目标。

2018 年 4 月，东风公司正式提出全新的品牌价值——品质、智慧、和悦，这是东风公司历经了两年多的悉心梳理、研讨与打磨确定下来的品牌战略。

品质、智慧、和悦这六个字，分别代表着产品和服务的品质、面向智能网联时代的规划，以及和谐共赢发展的理念，寓意着东风品牌的品牌之根、品牌之源和品牌之魂，也代表了东风汽车面向前 50 年历史及未来 50 年发展的理性思考。

在此基础上，东风公司提出了自己的目标。竺延风表示，2018 年，东风公司提出了加快建设卓越东风、开启世界一流企业发展新征程的新阶段使命和未来 5 年"三个领先、一个率先"奋斗目标。

进入世界一流企业行列总体路线图具体指：到 2020 年，奠定卓越企业基础；到 2023 年，建成国内卓越企业，衡量标准就是"三个领先、一个率先"；到 2025 年，夯实全球竞争力基础；到 2035 年，成为具有全球竞争力的世界一流企业。

"三个领先、一个率先"即：经营质量行业领先、自主事业行业领先、新兴业务行业领先；"东风"员工高质量跨越小康，率先享有新时代美好生活。

"行业领先"的必达要求是做到行业前三，其中，公司整体规模行业第二，商用车行业第一，自主乘用车行业前三，新能源汽车行业前三。

"一个率先"主要评价指标是员工满意度，并首次明确从八个维度来具体衡量：法律、纪律、制度框架下的自由；尊严；享受自由与尊严的财富；一个比较喜欢的专业性工作和环境；与职业生涯成长相伴随的教育培训体系；健康和健康保障体系；家庭和睦；心悦。

为完成这些目标，竺延风告诉记者，东风公司的布局正在全面展开。在新兴业务方面，未来东风要从一个产品的提供商成为智慧出行服务和整体物流解决方案的提供商。在这一过程中，一体推进产品和业务、产业链的转型升级，打造智慧汽车，推动智慧出行，推进智能制造，推进管理信息化建设。

在新能源领域，东风坚持乘商并举，自主与合资协同，电动、混动、氢动并进；传统业务方面，要自主掌控整车及发动机、变速箱、车桥等核心技术和资源，努力在"五化"（轻量化、电动化、智能化、网联化、共享化）领域领先竞争对手，市场份额达到 22% 以上；构建自主乘用车核心能力，推进自主乘用车奋力赶超；坚持走军民融合的道路，把军品技术转化到民用市场。

据了解，围绕着"五化"，东风公司计划未来在新能源、新出行、智能网联等领域共计投资 200 亿元。其中，在新能源汽车投入 80 亿元，自动驾驶投入 60 亿元，出行服务投入 40 亿元，网联汽车投入 20 亿元。

不过，自 2018 年以来，中国汽车市场的形势并不乐观。东风公司方面也坦言，2018 年，中国汽车市场出现 28 年来首次负增长，未来一段时间或者很长的一段时间，中国车市都很难呈现出"V"字形的发展态势，"L"形的态势将会成为主流，一直下行到一个相对合理的范围，才会呈现相对稳定的销量和市场输出。

那么，在如此大环境背景下，站在"知天命"门槛上，竺延风将如何带领东风公司实现目标，走入下一个50年？

对此，竺延风透露，"'十三五'期间东风公司提出了致力于成为为用户提供优质汽车产品和服务的卓越企业。总体上看，未来东风要从一个产品的提供商成为智慧出行服务和整体物流解决方案的提供商。在这一过程中，我们要一体推进产品和业务、产业链的转型升级，同步推进管理的信息化。包括打造智慧汽车、推动智慧出行、推进智能制造、推进管理信息化建设等"。

"'东风'的标志是一个双飞燕。'东风'的老员工在大山里看见燕子比翼双飞，飞出了大山。由此想到两只燕子驱动车轮，飞驰在大地上。如今，我们在传承的基础上，发布了新的品牌战略，这一核心价值延续'东风'一以贯之的以客户需求为导向的营商理念。"竺延风表示，未来东风公司将不断满足客户对高品质美好生活的需求，为客户提供便捷智慧的出行，实现和悦舒畅的惬意人生。

吉利汽车：做大朋友圈 让中国汽车跑遍全球

文／刘媛媛 石英婧

在中国汽车工业史上，浙江吉利控股集团（以下简称吉利）是一个特别的存在。它的特别，不仅体现在创始人李书福白手起家的无畏和执着上，更体现在其作为中国自主汽车品牌在全球"舞台"所书写的传奇上。

回顾吉利的发展史，有几个重要的时间节点：1986 年，赶上改革开放的历史机遇，吉利以生产冰箱零件起步，实现了从无到有，从小到大的变化；2001年，恰逢中国加入 WTO 的历史时机，吉利在生死存亡关头迎来转机，拿到了轿车"准生证"，成为中国首家获得轿车生产资格的民营企业；2010 年，全资收购沃尔沃汽车集团，促进了两个汽车品牌的共赢发展，沃尔沃汽车实现品牌复兴，吉利也开启了全球化之路。

经过 30 余年的发展，如今的吉利已经成长为集汽车整车、动力总成和关键零部件设计、研发、生产、销售和服务于一体，涵盖出行服务、线上科技创新、金融服务、教育、体育等在内的全球型企业集团，资产总值超过 3300 亿元，员工总数超过 12 万人，并连续八年入榜《财富》世界 500 强企业名单。

造车路上，李书福曾说："请允许民营企业家做轿车梦。如果失败，就请给我一次失败的机会吧。"他的梦想没有失败，并且还在持续。根据战略部署，吉利的目标是在 2020 年销量突破 300 万辆，进入全球汽车行业前十强。除此之外，吉利还一手造车，一手育人，创办了 8 所院校，在助力中国汽车产业发展的道路上不断前行。

把"不可能"变成"可能"

谈起中国汽车，吉利和李书福这两个关键词恐怕难以绕开。

资料显示，李书福于 1963 年出生在浙江省台州的一个贫穷山村，他放过牛、开过照相馆、生产过冰箱、卖过装潢材料、制造过摩托车，是浙江草根经济的代表人物之一。

20 世纪 90 年代末，李书福有了造车的梦想。但在当时，汽车行业还没有向民营企业开放，无技术、无工人、无厂房，李书福的梦想看起来丝毫不切实际。

不过，凭着一股无畏的劲头，李书福还是毅然决定进入由国有资本垄断的汽车行业，彼时，他的一句"轿车是什么？不就是四个轮子、一个方向盘、一个发动机、一个车壳、里面两个沙发吗？"震惊四座，也因此获得了"汽车狂人"的"美名"。

"我决定要研究、生产汽车，除了我自己信，

李书福与吉利轿车

还有少部分人信，真没有太多的人相信。大家都认为中国在汽车工业领域已经没有优势了，早已经被西方国家垄断了，中国企业只能与外国汽车公司合资或者合作才有可能取得成功。"李书福曾感慨道，自己知道自主造车是一条不归路，但这既是天时地利的召唤，更是其追求理想的自我决定。"在汽车行业内有一句话，你恨谁就叫谁去造汽车，当然我要造汽车，不是因为谁恨我，而是我自己的选择。"

一腔热血下，李书福领导组建了项目筹备组，在公司内部选了两个工程师，加上他本人，共三个人开始研究汽车技术。

功夫不负有心人，1998 年 8 月 8 日，吉利自主研发的第一辆轿车"吉利豪情"下线，只是这辆车未列入国家规定的生产目录。因此，第二年，当时任国家计委主任的曾培炎视察吉利集团时，李书福对他说："请允许民营企业家做轿车梦。如果失败，就请给我一次失败的机会吧。"

坚持与努力等来了回报，2001 年，恰逢中国加入 WTO 的历史时机，吉利在"生死存亡"关头迎来转机，拿到了轿车"准生证"。2001 年下半年，国家经贸委增发了一批汽车生产许可证，吉利上榜，成为中国首家获得轿车生产资格的民营企业。

此后，凭借着中国私家车市场"井喷"的大势，以低价入市的吉利一路高歌猛进。2006 年底，吉利汽车年销量已突破 20 万辆，同比增长 40% 以上，跃居轿车行业第 7 名。

如今，吉利旗下的各品牌、各品类产品持续发力，SUV、轿车、MPV、新能源产品均始终保持着稳健的发展势头。从市场占有率来看，吉利汽车已经坐上了国内自主车企的头把交椅。2019 年上半年，吉利汽车累计销量 65.2 万辆，市场占有率达 6.5%，相比 2018 年的 6.3% 有所增长，总销量排名位居中国品牌第一，行业第四。

另据最新数据，2019 年 9 月，吉利汽车销量超 11 万辆，位居中国品牌乘用车销量之首；1~9 月累计总销量达 95.81 万辆，自主龙头的品牌实力再次彰显。

可以说，从 1997 年正式进入汽车行业以来，短短 22 年，吉利交出了一份亮丽的"成绩单"。吉利方面向记者表示，因为改革开放的历史机遇，吉利实现了从无到有，从小到大，由弱变强，从小山村走向全中国乃至全世界，所有这一切都应归功于改革开放的好政策。

谈及过往，李书福也曾在《向改革开放四十周年致敬》一文中回忆道："造车是一条不归路，但这既是天时地利的召唤，更是我追求理想的自我决定。实践证明，这条路实在太艰辛，这条路也确实很诱人。"

向"全球化"车企进阶

不可否认的是，在创业初期，吉利汽车用低价轿车迅速打开了国内市场，不负李书福提出的"造老百姓买得起的好车"这一初心。但此后，吉利也因此被贴上了"廉价低端"的标签，面对了安全、性能等方面的种种质疑。

从那时候开始，李书福就萌生了改变的想法。吉利方面告诉记者，进入汽车行业以来，公司有三个重要的调整期，其中第二次调整就是实施全方位战略的转型。

2007~2008 年，吉利发布"宁波宣言"，明确提出，不打价格战，要打技术战、品质战、品牌战、服务战、道德战，从"低价战略"向"技术先进、品质可靠、服务满意、全面领先"战略转型。同时，还提出了"总体跟随，局部超越，重点突破，招贤纳士，合纵连横，后来居上"的发展战略，明确了集团大的战略方向。

通过这次调整，吉利从容应对了 2008 年的全球金融危机，一个全新的吉利汽车品牌形象也开始清晰起来。

数据显示，如今吉利汽车的产品结构愈加高端化。2016 年以来，吉利 8 万元以上售价车型销量比重持续提升，2019 年比重超过 71.3%。5 年内吉利汽车产品平均售价由 8 万元以内上升至 10 万~15 万元为主。

其中，旗下高端品牌——领克 2018 年销量超过 12 万辆，刷新了中国本土高端品牌的价值高度。2019 年上半年，领克汽车累计销量达到 5.59 万辆、同比增长 20.81%。

吉利控股集团方面向记者表示，汽车企业一定要有高端品牌，尤其是自主车企，必须有自己的高端品牌才能有竞争力，才能得到持续发展和生存。中国汽车品牌在高端车市场竞争中，要保持头脑清醒和性价比。但这个性价比不单单指价格，而是价值、技术的性价比。

当然，吉利的目标并不仅仅是做中国汽车企业的"排头兵"，而是要做一家全球企业。早在2002年，拿到汽车生产许可证不久的李书福就曾在一次内部会议上宣布"要收购世界名牌沃尔沃"，但受多重因素阻碍未能顺利实现。

直到2010年，经过多次努力，吉利控股集团终于从福特汽车手中全资收购了沃尔沃，对于吉利控股集团来说，这是一个新的起点，首次开启了全球化之路。有评论称，未来100年内，吉利收购沃尔沃的事件都将会写入世界汽车工业的史册，这是中国汽车工业史上浓墨重彩的一笔。

2010年3月28日，吉利控股集团正式与美国福特汽车公司签约，以18亿美元收购福特旗下的沃尔沃轿车，获得沃尔沃轿车公司100%的股权以及相关资产，吉利控股集团成为中国首家跨国车企，此案成为中国汽车海外收购经典案例

除了沃尔沃汽车外，吉利近几年还相继并购了宝腾、路特斯、戴姆勒，以及美国一家飞行汽车公司。2017年6月23日，吉利控股集团与马来西亚DRB-HI-COM集团签署最终协议，收购马来西亚DRB-HICOM旗下宝腾汽车49.9%的股份以及豪华跑车品牌路特斯51%的股份。2018年12月，吉利与宝腾共同打造的首款新车宝腾X70在马来西亚吉隆坡成功上市，2019年前8个月，宝腾累计销

量 6.1 万辆，同比增长 36%。2018 年，路特斯年销量 1630 辆，较 2017 年增长 2%，创下自 2011 年以来的新高。

吉利控股集团方面表示，"融合发展"是吉利并购沃尔沃并实现品牌全面复兴的关键，这一点在宝腾、路特斯品牌复兴上也得到了验证。如今，集团全球化战略布局迎来了最佳发展时期，在中国、英国、瑞典、比利时、白俄罗斯、马来西亚均建有世界一流的现代化汽车整车和动力总成制造工厂，拥有各类销售网点超过 4000 家，产品销售及服务网络遍布世界各地。

同时，吉利还在中国上海、杭州、宁波、瑞典哥德堡、英国考文垂、西班牙巴塞罗那、美国加州、德国法兰克福等建有五大工程研发中心、五大设计造型中心体系，实现汽车研发集群。

早在 2014 年 11 月，李克强总理在考察吉利集团时曾评价道："吉利汽车不仅是让国人骄傲的民族品牌，更了不起的是，吉利走向了世界，还收购了全球知名汽车公司。吉利汽车的发展史，就是中国经济不断升级的缩影。"

夯实"中国质造"根基

事实上，作为国内最具代表性的自主车企，要想以技术闻名全球，必然离不开自主创新能力的建设。创新能力建设是引领企业发展的核心要素，企业竞争的核心是产品竞争力，产品竞争的核心是技术创新、品质控制、成本优化、服务体贴，但所有这一切的核心是人。

近几年，我们可以看到，随着国内汽车产业的持续升级，自主车企们也开始将更多的目光放在人才的培养与挖掘上。

而在这方面，吉利控股集团可以说非常具有发言权。秉承尊重人、成就人、幸福人的人力资源之道。吉利控股集团一方面，通过引进外部高端人才，形成人才"大樟树"，并提供良好的阳光雨露环境，使其扎根于吉利；另一方面通过内部培养，形成一棵棵人才"小树苗"，让"大樟树"带动"小树苗"一起成长，最终共同成长为有高有低、有大有小、具有强大的生命力和生态调节功能的吉利人才森林。

不仅如此，李书福在《向改革开放四十周年致敬》一文中透露，吉利发展汽车产业是从办学开始的，严格培养、培训技师技工，不断提高办学层次，不断加大办学投入，今天吉利汽车公司取得的发展与吉利重视人才培养是分不开的。

据了解，吉利控股集团在 1997 年进入汽车行业的同时就开始创办学校，吉利的创业史也是一部教育史。目前，吉利控股集团创办了北京吉利学院、三亚学院、三亚理工职业学院、浙江汽车职业技术学院、湖南吉利汽车职业技术学院等8 所院校，在校学生超过 5 万人，每年有近万名毕业生走上工作岗位，为社会累计培养人才 15 万人。

数据显示，2018 年，吉利汽车校园招聘员工中 11% 来自吉利控股集团旗下院校。其中，据不完全统计，北京吉利学院建校 19 年来，已经有 2000 多位校友成长为国内大中型企业的高管，许多校友成为吉利控股集团所属各单位的骨干力量。学校形成创业课程、创业社团、创业园、创业基金等较为完善的创新创业体系，校友企业已逾 1000 家。

在 2019 年第十二届中国产学研合作创新大会上，李书福曾说，创新是民族进步的灵魂，人才是创新的第一资源。人才强、科技强，才能带动产业强、经济强、国家强。产学研创新发展需要培养适合市场竞争的各种人才。对于大学而言，研究型人才的培养很重要，应用型人才的培养也很重要，高层次技师技工的培养已经成为摆在我国面前的一个现实课题。

此外，在集团内部，吉利企业大学建有文化传播学院、领导力学院、工匠培育学院等 20 个分部。2018 年举办领导力项目、文化融合项目、内生型人才培养项目等各类培训 32000 余场次，培训超过 95 万人次。吉利共成立技能大师工作室 26 个，通过技能大师的传帮带，快速育成一批高技能人才。

不难看出，吉利控股集团搭建了包含管理、专业、技能等多重通道的全方位的员工职业发展体系，为员工提供了多元化的职业发展路径。

"吉利办教育既是一种责任，也是一种情怀；既是对教育事业的忠诚与向往，也是因地制宜，为吉利汽车工业发展提供人才保障。实践证明，吉利教育事业为吉利汽车工业的发展提供了有效支撑。"李书福在北京吉利学院 2019 级新生开学典礼上如此说道。

保持战略定力打"持久战"

过去是辉煌的，未来是充满期待的。吉利控股集团方面深知，汽车产业发展要打持久战，坚持打基础、练内功，扎扎实实，没有半点捷径可走。尤其是在当前国际国内汽车市场较为低迷的情况下，更要坚持以好的产品、好的服务代表中国汽车制造工业参与全球市场的竞争。

"2018 年全球汽车市场暗淡，美国乘用车同比下降 13.1%，日本下降 1.6%，德国下降 0.2%，中国下降了 2.8%。2019 年经济形势依然充满挑战，汽车市场充满不确定性。"不过，吉利控股集团方面依然对市场前景保持乐观，"汽车市场虽然出现波动，但是需求尚在，尤其是中国车市潜力巨大。对于吉利来说，既是挑战，更是机遇。爆发式增长的时期已经过去，吉利追求稳健和可持续的发展，从高速发展向高质量发展转型。面对日趋激烈的全球汽车市场竞争，吉利坚信好的产品和服务是赢得客户满意度的关键"。

因此，在汽车产业"新四化"（电动化、智能化、网联化、共享化）变革下，吉利控股集团也给自己提出了新的要求：秉承"总体跟随，局部超越，重点突破，招贤纳士，合纵连横，后来居上"的总体发展战略方向，保持战略定力，坚定技术自信、产品自信、品牌自信和文化自信，提升核心技术能力，引领品牌向上，不断增强全球化体系化竞争能力，持续推动企业健康、稳定、高质量发展。

具体来看，一是跟随国家提出的从高速度转向高质量发展的大战略，跟随产品转型升级的大方向，坚持产品为王，打造明星产品，以市占率论英雄，坚持"战略定力"，继续打基础、练内功。二是在"电动化""网联化"上实现全面超越。在新能源上，通过轻混、插混、纯电等电气化技术路径多线并举，全面推动电动化战略。在智能网联领域，走在车联网技术前沿，做到"在汽车企业中，吉利最懂智能网联；在科技企业中，吉利最懂汽车"。三是在甲醇汽车、混合动力、新技术路线、线上能力建设、智能化等方面实现重点突破。

在招贤纳士方面，吉利建立全球五个造型中心，五个研发中心，在全球范围内，搭建好的平台聚集当地优秀人才；全球化领域，从澳大利亚的 DSI 到英国锰铜、沃尔沃、马来西亚宝腾，入股戴姆勒、沃尔沃集团、和 Smart 合资，吉利一直在合纵连横。未来的竞争不再是单打独斗，而是靠头部和头部企业合作，因此，吉利将坚持做大朋友圈，做到强者越强。

吉利控股集团方面向记者表示，在百年汽车工业发展史中，吉利汽车还是一个"新兵"，未来，集团将不断在产品协同研发上加大投入，在无人驾驶、车载芯片、操作系统、激光通信等前沿技术方面继续提升能力，积极布局未来智慧立体出行生态。稳健推进创新型科技企业的建设，逐步实现汽车制造商向移动出行服务商转变。

"今天的世界正处于大变革的风口，一场百年未有之大变局正在形成。今天的全球汽车行业也正处于大变革的风口，有变革就有机遇，有机遇当然也伴随着挑战，只要我们认准方向，坚定信念；只要我们依法合规、公正透明；只要我们坚持打基础、练内功，坚持转型升级，高质量发展，在兼顾各合作方利益的前提下，寻求广泛协同、开放合作，我们的理想就一定能实现。"李书福说道。

北汽集团：从『井冈山』驶来

文／周信 童海华

1958 年 6 月 20 日，诞生于北京市第一汽车附件厂的中国首辆独立自主研制的 "井冈山" 牌小轿车，驶入中南海接受中央领导人的检阅，正式拉开了北京汽车生产的帷幕。61 年前，中国还处在一个特殊的年代，汽车工业发展几乎为零，没有现成的经验可循，更没有国外的仪器设备和专家，北汽就是在这样的大环境下开始尝试制造整车，一步步填满中国汽车工业的空白。

与 "共和国长子" 中国第一汽车集团、"中国汽车之父" 饶斌创建的第二汽车制造厂（现东风汽车集团有限公司）的深厚履历不同的是，北汽（2010 年 11 月更名为 "北汽集团"）成立 61 年，相对 "年轻"，但凭借位于首都得天独厚的地理位置，在领导者的带领下不断进取，在北汽人的艰苦奋斗中，北汽集团在中国汽车行业树立了自己的旗帜，取得了不俗的成绩。

在中国汽车工业咨询委员会主任、原北汽集团董事长、党委书记安庆衡看

1958 年 6 月 20 日，北京第一汽车附件厂成功试制出第一辆轿车，该车以"井冈山"命名

来，北汽的历程就是一种不断地发展、不断地改革调整的道路。过去的几十年是值得回味、值得总结的，对其他车企也有非常丰富的借鉴作用，想要继续发展就得不停地改革、不断地进取。

中国社会科学院工业经济研究所研究员赵英认为，北汽在早期汽车工业发展时期，在军用吉普车和轻型载货车方面起到了引领作用，填补了汽车工业产品的空白。而在合资、新能源汽车发展方面，产业化步伐走得比较快，走在前列并起到阶段性的引领作用。此外，北汽新能源的改制、上市，对于中国汽车工业都产生了比较大的影响。

在北汽集团党委书记、董事长徐和谊眼中，"奋力拼搏，团结协作，知难而进，志在必得"这 16 个字就是北汽人的遗传基因。"北汽作为一家地方企业，家底比较薄。而且北京的工业基础也有限，配套工艺不多，造汽车真叫'知难而进'，但是我们一直有一种精神叫'志在必得'。"徐和谊曾在采访中说道。

北汽的机会

短短 8 年时间，北汽福田就达到了一汽用 40 年、二汽用 30 年完成 100 万辆车的生产纪录。

1958 年是发展国民经济第二个五年计划的第一年，当时我国汽车工业已建成了长春第一汽车制造厂，但建立一汽之后，中央财政已没有力量再建立新的汽车厂，为此，中央提出发展地方汽车工业的想法。

一直为长春的第一汽车制造厂及洛阳的第一拖拉机厂提供配件的北京第一汽车附件厂，开始对制造整车跃跃欲试。

同年 6 月 20 日，北京第一汽车附件厂成功试制出了第一辆汽车，新车以大众甲壳虫为原型，被命名为"井冈山"牌轿车。

第一机械工业部汽车局领导人张逢时将厂名改为北京汽车制造厂。时任国家副主席的朱德同志，亲笔题写了"北京汽车制造厂"的厂名和"井冈山"车名。从"井冈山"出发，北汽人开始了逐梦之旅。

1960~1966 年，东方红 BJ760 轿车、BJ210 越野车、北京牌中级轿车、BJ211 越野车、BJ130 轻型卡车先后生产了出来，轴瓦钢带自动生产线也投入试生产。

1973 年 7 月，在北京市汽车工业管理体制调整中，北京市汽车工业公司（北京汽车集团有限公司前身，以下简称"北汽工业"）成立。这是北京市汽车工业实行按行业集中管理的第一次改组。

5 年后，十一届三中全会召开，会议决定实行改革开放政策，从 1979 年起，把全党工作重点转移到社会主义现代化建设上来。北汽工业也迎来了"合资热"的快速发展。此间，美国著名华人组织——"百人会"创始人之一、曾任美国本笛克斯公司执行副总裁的沈坚白在北京讲学时，与时任第一机械工业部副部长兼中汽公司总经理的饶斌交流得知，中国希望与世界知名的汽车公司开展合作、引进技术的信息，并开始牵线生产军用越野车的美国汽车公司。

斗转星移，1983 年 5 月 5 日，北京吉普汽车有限公司的经营合同以及合资章程才正式签署。而 1985 年，上海桑塔纳已经开始生产，各方都颇为着急，经过近 10 个月的努力，同年 9 月底，首批 BJ2021 切诺基驶下生产线。

20 世纪 90 年代，中国家用汽车市场方兴未艾，可农用车市场却迎来了爆发点。与其他农用车企不同，早在 1987 年就生产"4 条腿"的农用车的诸城机动车辆厂，经过几年经营，企业年利润过百万元。

1993 年，诸城机动车辆厂开始和北京汽车摩托车联合制造公司（BAM，隶属北汽工业）谈合作，想把汽车与农用车嫁接起来，合作采用当时最普通的联营合作方式，但弊病是没有资本的联合、流动，谁也管不了谁、谁也制约不了谁。当时流行的一句话——"10 个联营，9 个空，还有一个不成功"。

不过后来，他们在艰苦的条件下仍创造出成功的纪录。

1996 年，在经历了著名的"百家法人造福田"后，通过股权纽带，上游配套厂、下游经销商与生产企业形成了利益共同体。那一年，他们生产的"像汽车的农用车"做到了全国第一，并于 1998 年 6 月在上海证券交易所上市。

幸运之神总会眷顾有准备的人，经历数年的奋斗与努力，2000 年，北汽有限公司与韩国现代自动车株式会社在北京签署全面战略合作协议。当时北汽现代合资项目面对的挑战十分艰巨，北京市提出要求"当年签约、当年建设、当年投产"。对于这段历史，徐和谊回忆道："所有人都认为不可能，但这个'天方夜谭'最后还是实现了。当年 4 月 29 日签约，7 月份进驻企业工厂，年底就实现了出车。下线那天，很多人都掉了眼泪，因为那半年天天通宵干。"

"与北汽的合资也可谓艰辛，北京现代项目基本是徐总（徐和谊）一手在抓。"说起参与北京现代工厂建设时期的往事，北京现代杨镇工厂党委书记、厂长宋顺生颇为感慨。2002 年四五月份，北京现代项目组成立，时任北轻汽厂长的宋顺生接到通知，为支持和保证北京现代项目建成，北轻汽顺义工厂新厂区留给北京现代项目。

经组织安排，他挑选了 19 名工人进入北京现代，后来他们 20 个人就被派往韩国的现代工厂学习。"没想到，徐总还一大清早跑到机场为我们送行。"

"2002 年 9 月 30 日，参观现代汽车牙山工厂时，我们深感震惊，生产线自动化程度和效率令人叹为观止，冲压车间、车身车间基本看不到人。记得出国前，一位韩方领导问我，你们一天生产多少辆车？我说 100 多辆。就当时水平而言，这个数字已经很高。但他们工厂一天生产 1000 多辆。"

在现代汽车培训近一个月，他们主要学习索纳塔的装配工艺和操作技术，同时也学习一些管理理念。每天基本都学习到凌晨一点钟，只能睡四五个小时。回国时，他们带回了一摞厚厚的笔记本。他们这 20 人的确起到了星星之火的作用。北京现代按照 5 万辆产能规划，生产线 276 人，他们 20 人带出了 276 名技术人员，而这些人成就了后来北京现代工厂的"技术一线骨干"。

2002 年 10 月，北京现代汽车有限公司（以下简称"北京现代"）成立，徐和谊担任北京现代董事长、北汽集团副董事长。同年 12 月 23 日，被称为"拼命三郎"的徐和谊经过连续几百个昼夜的加班加点，第一辆"索纳塔"轿车下线，徐和谊用不到半年的时间便圆了北汽人等待了 45 年的汽车梦。

与现代集团签订战略合作协议后，2002 年 6 月 6 日，北京吉普公司延长 30 年合资经营合同获批，这是中国加入 WTO 后，汽车行业第一个延长合资合同获批的整车企业。

合资的脚步停不下来。在这个背景下，北京奔驰项目浮出水面。2003 年 1 月，北京市政府在怀柔宽沟召开专门研究经济工作会议，确定北汽控股公司与戴姆勒-克莱斯勒公司（以下简称戴-克公司）的合资生产轿车项目的合作思路。

当年 7 月 3 日，北京市主管工业的副市长陆昊访问德国，北汽控股公司与戴-克公司签订合作意向书，确定双方合作方针，拉开"奔驰轿车落户京城"的序幕。2005 年 8 月，北京奔驰汽车有限公司成立，主要生产奔驰轿车、克莱斯勒轿车和三菱品牌汽车。12 月，首批国产梅赛德斯-奔驰轿车上市。

俗话说：家有梧桐树，引得凤凰来。在北京·戴-克奔驰公司项目落定后，戴-克公司希望能够尽快与福田汽车展开合作，并形成合资企业生产戴姆勒和福田双品牌产品的构想。2010 年 7 月，双方合资生产重型卡车和发动机项目合作签约。

大北汽布大局

与合资品牌的红火相比，自从北京吉普被并入合资企业以后，北汽一直没有自己的自主品牌乘用车。徐和谊认为，中国汽车产业要想由大做强必须发展自主品牌，没有自主品牌就是把中国的产能当成国外投资者的代工厂。

2011 年 8 月，北汽集团开始"二次创业"。

"北汽的自主品牌之路，真正起步是 2007 年之后，基本上是从零起步，有限的资金和力量几乎都投到了自主品牌的打造上。这个过程非常难，但北汽走得一直非常坚定。""'二次创业'是北汽集团在集团化发展道路新阶段进行的重大战略选择，具有划时代的重要意义。"徐和谊说道。

与国内合资遥相呼应，在海外，北汽通过一系列收购和技术吸收使其自主品牌在整车、核心零部件研发制造水平迅速提升至国内领先水平。

2009 年 12 月 14 日，北京汽车工业控股有限责任公司（以下简称"北汽控股"，2010 年 11 月更名为"北汽集团"）发表声明，称北汽控股已经成功地以 2 亿美元收购萨博汽车公司的相关知识产权，其中包括萨博 3 个重要的生产平台，8 款发动机及 2 款变速箱。次年，北汽集团子公司北京海纳川汽车部件股份有限公司100% 收购全球第二大汽车天窗供应商荷兰英纳法集团。2012 年北京国际车展，北京汽车正式发布拥有 100% 自主知识产权，"源于萨博，高于萨博"的 M-trix 中高端轿车平台，宣告对萨博技术消化、吸收、创新的完成。在吸收完萨博技术后，2012 年 11 月北汽集团又以 3100 万欧元（约合 2.8 亿元人民币）低价收购瑞典威格尔变速箱厂。

北汽越野车工厂

截至 2013 年，北汽集团已经形成全国范围的战略布局、航母搭建和再创新。在北汽"十二五"规划目标的收官之年——2015 年，北汽集团的营业收入达到3500 亿元，比"十一五"末——2010 年的 1500 亿元翻了一倍多，发展速度居国内首位。

在徐和谊的率领下，北汽构建起气势如虹并能比肩其他国内汽车巨头的"大北汽"格局。

2004~2014年被称为中国汽车行业的"黄金10年"，北汽开始大步扩张。徐和谊曾不无自豪地表示，北京现代曾以迅猛的发展势头创下"北现速度"，但北汽自主在5年内从0到100万辆的跨越，刷新了"北现速度"，创下自主品牌发展历史上新的奇迹。

在发展自主品牌如火如荼时，北汽集团还长远地布局了新能源汽车，并力图让中国车企拥有自己的高端新能源汽车。多年来，徐和谊在促进北汽新能源发展的同时，也在为北汽新能源的高端化布局。在2012年4月的北京车展上，他还曾表示，"不管从历史角度、资源角度，还是北汽这个品牌，多个角度来看只有走高端化才适合北汽"。

2014年，北京新能源汽车股份有限公司（以下简称"北汽新能源"）正式成立也正式独立，这在新能源汽车尚处于萌芽阶段的年代，成为当时传统汽车企业中最大胆和最成功的决定。

北汽新能源也成为国内首个获得新能源汽车生产资质、首家进行混合所有制改造、首批践行国有企业员工持股的新能源汽车企业。独立运营、独立建设销售网络之后，北汽新能源实现了纯电动汽车销量的突破性发展，迅速成为国内纯电动汽车销量冠军。为北汽集团的新能源发展打下了坚实的基础。

研发层面，北汽新能源布局六国八地的全球研发中心，掌握了国际领先的三电核心技术，构建了全新平台正向开发的新能源整车体系化能力，并以"达尔文系统"技术品牌发布为标志，全面进入整车人工智能时代。

2017年，北汽新能源销量超10万辆，2018年，北汽新能源如愿成为第一家在国内独立上市的新能源汽车公司，2018年销量达到15.8万辆，同比增长53.11%；继续保持自2013年以来"纯电动汽车销量冠军"的成绩。

技术和研发是中国新能源汽车引领世界汽车工业的先决条件，也是北汽新能源长远发展和走高端化的必由之路。2018年，北汽斥资1亿元建成当时全国领先的北京汽车新能源试验中心的一期项目。同年3月，集众多企业联合共建的国家新能源汽车技术创新中心在北汽新能源成立。

为了给北汽新能源的高端品牌奠定过硬品质与品牌，2018年4月，北汽集团与麦格纳斯太尔正式签署战略合作协议，共同致力于全新一代智能纯电动汽车的开发。

智能互联也是北汽新能源的重中之重，11月，北汽新能源与华为技术有限公司在深圳签署了深化战略合作协议，将通过华为在"信息与通信技术"领域的优势，为北汽新能源打造下一代智能网联电动汽车。

2019年4月，北汽新能源正式发布了旗下高端子品牌——AR-CFOX，并发布了全球首个商业搭载5G技术的平台——IMC智能模块标准架构。随后，北汽新能源"乘胜追击"，北汽麦格纳高端新能源汽车制造基地相关协议签署，斥资20.51亿元打造的新能源汽车试验中心正式启用、北汽集团持有戴姆勒5%股份，北汽新能源与戴姆勒股份公司旗下全资子公司梅赛德斯-奔驰能源有限责任公司建立技术开发伙伴关系。

更令人振奋的是，2019年7月22日，美国《财富》杂志正式公布"2019世界500强企业"排名。北汽集团以4807.4亿元（约726.7亿美元）营业收入，位列世界500强第129位。这是北汽集团连续7年入围"世界500强企业"。

在新的历史发展条件下，北汽集团再次迎来了新的发展规划。

2018年，北京市委书记蔡奇到访北汽集团时提出了北汽要紧紧围绕"高、新、特"做文章的要求。"高"就是坚持高端制造、高端产品；"新"就是加强自主创新研发，加快新能源步伐；"特"就是承担好国家任务，强化军车越野车优势。

"我们在用徐和谊董事长定的要用'专、精、特'的手段落实蔡奇书记'高、新、特'的要求。"北京汽车集团越野车有限公司党委书记、总经理王璋向记者表示。

从新能源化到智能网联化，从"引领2025"战略到"海豚+"战略，体现了北汽集团面对行业变革、面向未来发展的坚定选择和主动作为。

"不能再在销量、规模上玩命冲了。要在稳固整车业务的同时，培养相关生态业务板块，开拓新的适应市场变化和销量变化的市场。"近日，在谈到北汽集团下一步的发展目标时，徐和谊对记者表示。

北汽的 60 年，既是迎难而上创新不止、砥砺前行的 60 年，也是积极履行社会责任、身体力行推动全社会可持续发展的 60 年。悠悠岁月一路走来，北汽展开了一幅跨越式发展的动人画卷。

海尔：千江归海

文／李瑞娜

"将人类束缚在地球上的不是地球的引力，而是缺乏创造力。管理领域也是如此。"

2019 年 9 月 22 日，探讨物联网范式为主题的高规格国际论坛——第三届人单合一模式国际论坛上，海尔集团董事局主席、首席执行官张瑞敏再度宣告："我希望我们能够共同创造，创造出物联网时代最新引领的模式。"

海尔是海，掌舵海尔 35 年来，张瑞敏作为共和国的同龄人，已经几度提炼"领航"模式：从激活"休克鱼"到全球化战略，再到"人单合一"及"链群合约"，理论与实践的交替打磨下，海尔已经从当初资不抵债的小厂房，重生为如今全球显赫的家电产业王者。

业内人士曾言，比起商人的身份，张瑞敏更像是一名边走边思的哲学行者，总是能通过艰涩的思考来应对实际中的顽疾。对此，张瑞敏曾在接受记者采访时给出过答案，"一件事从头到尾抓出一个模式来。然后再去'克隆'它，成功率非常高，这恐怕也是一种中国特色吧"。

有意思的是，海尔这种"中国特色"正在走向世界，为中国管理模式的海外输出按下快进键。

"有缺陷的产品就是废品"

海尔真正的历史起始于一把锤子。

年收入 348 万元、亏损额达 147 万元，经营一年便濒临倒闭⋯⋯1984 年，临危受命的张瑞敏需要面对的不仅是这一街道冰箱集体小厂难看的报表，还有厂子里工人拮据的生活，以及时代背景下国货难敌洋品牌的逆境：产品滞销，人心涣散，张瑞敏找到农村大队借钱，才使全厂工人过了一个年。

1985 年，用户的一纸书信直指海尔产品缺陷：工厂生产的电冰箱有质量问题。震怒之余，张瑞敏突击检查仓库，结果发现仓库中有缺陷的冰箱还有 76 台！当时研究处理办法时，有干部提出意见，与其全部废弃，莫不如将这批冰箱作为福利处理给本厂的员工。

就在诸多员工踌躇之际，一把铁锤开启了它的使命。"有缺陷的产品就是废品！"张瑞敏宣布，将 76 台冰箱当众全部砸掉，而且，由生产这些冰箱的员工亲自来砸！而今回顾，这一砸，砸出了海尔员工的品质意识，也砸出了海尔产品的质量招牌，更奠定了张瑞敏创中国的世界品牌决心。

3 年后，海尔人陆续迎来质量上的高光时刻：1988 年第一枚冰箱行业的金牌、1996 年获得美国五星钻石奖、2005 年首批 3 个中国世界名牌包揽前两名。并且，从 1993 年至今，海尔旗下电冰箱、洗衣机、空调、热水器等全系家电累计斩获 15 项国家科学技术进步奖。其中，海尔还获得过国家科技进步奖一等奖，这也是中国家电行业迄今为止唯一的一次获奖。

靠着对质量的严格要求，海尔一路高歌猛进，逐步启动了中国的资本市场。在市委市政府的支持下，青岛电冰柜总厂与青岛空调器总厂合并，1991 年 12 月 20 日，海尔集团成立，一个从无到有、从小到大、从弱到强、从国内迈向全球的品牌开始萌芽并成长于黄海之滨。

1992 年 2 月，改革开放总设计师、88 岁高龄的邓小平视察深圳，令海尔集团备受鼓舞，走上了"全面重塑，脱胎换骨"的二次创业之路，并于次年 11 月，将冰箱业务登陆上交所，股票简称"青岛海尔"（600690.SH），成为最早入选上证 180 指数样本股的蓝筹股公司之一，后于 2019 年 6 月更名"海尔智家"。

1997 年 12 月，青岛海尔持股，主营洗衣机和热水器业务的海尔电器集团有限公司登陆港股，简称"海尔电器"（1160.HK）。2018 年 10 月 24 日中欧国际交易所首只 D 股公司青岛海尔 D 股正式在德国法兰克福上市交易。海尔在资本市场上的全球布局正棋至中盘。

2019 年 6 月，"青岛海尔"更名"海尔智家"，标志着海尔正式踏上实现以智慧家庭创建物联网时代生态品牌的道路。目前，海尔已经在全国布局 3500 多家智慧家庭体验店，且落地步伐持续提速。同年 9 月 6 日，海尔智家 001 号体验中心在上海正式启幕，仅开业 1 个月营业额已经逼近 2000 万元，月客单均价在 13 万元以上。

许多人将如今海尔的成绩与硕果溯源至曾经那把"砸冰箱"的锤子，但张瑞敏表示，海尔只是踩准了时代的节拍，"没有成功的企业，只有时代的企业"。

不过，那把大锤并没有被海尔与中国家电产业史遗忘——已经作为国家文物被中国国家博物馆正式收藏，编号：国博收藏 092 号。

尽管实体躺进了国博展厅，但锤子的灵魂似乎已凝固为海尔的心骨。21 世纪家电产品已经普及，多产品、大规模、高产量成为家电企业追求效益的主要路径，海尔品质却始终如一。公开信息显示，2018 年 7 月，北京消费者协会对国美、苏宁在售的 16 个品牌，25 款型号标称 1.5 匹的空调样品进行测试，结果显示，包括一线品牌在内的 24 款型号都未达到标示额定值，而仅有的一款"不虚"的型号来自海尔。

2019 年 8 月，一场由北京相关行政部门、权威检测认证机构、企业专家代表出席的中国标准化创新战略联盟洗护生态圈"真丝洗"项目成果研讨会上，海尔、小天鹅、松下等 6 家企业荣获首批洗衣机真丝洗程序认证证书。而在首批认证公布的 6 个品牌 70 种型号的洗衣机产品中，排名前 37 位的都是海尔产品。

与此同时，海尔在品质与技术上的把控也越来越得到国际认同。海尔表示，截至 2019 年 6 月，公司已参与 60 项国际标准的制定与修订，累计提出 98 项国际标准制订与修订提案，是中国提出国际标准制订与修订提案最多的家电企业；累计主导、参与国家/行业标准制订与修订 530 项，是国内主导国家行业标准最多的家电企业。

"链群共赢，千条江河归大海"

锤子唱响了海尔开疆拓土的战歌，也谱下了海尔模式与时俱进的序曲。不同发展阶段的海尔通过不断归纳与求索，升华出了不同时期的海尔模式。

"激活休克鱼"是海尔首先令世界惊艳的管理模式。1995 年 7 月，青岛市政府决定把负债亿元的红星电器公司整体划归海尔集团。"现在兼并企业被拖垮的比比皆是，"彼时，张瑞敏接受记者采访时表示，"我们的做法：在被兼并企业里把海尔的模式进行复制，形象地说叫作吃休克鱼的方法。"

从 20 世纪 90 年代初开始的近 10 年间，海尔以低成本扩张的方式先后兼并了广东顺德洗衣机厂、莱阳电熨斗厂、贵州风华电冰箱厂、合肥黄山电视机厂等18 家"濒危"企业。值得注意的是，这 18 件兼并案中，有 14 家被兼并企业的亏损总额达到 5.5 亿元，而海尔最终盘活的资产为 14.2 亿元。

人们习惯上将企业间的兼并比作"鱼吃鱼"，或是大鱼吃小鱼，或是小鱼吃大鱼。而海尔吃的鱼不是小鱼，也不是慢鱼，更不是鲨鱼，而是停滞不前的"休克鱼"，是硬件设施不差，而思想、观念有问题的"休克"企业。

在吃掉的"休克"企业中复制海尔经营模式，从而将其唤醒的方法一时之间名动海内外。1998 年 3 月，"海尔文化激活休克鱼"案例被写入哈佛商学院案例库，张瑞敏应邀去哈佛讲授这一课，成为第一位登上哈佛讲坛的中国企业家，海尔经验也开始走向国际。

海尔模式"可复制与不可复制"的讨论声中，这种"经验"在飞速发展的新世纪得到了"新"的应用。公开资料显示，2012 年至 2019 年，海尔盯上了海外资产，通过先后收购完成日本三洋白电业务、美国 GE 家电业务、新西兰 Fisher & Paykel 业务，持股墨西哥 MABE48.41%股权、收购意大利 Candy 公司，海尔已经构建起"研发、制造、营销"三位一体的全球化竞争力，实现"海尔、卡萨帝、统帅、美国 GEAppliances、新西兰 Fisher & Paykel、日本 AQUA、意大利 Candy"七大世界级品牌布局与全球化运营。

与此同时，张瑞敏又一次举起凝为海尔心骨的"锤子"砸向大家奉为经典的科层制组织形式。2005 年 9 月，海尔正式提出"人单合一双赢"的管理模式来适应、指导新时期的海尔扩张发展，在战略、组织和薪酬三方面进行了颠覆性探索，希望打造出一个动态循环体系和共享式创业平台。

所谓"人单合一"，"人"即具有两创（创业、创新）精神的员工；"单"不是狭义的订单，而是用户资源。"双赢"，就是把每一个员工和用户结合到一起，每个员工都在不同的自主经营体中为用户创造价值，从而实现自身价值，企业价值和股东价值自然得到体现。

对此，家电产业观察家刘步尘解悟，"'人单合一'类似于工业时代的家庭联产承包责任制，将公司业绩具化到每一个员工，极大地调动员工积极性，从而摆脱以往科层制的束缚"。

有自己的用户并不是目的，最终目的是要为用户创造颠覆性的产品。"人单合一双赢模式"使每个人都是自己的 CEO，它把员工从传统的科层制中解放出来，组成一个一个直面市场和用户的小微企业。这些小微企业把全球资源都组合起来，对产品不断迭代升级，自发现市场需求，自演进达到目标。

通过组织结构的网络化变革，让企业变成一个开放的创业平台，海尔集团在付出了去掉 1 万余名中间层代价的同时，也把全世界最好的资源连接起来。由于海尔在模式转型过程中坚持去中心化、去中介化，公司在册员工比最高峰时减少了 45%，但创业平台为全社会提供的就业机会，超过 160 万人次。

随着 5G 追赶着物联网时代联翩而至，"链群"再一次成为张瑞敏为海尔裁出的新旗帜。"'链群共赢进化生态'是'人单合一'模式下的新范式。"在第三届"人单合一"模式国际论坛上，张瑞敏解释，"链群"是海尔的首创，即小微及小微合作方共同创造用户体验迭代的一种生态链。

据了解，海尔有 4000 多个小微，生态链上的小微就叫"链群"。"链群合约生态图"是海尔向物联网转型的战略框架图，既是创造性破坏的指导，也是创造性重组和创造性引领的框架，通过互相协作实现发展共赢。张瑞敏认为，如果要打破企业边际收益递减的魔咒，具有强大自组织效应的链群是重中之重。而要使链群发挥其本身的强大作用，核心是创造链群的纵横生态。

2019 年中国电信天翼智能生态博览会海尔集团展台

对此，麻省理工学院经济学教授、2016 年诺贝尔经济学奖获得者本特·霍姆斯特朗惊叹道："张瑞敏创造的'人单合一'模式，是非常有颠覆性的、革命性的模式，和我之前看到的模式都不一样，令我非常的着迷。"

"我的朋友没有圈"

"我的朋友没有圈。"

这是张瑞敏在 2019 新年伊始公开信里写的一句话。只有朋友不设圈，才能塑造一个全新的海尔，走向全球这一更大圈层的海尔。

不同于大多企业 OEM 代工的出海方式，已经更名的"海尔智家"始终坚守 100% 自主创牌路。据欧世界权威市场调查机构睿国际统计（Euromonitor）2018 年公布数据，中国白色家电的产量占全球的 49.1%，但在海外，中国品牌只占

2.89%。其中，"海尔智家"占据了86.5%的比例，这也意味着，海外每销售10台中国品牌的白色家电就有8台叫"海尔"。

半年报显示，2019年上半年，海尔海外收入实现467亿元，占比47%，近100%为自有品牌收入。海尔相关负责人向本报记者表示，"虽然中国家电出口量已经达到世界第一，但目前亟须扭转中国家电品牌在海外影响力不大的局面。从海尔家电出口海外数十年的发展历程来看，创建自主品牌是提升品牌知名度最有效的路径"。

在高端品牌上，率先在海外打响国货名气的卡萨帝市场份额一度领先。2019年1~6月，卡萨帝在中国万元以上冰洗家电市场份额达到50.4%，提升1.9个百分点；全球顶级家电品牌 Fisher & Paykel 在新西兰市场份额第一，实现持续引领。

9月23日，卡萨帝总经理宋赵伟接受媒体专访时坦言，卡萨帝攻占市场的同时，还在加紧5G产品布局。"5G的到来给智慧家庭的推广带来了前所未有的机遇，过去很多企业想做，但只能停留在基础体系层面，而现在有了5G的加持，智慧家庭的发展将进入快速成长期。"

2019年10月5日，青岛，海尔世界家电博物馆

不过，在刘步尘看来，海尔的成功除了向全球输出的大量产品以及前瞻的物联网眼光外，更重要的是其输出的管理模式，"我们不仅要向海外输出产品，还要输出管理模式，从这方面来看，海尔的探索是有很大价值的"。

张瑞敏曾言："一件事从头到尾抓出一个模式来。然后再去'克隆'它，成功率非常高，这恐怕也是一种中国特色吧。"如今，已经"砸碎"组织的海尔正在以"中国速度"将中国管理模式与中国家电产品输往世界。

2017 年 12 月底，总部位于美国纽约的电气和电子工程师协会（Institute of Electrical and Electronics Engineers，IEEE）新标准委员大会通过了一项由中国海尔主导的大规模定制国际通用要求标准的建议书，这是电气电子工程师学会创办半个世纪以来，唯一以模式为技术框架制定的国际标准，也是首次由中国企业牵头制定 IEEE 的国际标准。全球舞台上的中国制造元素除了中国产品、中国品牌，新加了一个"中国模式"。

2018 年 8 月 28 日，海尔俄罗斯工业园暨洗衣机互联工厂正式运营。涅瓦河畔，重工业占主导的俄罗斯联邦鞑靼斯坦共和国在与中国合作中寻求管理模式上的借鉴，总统明尼哈诺夫多次访华考察后，终于在青岛海尔工业园找到了理想的模式——"人单合一"。在他的大力支持下，海尔在鞑靼斯坦境内的切尔尼市投资建厂，这一管理模式随之落地于距离青岛 5000 公里外的异国他乡。

事实上，跨国企业在海外深度本土化最大的挑战，便是文化差异带来的商业摩擦和管理隔阂，而海尔在俄罗斯的发展成果则凸显了海尔海外本土化的发展优势，商业模式创新能够激发一个经济体的创造活力。

公开信息显示，海尔创造的"人单合一"模式，通过商业版图扩张，目前已在美国、新西兰、日本、意大利等多个国家复制，而这次与俄罗斯的合作也成为中资企业在俄本土化合作发展、共创共赢的生态新样板。

目前，海尔已在全球设立 25 个工业园和 122 个制造中心，全球落地的生态品牌，正在构建物联网时代下的"大生态"。生态学家斯托·博伊德在研究过海尔模式后认为，事实上，海尔在与资源各方的关系和互动更为深刻，构筑的是一个资源各方共赢的生态，致力于整个生态的壮大，而非仅自身的壮大，更接近于真正生生不息的生态体系。

而不断"更新"的海尔也在经济发展的浪潮中尽显本色。世界品牌实验室在美国纽约揭晓的 2018 年度（第十五届）《世界品牌 500 强》排行榜显示，海尔在世界品牌 500 强中排名第 41 位。此前揭晓的 2018（第 24 届）中国品牌价值100 强中，海尔蝉联榜首，品牌价值达到 2092.08 亿元。

世茂集团：世界瞩目 风华正茂

文 / 张玉 夏治斌

古人云："来而不可失者，时也。蹈而不可失者，机也。"

紧随国家战略发展的时机加上"爱拼才会赢"的华商精神，让许荣茂和他一手创建的世茂集团在改革开放的时代浪潮中显得熠熠生辉。

作为一家国际化、综合性的大型投资集团，经过 30 年的发展，世茂集团在香港和上海分别拥有世茂房地产（00813.HK）及世茂股份（600823.SH）两家上市公司。截至目前，世茂集团总资产规模 4160 亿元，可售货值逾 10500 亿元。

随着一系列品质作品的相继问世，如今，世茂的"滨江模式"已然成为中国房地产行业重要的成功模式之一。而一系列地标项目的建造，在打造不同城市名片的同时，更承载着国家变迁与发展的记忆，是一个国家历史文化与城市形象最鲜活的标志。

在此基础上，世茂集团携手全球超 100 个城市，以多元业务战略布局海内

2006 年，世茂房地产在香港联交所上市

外、业务版图涉及地产、酒店、商业、主题娱乐、物管、文化、金融、教育、健康、高科技、海外投资等领域，形成了多元化业务并举的"可持续发展生态圈"。

　　站在 30 岁的而立之年，世茂集团创始人、董事局主席许荣茂颇有感触地对记者表示："规模不是世茂追求的唯一指标，在企业发展上，世茂强调有品质的增长。与城市共成长，与人民同幸福。"

改革开放的试验田

　　"当时内地基础设施、城市建设，包括市场供应的生产必需品，都是很少的。我有很大的感触，祖国需要繁荣，需要富强，所以我就开始在内地开了纺织厂、塑料厂以及服装厂，开始做实业。"谈起初到内地投资时的情况，许荣茂依然记忆犹新。

　　时间回拨到 1978 年，12 月份召开的十一届三中全会标志着中国开始实行对内改革、对外开放的政策。随即在 20 世纪 80 年代，国家将工作重心转移到经济建设上来，也就是在这一时期，华商响应国家号召，开始携资金、技术来内地进行投资，改革开放的试验田也逐渐形成，许荣茂就在第一批率先回到内地投资办厂的华商之列。"改革开放,国门大开。华商作为中华儿女的一部分,应当义无反顾地响应国家的号召。"许荣茂对记者谈及回内地投资设厂的初衷时表示。

然而,对于早期进入内地的华商而言,基建薄弱、交通匮乏、通信不畅等也成为不容忽视的问题。"担心是没有的,改革开放的政策在不断完善,有巨大的市场。我们华商都是爱拼才会赢,不会把困难放在前面,这也是我们华商永不言退的精神。"许荣茂直言。当媒体向许荣茂问及初到内地投资最难忘的瞬间时,许荣茂拿出一张黑白照片,那是在 20 世纪 80 年代初期,他在内地创办企业的签约仪式现场照片,对于他而言这是难忘的。

在依靠投资实业迅速崛起后,许荣茂开始向城市运营商转型。"以前,我们投资制造业是为了提升居民的生活水平,现在却可以实现多一点想法,比如从城市整体规划考虑,投资大型的项目,改善城市的面貌和人们的生活方式,缩短和发达国家居民居住环境的差距。"

1989 年,许荣茂开始投身内地房地产开发,并将这一年作为世茂集团的公司元年。对他来说,刚投身城市开发建设时的情景依然历历在目:"1989 年,中国开始对房地产开放,福建省同意批准外商申办经济开发区,我把投资在工厂里的所有资金集中起来,申请了一个开发区。这个开发区在后来,成为当时福建省 27 个成片土地开发项目中动作最快的一个。"

对于为何投身房地产开发,许荣茂给出了这样的答案:"以前做服装没有自己的品牌,这虽然也是实业,但缺少满足感。现在我们建一幢幢雄伟壮丽的大厦,既能美化城市,改善人们的生活,又给自己带来事业成功的欣慰。"

2017 年,世茂首次跻身千亿房企俱乐部。对于世茂取得的成绩,许荣茂直言:"祖国的改革开放给了我们无限的机会和商机,要感恩这个时代,感恩改革开放。"

近两年,世茂在规模房企中同样表现抢眼,2018 年签约额 1761.5 亿元,增幅 75%,行业排名上升至第 11 位;2019 年上半年签约额 1003.4 亿元,同比上涨 38.7%,迈入高速增长的第三年。

创新打造"滨江模式"

时代的脚步迈入 1994 年，也是许荣茂投身内地房地产开发的第五年，也正是在这一年，他带领集团扎根北京，正逢跨国企业竞相在华设立投资性控股公司，外商、外籍人士大量涌入，同时催生本土的外企及商务精英。

一般情况下，当地产商进入一座城市，往往先从土拍中拿下一块地开始。而许荣茂却选择了不一样的开始，进入北京后，许荣茂却是从北京国际大饭店的两个房间开始的。整整一年时间，许荣茂带领团队在北京奔走，转遍京城大街小巷，终于将目光锁定在亚运村以东的地块，这里便成为了世茂进军北京的起点。

世茂集团 20 世纪 90 年代投资项目的奠基仪式现场照

1995 年，世茂交出进军北京房地产业的"首份作品"——接轨国际标准的亚运花园，由 3 幢 18 层小高层组成，3 座公寓的底部总面积为 4800 平方米的商务会所，设计灵感源自香港。会所地下两层为停车库，地上两层为大型商场，满足整个亚运村区域居民的购物需求。此外，会所还包括一个中型餐厅、一个桑拿浴室、健身房和会议室，会所顶层则为一个游泳池。不仅如此，在这份作品中，世茂还增设了 24 小时热水、有声烟感系统、可视对讲电话等设施，开创了集居住、办公、商娱为一体的模式，成为日后许多项目效仿的对象。

此后，世茂以经验、以眼光、以敢为人先的精神，聚焦高档住宅开发，又先后在北京投资开发了华澳中心、紫竹花园、御景园等高品质项目，打造出"外销+高档"的发展模式，以持续保持高位的品质，占领北京外销房市场三分之一的份额。

1999 年 3 月，中国重新启动加入世贸组织进程，当年 11 月，中美签署中国"入世"双边协定，标志着中国加入全球最大贸易组织迈出了重要的一步。

也是在这一年，许荣茂第一次来到上海。在他看来，万商云集、因贸易而兴起的"世界主义城市"的上海必将成为中国"入世"后的最大受益者，做出了被他称作"公司转折点"的决定——进军上海。

"我在 1999 年，看到了中国加入 WTO 和美国的谈判成功了，中国进入 WTO 的时间就不会很长了。那中国加入 WTO 最大的受益者应该是上海，所以 1999 年我第一次到上海后，投资计划就全面铺开了。"许荣茂告诉记者。

在当时的浦东陆家嘴，200 多幢现代化楼宇鳞次栉比，300 余家具有国际影响力的大企业公司云集于此。但与白天上下班高峰期人声鼎沸相对的，是入夜后人潮退散的沉寂。

"做房地产最重要的是地点，不同的城市、同一城市的不同区域对房价高低都有极大的影响。投资开发上海世茂滨江花园就是因为我们看中陆家嘴是上海的CBD，有几百万平方米的高档写字楼，吸引成千上万的国内外大企业进驻，区域内却没有相匹配的高档住宅，我们正好可以填补空白。"

据了解，当时真正能够匹配陆家嘴这片区域的高端楼盘还不及总量的 3%，许荣茂带领下的世茂集团，成为黄浦江边"第一个吃螃蟹的人"，在流光璀璨的外滩对面，高档写字楼的环抱之中，打造出一个充分展示江景价值的高档住宅产品。

此后在上海黄浦江东岸的世茂滨江花园中，世茂首创了中国房地产行业的"滨江模式"，将景观、亲水、园林和建筑等各种元素融入生活，引发房地产市场轰动，成为中国房地产江景豪宅的典范。

隔着黄浦江遥望，191.85 米的建筑高度使得世茂滨江花园与东方明珠、金茂大厦一同撑起浦江东岸"一波三峰"的现代城市天际线。在 21 世纪初期，"世茂高度"开始出现在城市的天际和云端。

在上海南京东路门户，总投资达 30 亿元，高 333 米，兼有商场和五星酒店的 60 多层建筑——上海世茂广场横空出世，享有"浦西第一高楼"的名声。之后，世茂海峡大厦以 300 米的高度在鹭岛之滨迎接八方来客；烟台世茂海湾壹号以 323 米的高度，俯瞰烟台之滨的海天一色；深圳世茂前海中心以 45°双旋转艺术建筑寓意"深港融合"，领航前海崛起之光……

据悉，目前世茂在建及已建超"200 米"地标达 10 余座，分别位于上海、厦门、深圳、广州、南京、杭州、福州等城市，以突破性技术打造超级工程，构筑城市天际线，赋能城市发展。

多元业态累计"超级流量"

随着世茂在中国本土的业务发展进入规模化，2014 年，它正式启动海外业务的投资与布局，把握全球化市场发展的潜力与机遇，吹响海外号角。"出海"的项目中，涉及了农牧业、地产、大健康、商业、金融、酒店、物储和娱乐八大领域，足迹遍及澳洲、亚洲和欧洲等地，搭建起了领先的国际化产业集群。

如今 30 岁的世茂，在多元化业务发展的竞赛浪潮中，依然目光炯炯，保持着敢于担当的拼劲。世茂积极把握当下产业新旧动能转换的机遇窗口，前瞻性地布局高科技、文化、医疗、教育、养老等新产业和新模式，并与多领域领头企业达成战略合作协议，以共赢的方式分享发展红利。如在高科技领域，世茂已携手商汤科技、云知声等知名企业，实现人工智能领域战略布局。这些动作的背后，是许荣茂之子——世茂集团董事局副主席、总裁许世坛对于发展趋势的精准判断和高期待，"在未来，世茂将充分拥抱新技术，把握人工智能的未来发展趋势，将科技的活力充分渗透进集团的产业及服务中，实现效能提升及体验升级"。

在自主化经营的发展逻辑下，世茂多元业务增速亮眼。2019 年上半年，世茂酒店、商业、物业及其他收入总计 33.3 亿元，同比上升 75.3%，并计划在未来三年对酒店、物业进行分拆上市，进一步开拓多元业务并举的"可持续发展生态圈"。许荣茂直言，企业多元化的发展成效不仅取决于其与本行业的相关性，还取决于企业对跨界资源的整合和掌控能力，格外考验决策者的勇气、魄力、前瞻性和洞察力。

身怀重任　心怀大爱

达则兼济天下，许荣茂先生在事业成功的同时，时刻不忘回报社会，把慈善作为一生的事业。致力于公益事业 20 余载，许荣茂带领世茂集团持续不断地投入医疗、教育、防艾抗艾、文化保护传承、精准扶贫、赈灾济难、香港社会和谐及"一带一路"国际责任等多个公益领域。截至 2019 年 11 月底，世茂集团累计对外捐赠逾 15.5 亿元，公益项目覆盖人口超过 2200 万。

2005 年，许荣茂联合 20 多家民营企业发起成立"中华红丝带基金"，致力于艾滋病预防和控制工作，重点支持和促进偏远及贫困地区防艾抗艾。"中华红丝带基金"成立以来，先后在艾滋病高发地区的河南、云南、四川、新疆、安徽、山西、西藏等地开展系列公益项目。截至 2019 年 6 月，"中华红丝带基金"总投入超过 2 亿元，使 10000 多名艾滋病感染者、38000 多名受艾滋病影响儿童、37000 多名特殊困难妇女、62 万贫困地区村民、79 万外来务工者和 149 所高校的学生直接受益。

2008 年"汶川大地震"后，世茂集团向地震中受灾最严重的乡镇捐建超过百家"世茂爱心医院"，为群众提供安全、有效、方便的基本医疗卫生服务和保障。目前，"世茂爱心医院"已遍布四川、云南、甘肃、陕西、河北、江西等多个省市地区，覆盖服务人口达 2000 万。

2010 年，许荣茂先生牵头成立"香港新家园协会"并担任会长，致力于服务新来港及少数族裔人士。作为香港唯一一家在国家民政部注册成立的全国性社会服务组织，新家园协会通过 100 多项培训及活动等，吸纳会员已超 15 万人，服务超过 187 万人次。自 2015 年起，新家园每年举办"四海一家"香港青年交流活动，共组织超过 10000 名香港各界青年赴内地参观交流，已成为香港最大型的文化交流活动之一。

2016 年，许荣茂先生捐助支持故宫"养心殿研究性保护项目"；2017 年再次出资将《丝路山水地图》购回并无偿捐赠故宫，号召更多人参与文物保护、文化传承与发扬，增加对中华文化的自信，以中华文化的发展繁荣推动中华民族的伟大复兴。

谈及企业家社会责任，许荣茂颇有感触地表示："企业的成功离不开国家和人民，兼济天下、回报社会是不变的初心。通过自己的绵薄力量造福社会、积极传播慈善理念、促进社会和谐发展是企业家义不容辞的责任。"

扬子江药业：掀起人民健康的壮阔波澜

文／高瑜静

中华人民共和国成立 70 年来，不计其数的中国医药企业组建起人民健康的"护卫队"，而创建于 1971 年的扬子江药业集团有限公司（以下简称扬子江药业），更是以自身发展领略了这一伟大历程的波澜壮阔。历经艰苦创业、在顺应改革开放潮流中壮大、通过自主研发抢占行业制高点，扬子江药业这样一路走来。

在新时代发展洪流中，有无数企业顺势而生，恰似百舸争流，唯有掌握通关密钥的企业，才能扬帆远航。连续 4 年荣登中国医药工业百强榜第一名的扬子江药业，走过的高质量发展之路，成为中国近 70 年发展史上一个缩影。

敢为人先图变革

"一叶飘摇扬子江，白云尽处是苏洋。便如伍子当年苦，只少行头宝剑装。"

南宋民族英雄文天祥曾在长江边赋诗，嗟叹强兵稀少、物资匮乏以至于无法保家卫国的遗憾。

岁月不居，时节如流。1971年，在长江边的口岸镇，十几名工人试产着"百乃定""百尔定"两种针剂。他们的"行头宝剑装"是一个仪表厂几间狭小的车间、简陋的设备。而这正是扬子江药业的创业起点。

艰苦的环境，锤炼着创业者制药济世的初心。经历两年的摸索，实践初见成效。1973年，工人们带着创业成果，从口岸镇的仪表厂分离出来，成立了"泰兴县口岸镇制药厂"，正式在制药领域扎根生长。

20世纪60年代末，扬子江药业集团创建之初，一穷二白，筚路蓝缕。从泰兴县口岸镇仪表厂的几间平房起家，几经波折。1971年有了自己的名称——口岸镇工农制药厂，这就是扬子江药业集团的前身

彼时，我国的医疗机构和医务人员集中于城镇，医疗设备简陋，医疗技术水平低下，缺医少药成为那个年代的真实写照。中央统一制订药品生产计划，药品生产企业只拥有生产权，没有经营权，生产出来的药品实行统购统销，药品配送由国家医药公司负责。

直至1978年，国家医药管理总局正式成立，把中西药品、医疗器械的生产、供应、使用统一管理起来，结束了中华人民共和国成立以来我国医药"无头"和"多头"管理的局面。

进入20世纪80年代后，团结中医、西医和中西结合三支力量，成为我国发

展医药卫生事业的主基调。在当时的"计划式"宏观调控下，中小企业进入关停并转整顿期，制药行业同样经历一番"淘洗"。

其间，泰兴县口岸镇制药厂负责人徐镜人，带领药厂"曲线"图存，转为"泰兴县制药厂口岸车间"，得以继续独立生产经营。1985年，泰兴县制药厂口岸车间改名为"扬州市扬子江制药厂"。从1989年至1992年，徐镜人因故离厂，厂里规章制度形同虚设，至1993年他返厂复职，厂子已亏损超过200万元。

徐镜人回归之后，立刻开始大刀阔斧的改制。同时，他痛下决心狠抓产品质量，升级生产设备。在同行仍固守传统的时候，他大胆建立全国营销网络，直面竞争的冲击。自此，这家制药厂开启了向民族医药巨头攀登的征程。

临深履薄保质量

"在扬子江，我们一直强调'任何困难都不能把我们打倒，唯有质量'，这是我们的质量精神。"扬子江药业集团董事长徐镜人常把这句话挂在嘴边。

不同于一般商品，医药产品的安全性、有效性、质量可靠性直接关系到消费者、病患者的健康和生命安全。因此，医药企业的质量诚信是保证产品安全的前提。多年来，扬子江一直践行"为父母制药，为亲人制药"的质量文化，高标准做好每一粒药，用一流的产品质量护佑人民的生命健康，扬子江药业相关负责人介绍说道。

1992年10月，国务院颁布《中药品种保护条例》，鼓励研制开发临床有效的中药品种，对质量稳定、疗效确切的中药品种实行分级保护。这也是中华人民共和国成立以来首次为提高中药品种质量、保护中药企业合法权益而制定的法规条律。

历经几次风波后，扬子江药业对生产质量的重要性有了更深的体察。"扬子江发展史上的几次波折均与产品质量有关，工厂险些倒闭。假如我们的产品质量真有问题，扬子江当年就垮台了。"徐镜人语重心长地说道。为此，扬子江药业将"质量第一、效益优先"贯穿质量管理体系，以"四个最严"的要求加强药品全生命周期管理，确保各个环节无质量瑕疵。对异常问题概不放过、深究到底，是扬子江药业的生产操作规范，更是公司敬畏质量的体现。

QC（质量控制）小组，更成为锻造扬子江工匠精神的"炼炉"。120 多个 QC 小组活跃在集团各条战线，员工主动发现问题、解决问题、创新方法。

据扬子江药业相关负责人介绍，进团蝉联全国医药行业 QC 发表一等奖总数"十五连冠"，获得 17 项国际 QC 金奖，已累计开展各类 QC 课题 1000 多个，攻克了"冻干粉针剂西林瓶壁外药粉附着""中药微量重金属元素测定新方法"等许多技术难关和行业共性难题。

九死一生谋创新

"创新从来都是九死一生。"习近平总书记在两院院士大会上的这句话，道出了创新的不易。对于关乎人民生命健康安全的制药企业而言，创新更是挑战重重。

长期以来，我国市场中存在一些低效，甚至无效的国产仿制药。为此，国务院从 2012 年就推出了一致性评价的相关政策。通过对已批准上市的仿制药，按与原研药品质量和疗效一致的原则，分期分批进行质量一致性评价，以确保药品仿制过程中的质量安全。

在徐镜人看来，未来仿制药市场的竞争，通过一致性评价是准入门槛，产品的价格是胜败的关键，在经过大浪淘沙之后会留下一批优秀的仿制药生产企业，医药行业真正走向高质量发展的轨道。目前，扬子江已有 9 个品种、12 个品规通过一致性评价，其中马来酸依那普利片等拳头产品，在同品种市场占有率领先全国。

这位从 20 世纪 70 年代就投身于医药制造领域的医药人，对中国医药政策演变了然于心。无论是 20 世纪 90 年代中期国家提出"全面振兴发展中医事业"，还是辅助用药新政，徐镜人对政策影响及趋势预判均有着深刻见解。

近年来，做中医药起家的扬子江药业不断探索化学创新药、仿制药、生物药等领域，目前在研的化学创新药、仿制药、中药和生物药达 100 多个，确保长、中、短期产品研发有序进行。从德国、美国、意大利等引进了全自动的生产设备后，扬子江药业建立起现代化生产线。同时，公司依托药物制剂新技术国家重点实验室、中药制药工艺技术国家工程研究中心等创新研发平台，形成了总数超过1000人的研发团队，其中博士近百人，硕士近600人，形成了一支由资深科学家、高层次人才领衔，以博士为核心、以硕士为中坚力量，学历结构合理、专业分布科学的科研团队。

在徐镜人看来，目前采用的现代科技手段，如药材基源、道地产区研究、指纹色谱研究等多种现代研究方法，只是中药现代化的一部分，中药成分复杂，必须遵循君臣佐使的配伍理论。单一的中药化学成分不能替代中医药，化学合成的方法更不是中药现代化。

提质降价惠民生

2009年4月6日，《中共中央国务院关于深化医药卫生体制改革的意见》发布，一场被多方寄予厚望的改革拉开大幕。解决群众看病难、看病贵问题，为群众提供安全、有效、方便、价廉的医疗卫生服务，是这场改革的初心所在。

"医药卫生体制改革已进入深水区，到了啃硬骨头的攻坚期。"习近平总书记在2016年全国卫生与健康大会上为医改定调。

随着大国医改进入到攻坚克难阶段，药品集中采购制度改革，成为降药价过程中急需啃下的"硬骨头"。

自2018年下半年以来，国家版带量采购方案从业界盛传，到"4+7"带量采购试点正式落地。2019年9月24日，国家医保局确认并公布，国家组织药品集中采购和使用试点扩围到全国25个省（区、市）和新疆建设兵团。紧锣密鼓的政策举措，在普通仿制药高毛利、高费用率、高净利率境况中破局开路。

在这轮大变局中，药企纷纷展开降价大比拼，扬子江药业躬先表率。扬子江药业出产的盐酸右美托咪定注射液，成为此款产品中首家通过一致性评价的品种。该产品于2018年7月获得生产批件后，随后在2018年11月实施的"4+7"带量采购试点中入围。最终，扬子江药业的盐酸右美托咪定注射液以每支133元的低价中标。可供对比的是，2017年盐酸右美托咪定注射液在各地中标价格在

136~224 元之间。

"扬子江对集中采购中选品种的生产高度重视，在公司所有品种的生产过程中，均是优先中选品种的生产，确保产品的供应，同时按照联采办的要求按时上报中选品种的库存数据；在质量方面，扬子江拥有国内一流的生产设备和质量管控体系，严格按照通过一致性评价后的最新质量标准进行成品检测，确保产品的质量零缺陷"，徐镜人在接受《中国经营报》记者采访时说道。

在这场国家主导，以市场手段倒逼合理药价"现形"的改革中，"居民买得起、企业有利润、医保可承受"是出发点，也成为最终落脚点。

中西合璧出国门

中国要从医药大国变成医药强国，中医药走出国门无疑是关键步骤。

中国科学家屠呦呦带领科研团队从历代医学典籍、本草和偏方入手，进行实验研究。历经无数次试验后，最终从传统中草药里找到了战胜疟疾的新疗法，由此获得 2015 年诺贝尔生理学或医学奖，彰显了中医药对人类健康事业的贡献。

"推进产学研一体化，推进中医药产业化、现代化，让中医药走向世界"，更是习近平总书记为中医药振兴发展开出的众多"药方"之一。

2019 年 5 月 25 日，第 72 届世界卫生大会审议通过了《国际疾病分类第十一次修订本（ICD-11）》，首次纳入中医药的传统医学章节，更为世界各国认识中医药、了解中医药、使用中医药奠定了基础。

近年来，扬子江药业持续开展中药标准化和国际化探索。一方面，扬子江药业着力标准体系的搭建。构建符合中药复杂体系特点以及广泛适用的中药整体质量标准体系。此外在 2010 年，扬子江药业和欧洲药典委员会建立联系，参加欧洲药典植物专论的研究工作，牵头承担 15 个中药材《欧洲药典》植物专论研究工作，其中 5 个品种已载入《欧洲药典》。另一方面，扬子江药业致力于同步接轨国际上对药品重金属、农残、微生物等指标控制的标准。2015 年，扬子江药业的银杏叶提取物及银杏叶片双双通过欧盟 GMP 认证，成为全国率先获得欧盟 GMP 认证的银杏叶提取物和银杏叶片生产企业。

徐镜人称，"让中医药走向世界，需要深入发掘中医药宝库中的精华，需要充分运用现代科技手段和成果，还需要实现产业化和现代化。只有研发出既符合中医理论、作用机理又确切的中药产品，才能让外国人从心存犹疑到心服口服，最终促进中药走向世界"。

扬子江药业集团采用"智能化物流仓储系统"，全自动化成品物流通过车间后包装线和件箱输送线输送入库，由码垛机器人自动码垛后直接入高架库，每天线上入库 1 万箱以上，出库由 AGV 小车自动送货至各车间，无须人工参与。图为高架库掠影

徐镜人以屠呦呦发现青蒿素获得诺贝尔生理学或医学奖为例进一步说道，"屠呦呦在青蒿提取物实验药效不稳定的情况下，正是从中国医药典籍《肘后备急方》中找到新的研究思路。青蒿素的发现，为世界带来了抗疟药，挽救了全球很多人的生命。我们让中医药走向世界，目的是让中医药优质的健康医疗服务惠及世界、造福人类"。

继往开来求发展

党的十九大报告指出，实施"健康中国"战略，坚持中西医并重、传承发展中医药事业。要充分发挥中医药的独特优势，推进中医药现代化，推动中医药走向世界。

无论是出于对生物制药前景的看好，还是迫于业绩压力的转型，中药企业布局生物药，都是一场全新的战役。创新药从研发、临床试验，再到后期的产品上市、市场推广都与其原有的模式有很大差异，除了内部体系要变革，管理者的思路和理念也要及时更新。

"从国内到国外，创新药的风险是没有方法规避的，想做就有风险。只有把自己的研发团队技术打扎实，只有想清楚是做最基础的还是想做高端的，在这个上面考虑企业承受风险的能力。如果想做首创新药，成功了是一片蓝海，失败了可能股价跌。这是很现实的。人生就是这样，企业经营是这样，创新药也是这样。"一位医药业内人士直言道。

在新时代洪流中，有无数企业顺势而生，恰似百舸争流。而只有坚固的船体，才能在潮涨潮落、大浪淘沙中继续扬帆远航。对于扬子江药业而言，在构建符合中药复杂体系特点以及广泛适用的中药整体质量标准体系基础上，走出国门探索国际化，这也是我国民族制药巨头下一阶段的攀登挑战。

东方风来满眼春，扬帆弄潮正当时。扬子江这艘医药巨舰正驶向更加辽阔的大海。

石药集团：从原料药厂到创新药先锋

文／高瑜静

随着药品带量采购试点全国扩围，2019 版国家医保药品目录的出台实施，我国的药品供应保障制度日趋完善。

自中华人民共和国成立以来，人民健康始终是国家发展进程中的重点，医药创新是解决人民健康重大需求的重要途径。而创建于 1997 年的石药控股集团有限公司（以下简称石药集团）正承担着这一使命。

70 年风雨兼程，在新时代发展洪流中，有无数企业顺势而生，恰似百舸争流。唯有变革图新者，方能扬帆远航。

攀登产业链

1985 年，我国自行研制的 VC 二步发酵生产工艺转让给瑞士罗氏公司，这成为我国医药行业实施对外技术转让的先例。

20 世纪 80 年代中后期，中国制药业步入了行业整体发展的黄金期，巨大的市场需求和利润空间导致各方大建药厂。在短短不到 10 年的时间之内，中国制药工业企业数量由最初的几百家飙升到 5000 多家。

大宗化学原料药和低端仿制药扎堆链条末端，这也是 20 世纪末我国医药制造产业发展状况的剪影。所以，那时我国的制药企业大部分处于制药行业产业链中的最低端，技术含量低、附加值小，产业基础整体非常薄弱。

为盘活存量资产，在当时"计划式"宏观调控下，中小企业进入关停并转整顿期。原料药行业本身自带的周期属性，以及低门槛带来的同质化竞争，也让整个行业反复进入起起落落的悲喜期，几千家制药企业深陷其中，不断经历一次次车轮战似的"淘洗"。以产权、产品、市场网络为纽带进行资产重组，实现发展集团化、集约化经营，成为那一时期的药品行业生产结构调整的主要方向。

由此，1997 年 8 月，石家庄制药集团有限公司应势组建，这正是石药集团的前身。包括青霉素系列、维生素系列、抗生素系列产品在内的原料药，是石药集团的主导产品。

集约化经营下，石药集团的原料药规模迅速扩充。恰遇原料药市场处于上升周期，价格高、市场需求旺盛。"积极发展市场需求量大的药品及关键中间体等"更被写入《国民经济和社会发展第十个五年计划纲要》中。在这样的天时地利之下，石药集团业绩强劲增长。石药集团

20 世纪 90 年代，石药集团青霉素产品被农业部授予的优质产品奖

销售收入、利润、利税等指标均多年排名全国医药行业第一。

彼时，国内众多制药企业纷纷沿袭石药集团的发展路径，通过扩大传统仿制药、原料药的产能和生产规模来获得增长，成为当时制药产业的共识。

越是提前发展，越早遭遇"成长的烦恼"；越是步入坦途，越易陷入"路径依赖"。参照国外医药制造产业发展历程，依靠原料药实现产业增长的模式可以持续多久？成为石药集团管理层的疑虑。

"做企业，特别是要做百年老企，你必须高瞻远瞩，越是形势一片大好时，越要看到背后掩藏着危机。我意识到，一个制药企业光靠原料药，肯定撑不过几年的红火期，必须进行创新，研发新药。"石药集团董事长蔡东晨在一次采访中万分感慨。

"像维生素 C 此类原料药，周期性波动比较明显，再加之各项环保标准与执法力度日趋严格，原料药生产向头部企业集中成为产业升级方向。因此，我们从1999 年左右就在筹划创新药研发。"石药集团副总裁孙聚民说道。变则通，通则久。1999 年，石药集团砸出企业半年利润，从中国医学科学院药物研究所买下了天价一类新药丁苯酞（商品名：恩必普）的专利，正式切入高风险、高投入的新药研发行业。其间，石药集团成立新药研发子公司，引入先进设备，重新规划实验室布局，开始领航探路创新药。

集群"中国新"

"创新从来都是九死一生。"习近平总书记在两院院士大会上的这句话，道出了创新的不易。作为国产创新药研发的排头兵，石药集团丁苯酞的研发历程可谓是一路过关斩将。

产品未上市前，由于我国之前并没有此类药研发的先例，他们苦于没有领路者，只能自我摸索。一款新药要从试验室走到市场，要经过一系列复杂的流程：药物机理研究、药学放大研究、二期临床、三期临床、产品工艺和法规符合性的研究……一位曾经参与临床试验的研究人员介绍道："在临床的时候，我们要跟医生解释很久才能把问题说清楚，而且这种心脑血管类的药物，一般病患都不愿意实验，需要投入很多的时间和成本。"

经过不懈努力，2002 年 9 月，石药最终取得了"恩必普"原料及软胶囊的新药证书及试生产批件。2003 年 3 月，恩必普药业有限公司（以下简称恩必普药业）成立。从征地、做标准化设计，到建设原料车间、制剂车间以及软胶囊生产线，每项工作又是一番新的挑战。

2005 年，恩必普终于上市，晋级我国独立研发、具有完全自主知识产权的国产一类新药，在全球 86 个国家受到专利保护。然而，由于丁苯酞在 2002 年获得批准文号时，为国家"试字号"产品，没能入选报销目录，临床使用受到限制。上市后难以进入医院主渠道，产品连年亏损，销售迟迟打不开局面。

"刚开始的时候，市场对创新药的疗效和作用机制认识不够，后来研发人员和医学销售人员进行学术推广，通过大量的作用机制研究、临床试验数据证明疗效，逐步打开市场。"石药集团研发事业部项目管理部总监闫随朝提及丁苯酞初入市场时的境况。

从药物机理研究、药学放大研究、二期临床、三期临床、产品工艺和法规符合性的研究、申报国家药监局审批，到获得生产批件、上市销售，石药集团前后为丁苯酞投入 3.5 亿元。

迎难而上，先行者阔步向前。经历了上市初连续 5 年亏损，直到 2009 年，恩必普软胶囊终于被列入《国家医保目录》《军队合理医疗药品目录》。此后，恩必普迅速发力，一路高歌猛进，不仅荣获"国家科技进步二等奖""中国工业大奖""中国专利金奖"，还连续入选《中国急性缺血性脑卒中诊治指南》《中国缺血性脑卒中急性期诊疗指导规范》《卒中后认知障碍管理专家共识》等行业指南或规范，荣誉加身下，销售也实现猛进，2017 年实现销售收入 35.67 亿港元，2018 年实现 48.7 亿港元，同比增长 36.5%。2019 年上半年同比增长 35.9%。

创新驱动逐渐成为政府和制药行业的共识与迫切命题，传统药企不惜血本改头换面，新型技术研发公司如雨后春笋，资本市场对医药创新投入巨大热情，政策也不断加码。2017 年中国加入了 ICH，这也使得国内与海外的研发政策差异不断缩减，中国的药企也慢慢走向世界。同年，《关于深化审评审批制度改革鼓励药品医疗器械创新的意见》从临床、加快上市审批、促进药品创新和仿制药发展、加强药品医疗器械全生命周期管理、提升技术支撑能力、加强组织实施六个方面鼓励药品和医疗器械创新。政策端的进一步优化，也推动着技术端和消费端的大大提高。生物医药产业更上升为国家重点发展的战略性新兴产业。2016 年，国务院发布《"十三五"国家战略性新兴产业发展规划》，明确加快生物产业创新发展步伐，培育生物经济新动力。

石药集团原粉针生产车间

干在实处永无止境，走在前列要谋新篇。研发恩必普探路成功后，石药集团大力推进成药业务。近10年来，石药集团在心脑血管、糖尿病、抗肿瘤、精神神经、抗感染等领域深耕，陆续推出国家一类新药2个、二类新药16个、三类新药6个，开发出了克艾力、津优力、多美素、玄宁等临床优质药品。继2018年石药集团创新药销售突破百亿后，2019年上半年，石药集团的创新药产品实现销售收入61.49亿元人民币，同比增长55.4%。

这是石药集团保持稳定增长的确定面，今年，石药集团投入研发20亿元，目前已有300多个在研的新药储备产品，其中，新靶点大分子生物药30个、小分子新药40个，未来每2~3年将会有一个新药产品上市，借助成熟的销售渠道快速上量。他们还通过股权并购、品种引进的方式加码在大分子研发管道和抗体的研发进展，高质量增长的战略转型渐入佳境。

与此同时，普药产品提质增效的系列改革，为我国制药企业设置了新的市场准入门槛。

2012年以来，国务院及国家药监部门逐步推进仿制药质量和疗效一致性评价的相关政策。通过对已批准上市的仿制药，按与原研药品质量和疗效一致的原则，分期分批进行质量一致性评价，以确保药品仿制过程中的质量安全。据悉，石药集团目前已有 11 个品种通过了仿制药一致性评价。在石药集团副总裁孙聚民看来，仿制药一致性评价、带量采购等系列政策，都在主导药品价格回归合理水平，对于价格合理的药品实施优先、合理上量。通过带量采购、量价挂钩、促进市场竞争等原则调整，考虑了药企合理的利润空间，药企也非常愿意配合，将药价降下来。对于石药集团这样的普药生产企业而言，集中规模优势、成本优势、质量优势，为市场供应了质优价廉的药品。

冲刺"全球新"

从原料药向制剂转型，从普药向新药转型，从小分子向小分子和大分子并举的方向转型，创新之箭稳中高质量发展靶心，让石药集团在市场机遇中独占鳌头。在全球创新的浪潮下，对标国际一流、开拓全球视野，成为新时代制药企业的新航向。

2010 年开始，石药集团建成了美国加州生物制药实验室、哥伦比亚大学医学部联合实验室等海外研发基地，开展新型制剂和生物大分子药物技术研究。产品研发生产全面对接国际标准，完成了 20 余个新药产业化和制剂国际化项目。

现在，石药集团这艘快船背后的"发动引擎"，是 1800 人的研发团队。石药集团建立了中美一体协同开放的研发体系，在美国加利福尼亚、普利斯顿、德克萨斯、新泽西设有 4 个新药研发和临床中心，聚焦大分子抗体药的发现和筛选，国内研发中心承接产业化放大，和小分子新药的开发，拥有 2 个国家级创新药物重点研发实验室。

2019 年 3 月，石药集团的马来酸左旋氨氯地平片（商品名：玄宁）向 FDA 提交新药上市申请，成为首个向美国 FDA 提交新药上市申请的中国药品，申请通过后，玄宁将成为中国药企出海历史上浓墨重彩的一笔。

在国际化的探索上，石药集团从不拘泥于形式，除了玄宁走新药上市路线外，石药集团还有丁苯酞、CT133、伊立替康、双抗 4 个产品在美国开展新药临床，丁苯酞、ALMB-0166、SYSA1501（ADC）3 个产品获得美国孤儿药资格认定并展开新药临床试验。数十个新药品种均采用中美、中欧双报的方式正在进行新药研发和专利注册。

2019 年 8 月 15 日，石药集团宣布，其附属公司 AlaMab Therapeutics 已向澳大利亚相关伦理委员会提交在研新药 Connexin43（Cx43）人源化单克隆抗体（研发代码 ALMB-0166）首次进入人体临床试验申请，根据石药集团公告，ALMB-0166 为针对全新靶点 Cx43 半通道膜蛋白的同类首创（first-in-class）人源化抗体。

此外，石药集团还有大量仿制药通过 ANDA（美国简略新药申请）的形式在美销售，截至现在，石药集团盐酸曲马多片、苯佐那酯软胶囊、硫酸氢氯吡格雷片等 19 个 ANDA 品种，已经通过美国 FDA 审批，顺利打开美国销售市场。

石药集团自主研发的脂质体靶向技术、蛋白质定点修饰技术部分成果已经实现欧美市场的转让。

近 10 年来，在药品生产管理标准欧美高端认证等方面，石药集团先后投资近百亿元对旗下 30 余条药品生产线按照美国 FDA 和欧盟 COS 标准进行了软硬件升级改造，截至目前，石药共取得了 16 张 CEP 证书和 33 个 DMF 登记号，有 25 个产品顺利通过美国 FDA 现场检查，是国内通过欧美高端认证"品种最多、剂型最全"的大型制药企业，为主要产品打入和占领欧美高端市场奠定了坚实的基础。

通过创新药+ANDA（美国简略新药申请）+技术转让+质量对标，石药集团走出了一条极具自身特色的国际化之路。值得注意的是，我国药品监管机构在药品审评审批管理上与国际标准对标，为我国生物制药企业的国际化打开"快捷通道"。

2018 年 6 月，国际人用药品注册技术协调会（ICH）宣布，中国国家药监局成为 ICH 成员，中国在药品研发和注册国际化道路上迈出重要一步。

在石药集团研发事业部项目管理部总监闫随朝看来，中国加入 ICH，意味着药品监管部门、制药行业和研发机构，将逐步与国际药品研发技术标准和指南接轨。对我国开展国际注册的制药企业而言，将可以按相同的技术要求向美国、澳大利亚等多个国家或地区的监管机构申报，大大节约研发和注册成本。

在政策、科学和资本市场的合力推动下，中国医药制造行业正从"中国新"走向"全球新"。在产业浮沉更替间，一代代石药人秉守"做好药，为中国，善报天下人"的初心，牢记人民健康使命，奋力前行。

仁和集团：破土樟树下

文／阎俏如

"药不到樟树不齐、药不到樟树不灵。"樟树市这座曾经见证华夏医药发展的千年古城，如今又目睹着新一代药业人默默传承守护人类健康使命的新历程。"为人类健康服务"——秉承这一宗旨，仁和集团正向着更高的目标破浪前行。

根植药都因梦起航

"上世纪末本世纪初，中国医药行业的大调整大重组已成趋势，这是百年难遇的历史机遇。仁和的成功就是抓住了这个历史机遇。"在一次回顾性谈话中，仁和集团董事长杨文龙这样说道。

仁和集团发展有限公司——坐落在赣江之滨的一座大型现代化医药企业集团，在 20 年前还只是一家默默无闻的地方药企。时间回溯到 1982 年，在千年药都江西省樟树市，一位 20 出头的小伙子怀揣 2000 元，风风火火地开始了自己的创业生涯。就是后来仁和药业集团的董事长杨文龙。当时的人们不会想到，这个小伙子创办的企业未来会成为中国家喻户晓的知名品牌。

1998 年 11 月，已经在与药为伍的创业路上探索了 16 年的杨文龙投资 600 万元创办了"江西康美医药保健品有限公司"，主要研发、生产各种类医药保健品和外用消毒用品。这便是仁和集团的前身。

仅过 3 年，杨文龙就组建了仁和集团。在集团成立不到一个月的时间里完成了对原樟树市齐灵制药厂的成功收购。一个注册资金仅 600 万元的小型保健品公司，居然成功收购了一家正规药企，还要形成现代化药品生产基地和全国范围的市场营销网络，这在当时的许多人看来近乎无法想象。然而，凭着现代企业家的胆识与气魄，杨文龙硬是率领仁和人让无法想象变成了现实。

让我们回顾一下杨文龙带领着仁和集团，在纷繁的市场环境中纵横捭阖的迅猛发展历史。2001 年 3 月，仁和集团第一家药品生产企业"江西药都仁和制药有限公司"成立。同年 8 月，仁和集团完成对樟树市齐灵城制药基地的收购。2002 年 3 月，仁和集团收购原铜鼓威鑫制药厂，成立"江西铜鼓仁和制药有限公司"。4 月，仁和集团收购原峡江三力制药厂，成立"江西吉安三力制药有限公司"。2007 年 3 月 29 日，仁和药业股份有限公司在深圳证交所上市。

仁和工业生产基地的建立之初，杨文龙就前瞻性地做出了"仁和集团不但要注重外延规模扩大，更要注重技术内涵提高"的战略决策。从 2001 年开始，仁和集团累计投入上亿元资金对所属企业实施了全面的 GMP 改造。目前，仁和集团拥有 15 家药品、保健品、药用塑胶制品、日用化妆品生产企业和 1 个高科技工业园区，形成了占地总面积 100 余万平方米的现代化医药产品生产基地，已有大容量注射剂、小容量注射剂、滴眼剂、原料药、硬胶囊剂、软胶囊剂、颗粒剂、片剂、洗剂、橡胶膏剂等 49 条药品生产线获得国家 GMP 认证证书，是全国通过 GMP 认证生产线最多的企业之一。

根植于药都的仁和集团，上承天时，下踞地利，短短 20 年时间，在群雄逐鹿的医药行业中，实现了由单一保健品生产企业向能够生产和供应多品类、多剂型医药产品的现代医药集团的转变，迅速成为全国医药行业令人瞩目的一支劲旅。关山重重，离不开领路人。站在医药行业大整合的历史潮头上，仁和集团董事长杨文龙通过对市场的敏锐洞察，大胆改革，短短 20 年间让公司迈进了全国医药工业百强榜。

弱冠桃李，可担大任。2018 年是中国改革开放 40 周年，也是仁和创业发展 20 周年。这一年，面对严峻的市场环境和艰巨的改革发展任务，仁和集团贯彻"创新推动发展，同心实现共赢"的战略方针，在激烈的市场竞争中稳健运营，实现销售收入 112.32 亿元，利润同比增长 25%，上缴国家税收同比增长 21%。

建立现代化工业基地和完善销售网络；推进企业规模化、品牌化、科技化、管理科学化和运营资本化；瞄准国际市场，全力打造仁和企业从技术研发、产品生产到经营管理的高科技核心竞争力。如今，以传承中医药起家的仁和集团又积极拥抱"互联网+"，打造医药"工业 4.0"升级版。一路走来，仁和集团定位精准、目标明确、步稳蹄疾。

体察市场打造品牌

自仁和集团成立之始，杨文龙就制定了仁和"三步走"的总体战略，即自 2001～2015 年，以五年为基础共分为"三个五年计划"。

"一五计划"的重点是"建立现代化的工业基地，建设高素质的销售团队和遍布全国的销售网络"。"二五计划"的核心是以企业品牌和产品品牌建设为核心战略，全力推进企业的规模化、品牌化、科技化、管理科学化和运营资本化。"三五计划"主攻方向是充分利用成功实施第一、第二个五年计划所获得的物质条件和丰富资源，瞄准国际市场，全力打造仁和企业从技术研发、产品生产到经营管理的高科技核心竞争力。

随着"一五计划"的完成，仁和集团开始了打造品牌形象的探索。在杨文龙看来，市场竞争不仅是产品的竞争，还是品牌的竞争，强大而优秀的品牌是企业保持竞争优势的定海神针。中国是世界上品牌快速成长的最后一块处女地，仁和必须抓紧机遇，必须不惜代价做好品牌建设，必须瞄着"百年企业"的目标打造仁和品牌。

不求近功，不安小就。杨文龙开始深入研究当时国内电视媒体的传播趋势和特点，力图探索新的品牌传播方式。

仁和 863 科技园俯拍图

在国内综艺节目、选秀节目方兴未艾之时，杨文龙就发现了综合性娱乐节目孕育的商机，果断做出了"仁和广告投放要创新突破，要重点实施'娱乐营销'"的决策。2006 年，仁和集团与近几年来在中国电视媒体排名仅次于中央电视台一频道的湖南卫视联合举办了"仁和闪亮新主播"娱乐节目，在获得成功的同时，积累了经验，也进一步验证了杨文龙这一决策的正确性。2007 年，仁和集团再次与湖南卫视连手，推出了"仁和闪亮快乐男声"大型娱乐节目，获得巨大成功。"超女""快男"已被传媒界誉为中国"娱乐营销"的两大经典之作。

成功的品牌运作是仁和集团快速发展的显著标志。通过成功的品牌运作，仁和集团现已形成由仁和企业品牌和主导产品品牌组成的品牌集群。其中，妇炎洁、优卡丹等都是国内家喻户晓的产品品牌，同时集团也形成了企业的品牌跟产品品牌一致的独特的优势。经过竞争的洗礼，经过市场的考验，仁和的口碑从此树立起来，并且奠定了仁和实现由"大"到"强"的新跨越。

聚力创新洞见未来

基业长青，创新先行。多年来，杨文龙始终将科技创新置于仁和集团发展战略的核心地位，在产品研发上走出了一条"高投入—自主知识产权—良好经济效益"的良性循环之路。仁和集团拥有三家医药科研机构，形成了一支以博士、硕士为主体的核心科研团队，并与中科院生物物理研究所、上海药物研究所等国家科研单位合作建立了新药开发联合实验室等科技研发中心。获批国家火炬计划项目、国家高技术产业化项目等多项国家级高新技术项目，先后研制、开发了1000多个医药、保健产品。目前，仁和10家子公司被认定为高新技术企业。

仁和集团胶囊自动生产线

在杨文龙的思路中，创新不仅限于产品的开发与生产，更融汇于一系列的发展规划之中。

2015年，面对互联网大潮，杨文龙决定二次创业，创立了叮当快药，开始了向互联网医药企业的全面转型。2015年2月，叮当快药App上线，并以其"28分钟送药到家"的服务承诺广为人知。作为一家医药互联网新模式企业，叮当快药通过自营叮当智慧药房、自建专业药品配送团队和医师、药师团队，依托互联网电子围栏技术和自建的连锁门店，实现了北京、上海、广州、深圳、成都、郑州、杭州、天津、南京、武汉、济南等18个一线城市的全面覆盖，解决消费者就医用药"急""懒""夜""专""私"五大痛点，为4000多万叮当用户提供核心区域7×24小时营业、1分钟找到医生、28分钟送药的大健康服务，得到了政府职能部门及广大消费者的充分肯定和广泛好评。

在企业的一线实践中，杨文龙敏锐地感受到"医药互联网+"转型升级在当前发展过程中所面临的障碍与难题。分别从产业顶层设计、具体执行、政策与监管、产业配套、人力资源等方面，提出产业模式亟须转变、产业链整合不足、相关政策尚不明朗、改革红利未充分释放、配套服务建设有待加强、缺乏便民和惠民具体措施、缺乏综合性专业人才等多个关键问题。

2016年全国两会上，身为全国政协委员的杨文龙提交提案，建议国家抓紧研究制定医药产业战略发展规划，加速"医药互联网+"转型升级，主力供给侧结构性改革。

"医药健康产业与人民生活息息相关，应积极推进'医药互联网+'对百姓的健康服务，"杨文龙表示。自2015年李克强总理在政府工作报告中提出大众创业、万众创新的"互联网+"行动计划以来，全国人民响应号召实现"互联网+"，我国的互联网行业得到了快速发展，人民群众享受到了O2O到家服务的便利与实惠。

创百年大企业并非易事，树千秋伟业亦非坦途。一步一个脚印，稳扎稳打，稳中求变、变中取胜，使仁和朝着百年伟业、药业航母的目标迈进。

正泰集团："一云两网"的进击之路

文／秦枭

70年风雨激荡，商海变幻中，有人一无所获，最终折戟沉沙，有人功成名就，硕果累累。南存辉出身草根，他与他带领的正泰集团，紧跟时代步伐，在商海中纵横捭阖，取得了傲人的成绩。

从初创时的8名员工、5万元启动资金、年产值1万元，到目前的3万多名员工、年营业收入超过700亿元，从当初的一个家庭作坊发展成为中国工业电器与新能源领军企业之一，南存辉与正泰不断书写着中国民营经济高质量发展的传奇。

初生：开启"求精"时代

1984年是我国改革开放的第6个年头，也是实施"经济特区"政策的第4

年。对于中国的民营经济来说，这一年也是一个特殊的年份。

虽然十一届三中全会确立了我国以经济建设为中心的工作重点，但由于中国长期实行计划经济，固有的思想观念很难得以转变，"经济特区"这一新名词的出现引发了一些人的质疑。

面对种种杂音，年过八旬的邓小平于1984年首次到南方视察，拨开了计划经济的迷雾。同年，党的十二届三中全会通过《中共中央关于经济体制改革的决定》，标志着中国经济体制"从计划向市场"的转变。1984年，对于修鞋匠出身的南存辉来说，也是命运转折的一年。这一年正值正泰集团的前身乐清县求精开关厂创立。同年，柳传志、张瑞敏、王石等人开始扬起创业的鞭子，中国民营经济的大幕就此拉开。

求精开关厂看似乘上了政策的春风，但未曾预料其创立初始的艰难。

1982年初，一批走在市场经济"风口浪尖"的人因"投机倒把"的罪名被处罚。其中最著名的就是温州的"柳市八大王"，即五金大王胡金林、矿灯大王程步青、螺丝大王刘大源、合同大王李方平、旧货大王王迈仟、目录大王叶建华、线圈大王郑祥青和电器大王郑元忠八人。

"八大王事件"使温州的个体户与私营老板人人提心吊胆，在此后的两年多时间里，这件事依旧如一片乌云笼罩在温州甚至浙江上空。公开数据显示，1980年，整个温州的工业增速为31.5%，到了1982年，锐减为-17%，之后两年更是大幅下滑。1984年前后，"八大王"相继得到平反。后来，随着市场经济体制的确定，国家在1997年取消"投机倒把罪"，给企业家们吃下了"定心丸"。

求精开关厂建立初始，除了5万元的创业资本和8名员工之外，没有过硬的技术、专业的人才以及相关的设备，与其他企业相比，没有任何优势可言。尤其当时所处的柳市低压电器市场竞争无序，使得新生的求精开关厂举步维艰。

当时国内低压电器缺乏技术标准和专业工艺，市场上产品质量参差不齐，鱼龙混杂。柳市电器一度成为"假冒伪劣"的代名词，限制了产业的健康发展，一些地方甚至打出了"本店没有温州货""柳市电器推销员免进"的告示。

不过，南存辉不信邪，质量兴企的决心暗暗打定。他"四顾茅庐"，用诚心打动了在上海的3位退休工程师：王中江、宋佩良、蒋基兴。

蒋基兴的夫人后来说："我那时候也见过小南（南存辉），他坚持说需要阿公去帮助他。我那时候是不太愿意他去的。但是接触下来，我们主要是看到小南这个人人品好，同时也是发自内心地想做一番事业，所以最后我也同意了。"

在三位老师傅的指导下，求精开关厂严把质量关，在 1986 年底率先建起了热继电实验室，并于 1988 年首批领取了由国家机电部颁发的生产许可证。

在假冒伪劣产品盛行的年代，却斥巨资建立一个当时前景并不明朗的实验室，对于这种做法，多数人心存疑虑，认为南存辉"疯"了。

正泰集团董事长南存辉在国际工业与能源物联网创新发展大会上作"一云两网"物联未来主旨演讲

但是，坚持"求精求真"的南存辉却让许多以前持质疑态度的人们看到了他多年坚持的效果。1990 年，国家采取"打击、堵截、疏导、扶持"政策，对温州低压电器进行清理整治，而求精开关厂凭借过硬的产品质量和合法经营的表现，成为各级政府扶持的对象。也正因为秉承质量至上的理念，求精开关厂的产品受到用户青睐，南存辉的事业得到了突飞猛进的发展，企业影响力也开始向温州以外的地区辐射。

成长：从求精到正泰

为有效解决集团化运营带来的"企业多，难管理；法人多，难治理"的问题，从 1996 年开始，正泰集团进行了股份制改造。

20 世纪 90 年代初，曾经几乎一无所有的小厂，已经发展成为一个总资产 200 多万元、年产值 1000 多万元的颇具规模的企业，成为柳市低压电器行业的龙头企业。1991 年，南存辉从"求精"分家出来，成立了中美合资温州正泰电器有限公司。此后，正泰以资本为纽带，以市场为导向，以产品为龙头，以品牌为中心，先后将 30 多家企业"收编"进来，成为正泰的成员企业。

1994 年 2 月，以首批 30 多家成员企业为联合体的温州正泰集团宣告成立，1995 年被国家工商行政管理局核准更名为无区域集团。自此，正泰步入集团化经营时代。

90 年代，"中国电器之都"乐清柳市涌动着一股"集团热"。据《乐清市民营企业志》记载，1994 年 2 月 2 日温州正泰集团挂牌成立后，同年 5 月 10 日浙江德力西集团成立。1995 年 8 月 28 日，浙江长城电器集团宣告成立。1996 年 5 月，浙江人民低压电器厂联合 66 家企业组建成立了浙江人民电器集团。1997 年 4 月，经国家工商总局核准，浙江长城集团晋升为无区域集团。同年 5 月、6 月，天正集团、人民电器集团等先后晋升为无区域集团……这些企业集团纷纷建立现代企业用工制度、分配制度、财务管理制度、内部审计制度等，为全省现代企业制度改革提供了有益的探索。

随着集团化进程和全国性营销网点的建立，正泰的知名度和影响力与日俱增，市场占有率也逐渐扩大。到 1996 年底，分公司和成员企业发展到 48 家，正泰成为当地首屈一指的企业集团。

但随着盘子越做越大，成员越来越多，矛盾也就自然而然地出现了。据介绍，贴牌生产的合作方式是极为松散的，很多加盟企业都有独立的法人资格。由于法人多，难治理，很快就出现"集而不团"的现象。而这种合作是以品牌为纽带而非资金，管理也很不到位，一些加盟企业的其他与正泰无关的产品也开始打正泰的品牌，造成品牌管理的混乱。

为有效解决集团化运营带来的"企业多，难管理；法人多，难治理"的问题，从 1996 年开始，正泰集团进行了股份制改造，形成以集团公司为核心，若干子公司、分公司为基础的大型企业集团，然后又进行家族企业改制。

通过改革，正泰还实现了企业所有制和经营权的分离，逐步迈向现代企业。那一次的股份改造，有人说南存辉是"革自己的命"，因为这次股权改造后，正泰的股东一下子增加到 40 多人，而南存辉的股份被进一步稀释。

作为一系列"革命行动"的标志性产物，浙江正泰电器股份有限公司于 1997 年获批成立。此后几年，正泰电器开始着手酝酿低压电器板块上市事宜，并于 2010 年 1 月 21 日成功登陆上交所，成为国内 A 股首家以低压电器为主营业务的上市公司。

升级：逐光者与智造者

"对于正泰，新技术带来的不是一场革命，而是一系列的发展进化。"

正泰在发展低压成套业务的同时，也在适时向相关方向延伸，围绕"电"字不断深耕实业主业。

与此同时，正泰集团也在谋划新的生长点。

2006 年 10 月，浙江正泰太阳能科技有限公司在杭州注册成立，成为正泰新能源的开端。

伴随着国家政策的支持，例如"西藏阿里光伏工程"、光纤通信电源、"光明工程"、西藏"阳光计划"等政策的出台，中国的光伏企业在 2006 年开始得到较快发展。

政策的扶持除了带来行业的快速发展，还有大规模的资本运作。国内有关光伏产业的生产园区数量呈爆发式增长。但好景不长，2008 年 10 月爆发的国际金融危机为光伏行业敲响了警钟。在 2009 年的大部分时间里，危机导致光伏产业严重下滑，很多中国光伏企业受到重大打击，并打破了"拥硅为王"的财富神话。

面对全球光伏行业投资紧缩的局面，正泰新能源在成立之初需要解决的困局，就是如何"过冬"。

为此，正泰新能源一是选择了剥离薄膜制造车间，将相关技术转移至高端装备制造，二是充分发挥正泰全产业链和系统集成优势，率先走向国外投资兴建光伏电站，形成了"建电站、收电费、卖服务"的创新盈利模式。

随着光伏产业逐步铺开，正泰新能源业务的触角从组件生产、销售，延伸至光伏电站投资、EPC服务，形成多元化、动态平衡的业务布局。其中，光伏电站业务被视为正泰开拓国际市场的"火车头"，火力全开拓展商业版图。

目前，正泰新能源已在全球累计投建光伏电站4000兆瓦，建设光伏电站超过500座，已经成功在韩国、日本、泰国、保加利亚、英国、美国、埃及、荷兰、西班牙、土耳其、澳大利亚等国家投资及开发大型太阳能电站项目，同时正积极在东南亚、印度、拉美等国家和地区进行太阳能电站投资和开发布局。

正如北京大学教授、著名经济学家周其仁对正泰的评价，"经历无数磨难成长起来的正泰，能获得如今的成就，正是因为遇到一个接一个分岔路口时，所做正确选择的集合"。而这次，正泰显然也踏出了勇敢且正确的一步。

正泰集团前身——乐清县求精开关厂流水线

正是一次次的正确选择让今天的正泰集团，较之30多年前，不管是空间布局，还是所涉足领域均已发生巨变。从低压电器的元器件制造商发展成为集低压电器、建筑电器、工控与自动化、智能电气、智能家居、新能源、环保、金融于一体的系统解决方案提供商。

2019年9月，在瓯江之畔举行的国际工业与能源物联网创新发展大会上，正泰集团正式发布了正泰云——正泰工业互联网平台，这标志着正泰集团以"一云两网"（正泰云、正泰能源物联网、正泰工业物联网）发展战略，在探索大数据、物联网、AI 的领域迈出了关键一步。

"一云两网"的"一云"，是云计算、设备连接、应用的紧密结合，通过物联网、云计算、大数据分析技术等一体化架构设计，实现数据的整合、关联，把数据转化成信息再转化成智慧；"两网"是指正泰工业物联网和正泰能源物联网。

其中，正泰工业物联网面向制造业与供应链的优化，重在创新解决方案，如产品设计与服务系统、工厂运维服务系统、智能制造解决方案；正泰能源物联网面向客户提供能源的解决方案与服务，重在商业模式创新，如智慧储能、电力自动化、智能楼宇等解决方案与服务。

在业界看来，在"一云两网"的战略领航下，正泰要成为"全球领先智慧能源解决方案提供商"的目标，已有实实在在的支撑。

正如南存辉所说："工业互联网平台是推动新一代信息技术与制造业融合的重要载体，是制造业的数字化、网络化和智能化发展的基础。两化深度融合，将不断孵化出新业态新模式。对于正泰，新技术带来的不是一场革命，而是一系列的发展进化。"

蜕变：与世界齐舞

正泰多年来积极响应"一带一路"倡议，坚持"产品走出去、服务走进去、技术走上去"。

随着国内市场占有率的不断扩大，正泰开始将目光转移到国际市场。走出去，说易行难。

自成立之初，正泰就有很强的全球化发展意识。"当时我们是'本土全球化'，在温州做国际贸易的生意。"南存辉说，"如今正泰是'全球本土化'。要在当地站稳脚跟，关键是要建立牢固的'根据地'，而本土化经营是建立海外'根据地'的重要法宝。"这与普通企业的对外思路截然不同，也意味着更高的市场拓展难度。

正泰多年来积极响应"一带一路"倡议，坚持"产品走出去、服务走进去、技术走上去"，在海外市场经历了从产品输出到服务输出，再到投资并购的不断升级，产能布局、工程承包、资产并购等全面开花，国际业务呈高速增长态势，闯出一条独具特色的全球化之路。如今，"CHINT"正泰造闪耀在 80% 以上的"一带一路"沿线国家，成功在北美、欧洲、亚太布局三大全球研发中心，产品和服务覆盖 140 多个国家和地区，至 2018 年，正泰新能源板块的出货量，海外销售占比超总量的一半以上。

随着正泰海外本土化战略的不断推进，尤其是"一带一路"共建范围从亚欧延伸至非洲、拉美、南太等区域，正泰思考的是如何在当地建立根基更稳的根据地。目前正泰有超过 2000 名的外籍员工，在世界各地承担工作职能。

2011 年 6 月，正泰旗下"诺雅克"品牌，在捷克布拉格设立欧洲总部，并在波兰和罗马尼亚成立分公司。在诺雅克欧洲公司物流配送中心仓库，各种终端类、控制类低压电器元件等主流产品源源不断地向荷兰、罗马尼亚、德国、法国等 30 多个欧洲国家输出——绝大多数产品，可在 72 小时之内被送到客户手中。

结合本土化思维和中国制造的优势，正泰在应用创新、本土化创新、商业模式创新等方面进行全面延展，产品和服务充分适应于欧洲国家，乌克兰水电站、罗马尼亚歌剧院、保加利亚机场、波兰国家交响乐团等越来越多的欧洲国家重点项目，都用上了"正泰造"。

"'一带一路'沿线国家多为发展中国家和新兴经济体，有着庞大的基础设施建设需求，特别是对区域电力基础设施建设的需求，是正泰的重大战略机遇期与机遇地，可以成为正泰的全新业务增长点。"

2018 年 11 月 4 日，正泰在巴基斯坦信德省建设的 Moro500kV 变电站顺利步入最终收尾通电阶段。这是中国政府提出"中巴经济走廊"概念后，正泰首批在巴基斯坦落地实施的 500kV 输变电总集成总承包项目。

在埃及，通过与当地国有控股公司 EGMAC 合资，正泰在非洲的首个低压开关柜合资工厂于 2017 年正式投产。正泰派驻总经理，并对企业战略、财务、技术等方面进行管控，从而把电力建设的智能化、自动化技术、标准和经验带出国门。从此，在尼罗河畔，由正泰产品点亮的盏盏电灯和落日辉映，渐渐照亮人类文明的摇篮。

正泰还先后在"一带一路"沿线的巴基斯坦、印度、越南、尼泊尔、埃及、埃塞俄比亚、坦桑尼亚、肯尼亚、赞比亚等数十个国家，承建了上百座 33～500kV 电压等级的变电站和输电线路工程。

与此同时，正泰的电力装备还进入了智利、秘鲁、巴西、阿根廷等拉美市场，成为当地知名的中国品牌；北美、欧洲及澳洲等发达国家市场里，包括瑞典电网、荷兰电网、意大利电网等，都对正泰的产品和服务表现出充分认可。

开拓国际市场，正泰没有终点。面对激烈的市场竞争，正泰执着坚守，铸就自己的创新之剑。35 年间，事业版图陆续突破温州、浙江和国境，成为全球化集团的同时，更成为参与全球能源变革的先锋。蓝图绘就，未来可期！

科大讯飞："人工智能第一股"养成记

文／陈佳岚

1999 年，在中国商业史上是一个特殊的年份。

这一年，马云在杭州湖畔花园创立了阿里巴巴，最终成就一段商业传奇。彼时，距离杭州 400 多公里外的安徽合肥，一位中国科学技术大学的博士生带领十几名同学，也开启了自己的创业生涯。

这个人就是刘庆峰，他一手创建的科大讯飞如今已成长为人工智能领域的明星企业，并成功入选我国首批四大人工智能开放创新平台，承建我国首个认知智能领域的国家级重点实验室。

"高技术产业化有其自身规律，科大讯飞创业初期经历了长达 4 年不能盈利的煎熬。"科大讯飞高级副总裁江涛在接受记者采访时回忆道，"科大讯飞是一个大学生创业的高科技企业，早期我们什么都不懂，仅凭一腔热情在技术创新和市场竞争中拼杀突围。"

选择坐冷板凳

1999 年以前，中文语音产业基本上控制在国外 IT 巨头手中。微软、IBM、Intel 等企业纷纷在中国设立语音研究基地，国内语音学专业优秀毕业生基本上全部外流，中文语音产业被国外掐住了"咽喉"。

面对国内一片空白的语音市场，在福建中银集团与中国科学技术大学建立的联合实验室里担任总工程师的刘庆峰试图改变这一现状。

那时候，刘庆峰以实验室为班底，注册了安徽硅谷天音信息科技有限公司，半年后，公司得到新一笔融资，同时也正式改名为中科大讯飞信息科技股份有限公司，后又经历两次更名，现为科大讯飞股份有限公司。

1999 年，刘庆峰（前排左一）、江涛（后排右一）和早期员工

2000 年，"出生"不久的科大讯飞面临如何活下去的问题。其推出的第一款产品"畅言 2000"就遭遇了"滑铁卢"，产品被模仿、招致各方质疑，公司甚至面临资金链断裂的情况。

刘庆峰带领团队进行总结反思，有人提出把公司解散了，有人说用科大的招牌和政府的支持炒房地产赚钱，十几个人各抒己见，各方意见始终未能统一，当时刘庆峰心理压力也很大，但他却拍板说道："如果不看好语音，请走人！"

后来，刘庆峰回忆道，没办法，枯燥的技术研究就是这样，如果不是发自内心的热爱，是很难坚持下去的。"语音产业就是需要十年甚至更长的时间来进行技术积累，研究人员必须要有甘坐冷板凳十年的精神，所以讯飞面对的是一个有希望但无现成路径的全新产业。"

在会议上，科大讯飞明确了还是以语音发展为方向。之后，刘庆峰编写了一份"未来发展规划"，继续寻找投资。此次会议也成为科大讯飞从实验室走向市场的转折点。

寻找资本坎坷历程

"现在创业环境太好了，和那时候完全不能比。"在江涛看来，早期讯飞的商业化落地、融资之路并不平坦。2000 年 5 月，科大讯飞被科技部认定为以语音技术为产业化方向的国家 863 计划成果产业化基地。作为诞生于 1986 年 3 月的国家高技术研究发展计划，863 计划旨在提高我国自主创新能力，坚持战略性、前沿性和前瞻性，以前沿技术研究发展为重点，统筹部署高技术的集成应用和产业化示范，充分发挥高技术引领未来发展的先导作用。

2001 年，中国正式加入世界贸易组织，这一年也是讯飞的破局之年。刘庆峰制定的"未来发展规划"获得了柳传志的认可，联想把进入风投产业后的第一单给了科大讯飞。

2002 年，以中国科学技术大学为第一完成单位的"KD 系列汉语文语转换系统"被评为国家科技进步二等奖。

2004 年，时任教育部副部长的袁贵仁到科大讯飞视察，提出将语音识别技术应用于普通话考试，讯飞以普通话测评切入智能教育。这一年，科大讯飞终于扭亏为盈。

2005 年，科大讯飞借着彩铃市场的火爆找上了全球语音巨头 Nuance，成为 Nuance 的代理。随后科大讯飞开发了多款彩铃产品，当时运营商相关语音业务平台几乎都由其包揽。科大讯飞凭借此业务盈利也是一路上升，2007 年营收突破 2 亿元，2008 年公司在深交所挂牌上市。

据江涛讲述，科大讯飞上市这件事情真正启动是在 2005 年。他介绍道，早先公司内部对是否上市还没有达成共识。但就在 2005 年，国内陆续修订了《中华人民共和国公司法》《中华人民共和国证券法》，为响应政策，并结合当时的环境和企业发展需要，科大讯飞最终决定在中小板上市。

"上市对于公司来讲是件非常重要的事情，我们整个团队的压力都很大，丝毫不敢懈怠。"作为项目成员的江涛如今回想起来，长舒了一口气。据他介绍，从中介机构的选择、股份制改造到上市辅导、材料过审，再到上市路演，上市的过程看似有条不紊地开展，其中却充满了困难与挫折。项目办公室的灯在深夜常亮，项目成员常常因加班太晚无法回家，附近酒店又因为会议被别人全包了，只能将就住在澡堂子里，上市前资料签署，项目成员一天跑几个城市是家常便饭。

2008 年，科大讯飞成功在深交所上市，成为中国在校大学生创业的第一家上市公司。在那时科大讯飞已经凭借多项语音技术夺回了中文语音产业 80%的市场份额。

掌握核心技术

但在与 Nuance 的合作过程中，科大讯飞渐渐发现，语音识别的核心技术不掌握在自己手中，很多地方都得受制于人。2006 年，科大讯飞与 Nuance 分手，决定自己做语音识别。

科大讯飞开始跟清华实验室合作、与中科大语音实验室的江辉老师合作，让公司核心成员开始去美国、日本、中国香港等地学习语音识别技术。这个决定，让科大讯飞从语音技术提供商转型走向整体解决方案提供商。4 年之后，科大讯飞全面超越 Nuance，夺回国际中文语音市场。

在语音识别技术发展的同时，云计算开始被频频提及，不少互联网大公司纷纷开始做云服务。讯飞也开始做语音云。2009 年 8 月，科大讯飞正式提出要做语音云。不过当时移动互联网尚未兴起，2G 的主流网络根本无法带动流畅的用户体验，就是在这种情况下，研发团队决定还是坚持尝试一下。2010 年 10 月，科大讯飞发布业内首个开放的智能交互技术服务平台——讯飞"语音云"开放平台。

2012 年前后，苹果的 Siri 发布，语音商业模式借此打开，同年科大讯飞发布自然语言理解及新一代"语音云"平台。目前科大讯飞开放平台开发者总数已过百万。

科大讯飞轮值总裁胡郁向记者总结道，1999～2004 年科大讯飞主要解决生存问题，2004～2008 年上市是科大讯飞的第一个发展阶段，2008 年上市到 2013 年是科大讯飞在移动互联网方面有所进展的阶段，2013 年到现在是科大讯飞人工智能战略发展的阶段。胡郁表示，回顾这四个阶段，可以发现，科大讯飞的发展脚步离不开改革开放过程中各项政策的扶持。在一开始的生存阶段，得到了来自政府和民营企业的支持；第二个阶段，成为国家 863 计划成果产业化基地并在中小板上市，也给科大讯飞带来了极大的帮助；第三个阶段，中国移动的投资让科大讯飞成为"混改"企业；第四个阶段人工智能时代，中国能在国际前沿的技术领域里走到前面，也离不开改革开放多年来的积累和储备。

在胡郁看来，他对科大讯飞人工智能阶段的发展印象最为深刻。深度神经网络由 GeoffreyHi-nton 与微软的邓力研究员最先开始做，科大讯飞迅速跟进，成为国内第一个在商用系统里使用深度神经网络的公司。谷歌是最早在全球范围内大规模使用深度神经网络的公司，谷歌的 Voice Search 开创了用互联网思维做语音识别。在这方面，科大讯飞受到了谷歌的启发，在国内最早把涟漪效应用在了语音识别上面。

"我们从 2013 年开始，推出了一系列关于人工智能的理论和产品，涉及教育、医疗、政法、安全以及智慧城市、终端消费领域。"胡郁介绍。在这一阶段，科大讯飞渐渐成为行业的标杆，成为人工智能语音的主力军，并在 2017 年11 月入选首批国家新一代人工智能开放创新平台名单。

胡郁告诉记者，科大讯飞每个历史时期都能克服这些困难，与其作为一家技术创新型公司不无关系，不追求短期利润，坚持源头技术创新，这种"板凳能坐十年冷""十年磨一剑"的精神是科大讯飞发展最大的动力。

伴随着人工智能正式成为国家战略，科大讯飞也步入人工智能 2.0 阶段。科大讯飞董事长刘庆峰曾表示，判断是否进入人工智能2.0阶段，主要看是否具备规模化推广的看得见摸得着的真实案例，以及足以证明应用成效的统计数据。科大讯飞依然在新一轮挑战的路上前进。

华谊兄弟：光影守望者

文／马秀岚

行至第 25 年，曾经的"中国内地影视娱乐第一股"华谊兄弟开始主动放慢步伐，调整呼吸。自诞生起，聚光灯下的华谊兄弟似乎就一直是舆论追逐的焦点。只是现在，各种品评论断的声音似乎前所未有的激烈。

但这依然不可磨灭其作为开拓者对行业所做出的贡献，尽管行业暂时低迷，两位创始人也依然保持着对内容的敬畏与创业的初心。作为中国最早成立的民营影视公司之一，华谊兄弟在 25 年间推出了上百部影视作品，主出品影片总票房超过 200 亿元，位于中国影视公司前列。

在庆祝中华人民共和国成立 70 周年之际，9 月 22 日，位于郑州的建业·华谊兄弟电影小镇开门迎客。这是华谊兄弟旗下第四个投入运营的实景娱乐项目，也是华谊兄弟实景项目矩阵布局完成的重要里程碑之一。

记者曾在 2019 年初来到建设中的建业·华谊兄弟电影小镇，该电影小镇位于规划中的郑州国际文化创意产业园，负责建设的相关负责人曾告诉记者，在建设前期，团队调研了国内多家旅游项目，进行了系统的规划，对一砖一瓦的选择都极为细致，尽量做到还原古代中原的建筑群。

建业·华谊兄弟电影小镇一隅

登陆创业板、首开贺岁档、推动电影市场商业化、首创实景娱乐业务推动产业融合、践行文化出海……华谊兄弟 25 年的创业史是一部"兄弟齐心，其利断金"的坚韧奋斗史，也是中国文化产业一路跃迁发展的缩影，值得被时代所记录。

开拓者

在中华人民共和国建立后的 40 余年中，电影被纳入意识形态管理范畴，成为重要的宣传和教育载体，在计划经济体制下，电影生产是计划性的，而 20 世纪 90 年代的经济体制改革为中国商业电影的二次崛起带来了新的契机。

伴随着一系列针对深化电影行业机制改革的文件发布，为社会资本参与电影制作提供了制度保障，将电影制作的市场主体资格进一步放开，也为吸引更多人才、资金参与电影制作提供了机会。

1998 年正式进入影视行业的华谊兄弟抓住了改革开放的机遇和时代进步的红利，在发展关键点踩准时代脉搏，敢为人先，在诸多领域成为开创者。

在连年独揽票房冠军、接连打造出《大腕》《手机》《天下无贼》《可可西里》《功夫》《宝贝计划》《集结号》《非诚勿扰》《士兵突击》等一系列深受观众喜爱的优秀影视作品之后，打通电影、电视剧、艺人经纪三大业务的华谊兄弟以绝对的内容优势和领先布局，成为中国影视行业的龙头企业。

2009 年 10 月 30 日，华谊兄弟正式挂牌深交所创业板，成为"中国内地影视娱乐第一股"。在华谊兄弟上市申请通过前一天，《文化产业振兴规划》颁布，其中提到："支持有条件的文化企业进入主板、创业板上市融资，鼓励上市文化企业通过公开增发、定向增发等再融资方式进行并购和重组，迅速做大做强。"

"华谊兄弟的上市对于整个行业来说具有里程碑的意义。"上市一年后，王中军在接受媒体采访时表示。他估计，华谊兄弟上市后至少有 200 亿元的资金投入了娱乐传媒行业，"过去大家谈的都是缺钱和融资难的问题，但在华谊兄弟上市后所谈的却变为了五年后行业能达到什么规模，如何做大做强甚至上市，能否到海外与国外同行竞争？"

华谊兄弟上市也为内地影视公司起到了示范效应，此后无论是国营事业影视单位还是民营影视公司都加快了资本化的脚步。中国的影视公司经过多年的发展开始向市场化、产业化、规模化方向迈进。

兄弟

20 世纪末，中国电影票房榜长期被好莱坞大片霸占，而学院派导演们则专注于拍摄文艺片并在国际电影节屡获殊荣。唯有冯小刚另辟蹊径，以商业片切入市场。冯小刚的首部贺岁片《甲方乙方》在 1997 年 12 月 24 日上映，获得了 3300 万元的票房，为持续低迷的市场带来了活力。王中磊被该片所吸引，和哥哥商讨，决定在公司内部成立一个电影工作室，初探电影。

兄弟俩初次认识冯小刚是在其电影《不见不散》的首映礼上。后来的一次，王中军在机场偶遇了冯小刚，问冯小刚新戏拍得怎么样，冯小刚告诉他资金短缺。王中军说:"我替你垫上。"短短几分钟的闲聊,冯小刚没有当真,但是后来《没完没了》的拍摄王中军真的进行了投资。

就这样,王中磊带着只有四五个人的电影团队,陆续认识了冯小刚、陈凯歌、姜文等导演。在 1998 年这一年华谊兄弟投资了上述三位导演,带来《没完没了》《荆轲刺秦王》《鬼子来了》三部佳作。这也成为民营资本进入电影市场的最早的案例之一。

虽然在票房上只有《没完没了》获得了成功,《鬼子来了》则未能过审。但这些早期作品也为王中磊积累了电影制作、宣传和发行经验,为其日后的制片人生涯打下基础。更重要的意义则在于,民营资本介入,用了三四年时间让电影市场有了活力,引发了中国电影市场的巨变。

如果说 1997 年冯小刚的《甲方乙方》打开了内地电影人制作贺岁片的大门,那么华谊兄弟则通过后续出品的一系列作品,与冯小刚一道确立了内地贺岁档的概念,内地国产商业片就此开始不断突破天花板。

清华大学教授尹鸿在文章中指出,在 20 世纪 90 年代后期的中国电影中,真正具有娱乐消费价值的影片并不多,而冯小刚导演的喜剧贺岁片和情节剧则是为数不多的具有市场消费特性的国产片。

尹鸿肯定了冯小刚的作品对国产电影的贡献。"应该承认,这些影片几乎是唯一能够抗衡进口电影的中国品牌,为处在特殊国情中的民族电影的商业化探索了一条出路。"他说道。

华谊兄弟与冯小刚的合作,也首开影视公司签约导演并成立工作室的先河。根据冯小刚事后回忆,由于之前的合作,冯小刚因此认为王中军讲信用。同有的参军经历使二人自有亲切感,王中军在一次闲聊中提出,华谊兄弟想要以工作室的形式和冯小刚签订固定合约,从电影的投资到后期的宣传发行都由华谊兄弟来承担。

"这对导演来说是一个解放,不用过多担心资金问题,也能专注于创作。不过最终让我觉得签署合约还是因为和他们兄弟的性格比较投缘。"冯小刚自此加入了华谊兄弟。

除了冯小刚之外,早年华谊兄弟旗下还包括了周迅、黄晓明、李冰冰、范冰冰等一众知名艺人。最辉煌之时，公司独揽国内近80%的明星。

董事长王中军热爱艺术，喜欢画画和收藏，在众人眼中仗义执言，对人坦诚相见，同时具备做成事业的大局观和判断力。而王中磊处事细腻，性情温和，与哥哥形成反差，但执行力极强，坚忍有耐心，成为CEO的不二人选。而冯小刚为华谊兄弟贡献出了多部票房冠军之作，2001年的《大腕》取得4000多万票房，到2010年的《唐山大地震》创下4亿元的票房纪录。

王中军的朋友圈无疑也是华谊兄弟发展的重要助力之一，马云、江南春、鲁伟鼎等商界大佬是华谊兄弟的早期个人投资者，平安的马明哲、腾讯的马化腾则是在华谊兄弟上市后进行了投资，"无兄弟，不华谊"也成为多年的佳话。

娱乐与资本结合，加快了华谊兄弟的发展速度和触角的延伸。

华谊兄弟率先从各个方面对华语电影工业化进行了探索，推出《狄仁杰》系列、《画皮2》以及《寻龙诀》等作品。以《寻龙诀》为例，据华谊兄弟方面介绍，该片在开拍前就制作出了上百张概念图及设计图，还实际搭建出了一个个巨大的地下空间。在细节方面，每一个石像、每一幅壁画、每一个花纹都经过主创团队的文化考证和精细设计。特效方面，则由奥斯卡视效奖得主操刀，特效镜头多达1500多个。

《寻龙诀》超过2亿元的制作成本，最终获得了16.8亿元的票房。对于商业大片的青睐也在华谊兄弟的财报中被提及："由于商业大片投资回报高、市场影响大、运作模式成熟，在国内市场成功率高，因此成为了公司电影业务的首选。"

在贯穿华谊兄弟的发展史上，其出品的《天下无贼》、《宝贝计划》、《集结号》、《非诚勿扰》系列、《唐山大地震》、《狄仁杰之通天帝国》、《画皮》系列、《一九四二》、《十二生肖》、《西游降魔篇》、《狄仁杰之神都龙王》、《私人订制》、《芳华》、《前任》系列等影片均为商业大片。这些商业大片为华谊兄弟赢得巨大的口碑的同时，也对其电影业务做出较大贡献。

全产业链布局

商业大片需要大投入，受制于资金等因素的限制，产量无法迅速提高，这也制约了公司电影业务收入的稳步提升。同时，商业大片由于风险大也导致公司业绩波动较明显。

2014 年，在华谊兄弟 20 周年庆典上，王中军提出华谊兄弟未来要去电影单一化。这一度让外界质疑华谊兄弟不务正业。但实际上，战略更迭的背后其实是王中军看到电影业务盈利的不稳定，想要摆脱对单一电影业务对规模化发展的局限，并试图进一步完善覆盖制作、渠道和衍生的全产业链布局。

在王中军的规划中，华谊兄弟要做大娱乐集团，而非仅是做电影的传媒公司。这体现出王中军对大趋势的洞察和把握。华谊兄弟在 2009 年上市时的"三驾马车"业务布局，直到 10 年后依然还在被很多新进公司模仿，成为影视行业上市公司的经典标配。

2011 年，在拍摄冯小刚导演的电影《一九四二》时，为了还原旧时风貌，剧组在海口观澜湖附近搭建了大量实景，但在电影拍完后这些布景需要被拆除。王中磊因此萌生了将这些电影美术道具保存下来，变成一种商业模式的想法。

华谊兄弟参照迪士尼的对应板块，将这块业务起名为"实景娱乐"。实景娱乐就是将内容 IP 进行实体化，多数以"电影 IP+地方文化"的文旅项目形式来实现。在国外，迪士尼和环球影城是这个市场的标杆。

从 2011 年开始，华谊兄弟成为国内第一家布局文旅融合的影视公司，作为有着 20 多年积累的内容公司，王中军希望实现 IP 价值的最大化，为电影产业链各环节提供更多的发展动力。

到 2014 年，华谊兄弟正式确立了影视娱乐、互联网娱乐、品牌授权与实景娱乐三大业务板块。实景娱乐开始贡献营收。

4 年后的 2018 年 7 月 22 日，位于苏州阳澄湖畔的华谊兄弟电影世界开园，是国内首个以自持华语电影知识产权为主题的电影文化体验项目。记者曾在 2019 年 3 月到过这里，园内以华谊兄弟电影《非诚勿扰》《太极》《集结号》《狄仁杰之通天帝国》等 7 部作品进行了 IP 转化，分为"星光大道""非诚勿扰""集结号""太极""通天帝国"五大主题区，其中"集结号"主题区的 VR 项目是全球首例 VR 轨道乘骑类体验项目，具有身临其境之感。不仅如此，同样位于此处，影片《八佰》拍摄所搭建的场景也在未来对外开放。

"在规划华谊兄弟电影世界（苏州）的时候，我就一直希望它不仅仅是华谊兄弟的一个新篇章，也会是中国实景娱乐产业的一个新台阶。"王中军在苏州项目的开业时如此说道。

在王中军看来，以本土原创电影IP为核心的实景娱乐项目，承载着国人的光影记忆、中国文娱产业发展愿望和电影产业做大做强的驱动力量。这也是一种多赢的结果，这种多赢也将对行业创新、社会经济发展、民族文化自信带来多重积极影响。

国内的实景娱乐刚刚起步，以迪士尼、环球影城为代表的西方电影主题公园输出的是美国文化，而华谊兄弟想要打造集东方文化底蕴、现代中国风采、优秀电影IP于一身的主题乐园，营造出明显区别于好莱坞的娱乐体验。海口观澜湖华谊冯小刚电影公社、华谊兄弟电影世界（苏州）、华谊兄弟（长沙）电影小镇、建业·华谊兄弟电影小镇四个实景娱乐项目均已投入运营，随着大众对旅游消费的需求提升，文旅融合也成为新的趋势。华谊兄弟的实景娱乐项目则根据每个城市的不同融合地方特色，对于拉动地方就业、带动区域经济发展将带来巨大作用。

初心与使命

创业于20世纪90年代的王中军和王中磊深知时代和中国发展带给他们的机遇。

王中军在中国企业家博鳌论坛上说道："改革开放40周年，经济、文化体制带来翻天覆地的变化，让参与其中的人都有机会创造价值、实现梦想，成为各个领域中的重要组成部分和推动者。同时，在改革开放的大时代背景下，华谊兄弟从一个初创广告公司成为整个中国文化产业中具有一定影响力的传媒公司、中国影视行业第一家上市公司，同样是时代给予的机遇和荣誉。"

华谊兄弟的努力和成绩也得到了来自政府部门与社会各界的高度认可。华谊兄弟曾三度入选"中国文化企业30强"，并在2018年获得"2017~2018年度国家文化出口重点企业和重点项目"殊荣。同年10月，华谊兄弟获得了浙江省东阳市政府颁发的"影视功勋企业""实验区成就奖金奖"以及"主旋律成就奖"三个奖项，这是华谊兄弟连续两年获得东阳市政府颁发的"影视功勋企业"荣誉。据官方报道，华谊兄弟连续十多年在横店影视文化产业试验区税收贡献榜排名第一，并连年入选东阳纳税百强，至今已累计纳税近 20 亿元。

2018 年，华谊兄弟 H 计划合影

2019 年 4 月 8 日，华谊兄弟入选了"新华社民族品牌工程"，携手新华社围绕品牌建设与传播进行全面合作，为文化产业，尤其是中国电影走向世界做出贡献。事实上，华谊兄弟一直在探索如何以影视为媒，更好地推动中国文化扬帆海外。早在 2015 年，华谊兄弟便与好莱坞制片公司 STX 签订了影片合作计划，华谊兄弟享有所有合作影片的全球收益分账权以及按投资份额享有的著作权，并享有大中华区的发行权。2016 年 8 月，携手美国顶尖导演罗素兄弟成立合资公司，共同开发全球性超级 IP。华谊兄弟希望通过国际化战略布局，将中国故事讲给全球观众，树立中国的文化自信。王中磊表示，华谊兄弟将一如既往地坚持优秀中国文化输出，携手海外合作伙伴，为全球观众带来国际级优秀作品，同时也将致力于把植根中华文化、弘扬时代精神的好故事传播到更大的舞台。

将电影与公益结合助力社会，也是华谊兄弟一直在坚持做的。2011 年，华谊兄弟的明星和员工发起了一项专注于"创造力公益"并倡导教育公平的专项基金——华谊兄弟公益基金。据介绍，王中军曾先后多次义卖画作，将所得超过 2700 万元善款全部捐赠给华谊兄弟公益基金。成立八年间，华谊兄弟公益基金从"零钱电影院"项目开始，先后进行了公益放映、"有一天合唱团"等多个公益项目。数据显示，截至 2019 年，华谊兄弟公益基金已累计在全国十余个省市搭建了 132 所"零钱电影院"，让 15 万儿童可以在其中看电影、画画、唱歌、跳舞。

"零钱电影院"项目的创办源于华谊的一个简单的愿望，就是让更多贫困地区儿童免费看到好电影。具体做法是将闲置的图书馆、自习室或教室等进行布置，配备全套的放映设备和有版权的电影，孩子们在其中了解电影、感受电影，对学校老师进行培训，在观影后进一步开展电影分享课、绘画课等，让孩子们表达出他们心中的电影世界。"有一天合唱团"则是由来自不同生活背景的孩子们组成的，这些孩子此前几乎没有机会接受音乐训练，有的是孤残儿童，有的是父母身在狱中，是中国第一支"融合教育"合唱团。华谊兄弟基金创建"有一天合唱团"的初心是希望在排练、学习、演出过程中，孩子们在与其他的孩子接触和交往中发现自己、发现别人，学会爱、分享爱。

王中军表示："普及电影教育是源于华谊兄弟公益基金一直坚持的'可持续公益'的一个理念。对我们而言，真正的目标不是建了多少所'零钱电影院'，而是如何让我们的公益行动对贫困地区的孩子们产生可持续的影响。零钱电影院可以让更多贫困地区的儿童看到好电影，通过光影受到更多艺术的熏陶，丰富他们的精神世界，这才是能影响他们一生的财富。"

文化是民族的血脉，而电影是文化的一面重要旗帜。中国电影人有着自己的梦和坚持，希冀向世界讲述中国故事，为做成电影强国而努力奋进。在 2018 年底给改革开放 40 年的一封信中，王中军这样写道：经常有人问我，华谊兄弟的未来会是什么样子。坦白讲这个事其实很难想象，因为时代一直在发展进步，我很难描述一个准确的未来状态。但我觉得不管怎样，华谊兄弟立足的根本肯定还是不断创作优质的内容。我希望能把"华谊兄弟"这个品牌打造成一个百年老店、一个能在国际舞台上代表中国文娱产业的民族品牌。

苏宁：三次零售『创业』的青春秘诀

文／李立

　　每年的苏宁之夏，员工最期待的节目莫过于董事长张近东的节目。

　　"很想一生跟你走，就算天边海角多少改变，一生只有风中追究。" 2019 年的苏宁之夏，张近东一口粤语，深情演绎 1993 年香港十大金曲之一张学友的《只想一生跟你走》。张近东说，借这首歌"感谢一直以来陪伴苏宁发展的 25 万员工，感谢支持苏宁事业的合作伙伴，也借新中国成立 70 周年之际，祝福伟大祖国繁荣昌盛"。

　　2019 年对于苏宁意味良多，即将迎来 30 岁生日，正式迈入万店时代。苏宁成为这一年当仁不让的主角，"拿下"万达百货、"吃掉"家乐福中国。伴随一系列凌厉攻势，一个庞大的线上线下零售生态体正在浮现：线上以苏宁易购、天猫旗舰店为核心，线下布局苏宁易购店、苏宁小店、零售云等多场景的智慧零售格局。

得益于邓小平的南方谈话，在改革开放的浪潮中创业，三十年来苏宁自我主导了三次重要转型，始终跑在零售行业第一阵营。在接受媒体采访时，谈及背后的原因，张近东认为这一切都源于居安思危，长期坚持创业精神。

一部零售史　半部看苏宁

从 1990 年算起，苏宁一共经历了三次惊心动魄、没有参照物的"创业"。

1990 年，张近东手握 10 万元正式"下海"，在南京宁海路一间不足 200 平方米的小门面里创立了电器专营店——苏宁。

1998 年亚洲金融危机，大多数企业都忙于收缩业务，张近东决定从专业零售转型综合连锁零售。"当时要一下子砍掉超过 50% 的批发业务，很有点儿破釜沉舟的意味。"经历了第二次创业，苏宁成为了国内最大的综合连锁零售企业之一。

1990 年 12 月 26 日，中国南京宁海路，苏宁开设了第一家空调专营店

第三次创业则是从 2009 年开始的主动拥抱互联网，探索全新的线上线下融合的互联网零售模式，苏宁正式提出要做"沃尔玛+亚马逊"的模式。

　　张近东仍然对当年的抉择记忆犹新。"一个很重要的节点是 1999 年。在中山陵开会，集体讨论是继续做空调批发，还是去做综合电器的家电连锁，或者直接切入到互联网。"现在看来，1999 年互联网已经进入张近东的视野，不过最终的决定是连锁零售。

　　苏宁正式决定拥抱互联网是 2009 年春天，彼时张近东在北京参加"两会"，认定转型迫在眉睫，"抽空和大家开视频会，会议从下午开始，一直开到次日凌晨四五点"。张近东回忆，"讨论是继续走粗放式发展道路，还是利用新技术提升企业，在采购以及用户方面进行精细化运营和服务；是继续简单地复制原来的线下连锁，还是走线上线下融合发展的路径"。

　　决定全面转型线上线下的第二年，2010 年苏宁以 1562 亿元全年销售额成为中国零售之王。

　　"公司在体量小的时候战略不能错，错了就容易被市场的趋势淘汰；体量大的时候，战略还是不能错，错了船不好掉头，容易出问题。"在张近东看来，"具有危机感，对市场又很敏锐，战略发展有长期的重视，这几个因素都具备了，才能做出正确的决定。"

　　现在回头来看，1990 年创业的张近东，1991 年创业的马云，1989 年从校办工厂起步的宗庆后，1995 年成立吉利的李书福，1984 年创办联想的柳传志都在同一个时间段创业，敏锐地抓住了改革开放的大好时机，直接受益于邓小平南方谈话，开辟了中国式创业的黄金年代。

　　柳传志有一个著名论断，"对民企而言，首先是要活下来，而不是冒死一争"。在张近东的三次关键抉择上也闪现着这种生存智慧，抓住机会，有胆气魄力，却不盲目冒进。

　　从早期专业零售，到连锁转型，再到互联网转型，引领智慧零售发展模式，苏宁三次转型式创业看似水到渠成，背后却是重压之下的胆气与决断。苏宁的三次转型，也都恰好敏锐捕捉到零售行业的重要变化与风口。无论是亚马逊、阿里巴巴，还是百思买、家乐福，没有哪一家像苏宁这样，有如此丰富的业态与经历。

　　"一部零售史，半部看苏宁"，苏宁以三次创业式转型占据了中国零售史的独特位置。

需求推动进化

表面上看，苏宁三次转型是商业模式的进化，更深刻的变化却发生在苏宁内部。从品类不断丰富到场景多元化、服务方式的迭代，苏宁进化也成为智慧零售最典型的样本，见证了中国零售业态的变迁。

1990 年，苏宁初创，开始了空调专营的门店经营。当时中国的城镇住房制度开始走改革之路，拉动了消费者对住房的需求。随之则是对家用电器的强烈需求，苏宁也迎来了自己的历史发展机遇。

1995 年以后，中国家电市场出现供大于求的状况，许多制造商直接渗透零售市场。为此，张近东逐渐缩减批发业务，开始自建零售终端。百姓的生活水平和消费需求逐渐提高，凭借敏锐的市场洞察力，苏宁的家电业务也开始从单一的空调产品逐步增加到综合电器。

1999 年是苏宁电器的转折年。这一年苏宁停止开设单一空调专卖店，全面转型大型综合电器卖场，喊出 3 年要在全国开设 1500 家店的连锁进军口号。随后开始的全国标准化开店之路，苏宁战略聚焦在"综合电器升级，连锁扩张提速"。

2009 年苏宁开启了长达 10 年的线上转型。2013 年是张近东自认为压力最大的一年，"用户体验不是特别好，苏宁也从一个盈利很多的公司变成一个接近亏损的公司"。

2013 年在美国斯坦福大学演讲时，张近东也毫不讳言这种压力，他将全球零售的发展分为三个阶段：连锁经营为代表的实体零售阶段、电商代表的虚拟零售阶段以及加速到来的虚实融合的 O2O 零售阶段。"前两个阶段美国大概经历了 150 多年时间，中国被压缩为短短 20 多年，面临转型创新，压力也更为巨大。"

张近东的亲密战友、苏宁易购集团副董事长孙为民也是苏宁蜕变的亲历者。技术结构、新品类、流量运营在他看来是三个最大的挑战。"企业内部局域网和消费者、用户之间隔了一道墙；品类的扩张也是问题，之前苏宁做家电 3C 总共 20 多万 SKU，转型线上一下就上了 70 万 SKU。"

最直接的例子是转型对团队学习能力的挑战，早年做传统零售，只要公司领导加强学习就可以带领企业不断前进，转型做互联网则需要全员学习。传统零售的经验是熬了 10 年、20 年的经验，互联网知识和经验却是动态的，并随时需要更新。如何经营流量就变成苏宁全体员工必须共同面对的课程。

最早启动的苏宁易购，张近东提出了小团队试错、慢慢融合。从公司内部选拔了 200 多名有 IT 基础的人，再和做业务的人做整合。"当初搞苏宁易购的人实际就二三百人的小团队，最初的几个季度保持了 200% 的增长，大家看出来了这就是方向。"孙为民回忆。

团队始终如一的创业野心和激情也是苏宁不掉队的重要保障。现任苏宁易购总裁的侯恩龙曾任北京大区总经理，2014 年他突然接到张近东电话，把他调回南京全面负责刚刚成立的苏宁物流集团。"董事长，我没有干过物流呀！"侯恩龙当时惊出了一身汗，张近东则回应他，"没干过好啊，没有条条框框"。

在侯恩龙看来，转型线上对整个团队是很大的激励，必须要迅速学习，去适应问题还要突破。"原来大家觉得稳健一点，按部就班一点就可以了，现在大家突然发现做零售是要拼命的。"

从 2013 年下半年开始，侯恩龙明显感受到了市场变化。"有一次，一位以互联网起家的创始人对我说，他 72% 的手机是在线下卖出的。我当时第一感觉就是互联网人也感觉到很恐慌，我发现互联网企业（包括阿里巴巴在内）悄然把收购的手伸向线下。"

2016 年马云提出新零售，整个行业都开始往线上线下融合转型，已经完成"互联网+"转型的苏宁开始进入主场。2017 年张近东抛出了"未来零售就是智慧零售"的观点，加速扩张线下。

苏宁小店和针对下沉市场的零售云是苏宁再次扩张线下的两个重要分支，苏宁的线下布局也从连锁零售的简单开店转向全面赋能。通过零售云，对下沉市场的中小零售商实行"加盟店直营化管理"模式，共享苏宁品牌、商品、销售运营、物流服务、IT、金融等能力，苏宁对外输出"智慧零售能力"。

"苏宁是做零售出身的。"在苏宁易购集团副总裁顾伟看来，"苏宁做线上不是最顶尖的，但线下却是超一流的，对线上线下的融合在中国一定是超一流。"多年在零售行业摸爬滚打出来的经验，甚至具体到店面的灯光、动线设计、每层货架上放几个商品最好，"不是简单的线上逻辑可以覆盖"。

据此前公布的苏宁大开发的三年计划：2018 年新开店目标 5000 家，三年要实现 1.5 万家店，2020 年总店数达到 2 万家。眼下苏宁正处于智慧零售的关键阶段，门店数的激增已经不再是当年做电器连锁时代的单纯扩张，更代表苏宁线上转线下能力的快速复制。

这种能力是从线上转向线下的零售公司所不具备的，亚马逊、阿里巴巴、京东等电商公司尚在摸索中，苏宁被认为是最有可能实现弯道超车的公司。

零售王国到开放星球

"1949 年，中华人民共和国成立，国家开始对私营工商业进行社会主义改造，在全国初步形成了以国营商业为主，以合作商业和个体商业为补充的社会主义商品流通体系。很多老百姓记忆中的百货商店和供销合作社就诞生在这一时期。"张近东关于零售业的最初记忆也是从这里开始的。

1978 年以后，改革开放打通了中国零售业在现代化生产格局下的命脉，20 世纪 90 年代中国零售业业态进入了史无前例的繁荣阶段，而苏宁正诞生于这一时期。

2017 年 3 月 9 日，全国政协十二届五次会议在人民大会堂举行第二次全体会议，张近东做了题为《大力推动实体零售向智慧零售转型》的发言，第一次明确提出未来零售就是智慧零售。

另外，苏宁本身也在不断碎片化，把自己的业务和资源不断地进行碎片化再输出。苏宁在线下的激进扩张，闪电收购，在体育、金融多个看似不关联的布局，也让外界看不懂。

对苏宁的发展脉络，张近东给出了两个维度：一是商品，"未来的消费一定从商品进入到内容消费，内容消费将是获取、留住用户的重要载体"，按照这种思路能看到苏宁收购 PPTV，在体育资源上的大力布局的隐性逻辑。二是将移动互联网视为重要场景，场景将是重要流量入口。以苏宁小店为例，就是在最贴近用户的地方搭建苏宁的流量入口。

"文化体育并不是互联网中流量最大、最吸引人的部分，但永远少不了。"孙为民如此解释苏宁在体育资源的大力投入，苏宁换了一种逻辑从内容产业做零售运营，"并且从全球的长远趋势看，对这部分流量的关注也在加大"。

2010 年，苏宁易购上线运营

在张近东看来，苏宁真正形成差异化在于做全场景，从一二线城市到下沉市场，线上线下苏宁正在建立最丰富的场景。理科出身的苏宁科技集团常务副总裁荆伟对苏宁的场景互联网做了一个直观的解读：在 Y 轴上，线上的苏宁易购，线下的两大两小多专，超过 10 个业态，形成苏宁全场景的业态部署；在 X 轴上，苏宁具备了门店自取商品，半小时、1 小时、8 小时、24 小时到达，总共有 6 个物流交付的模式，在中国 95%的城市，能够做到 24 小时到达；在 Z 轴上，从原来的电器到全品类，包括跟家乐福中国的整合，在快销领域的实力将进一步加强。

"苏宁未来会更接近零售服务商的角色。"张近东对记者表示，"不但是苏宁小店，苏宁电器店我都不会自己从头到尾运营，一定要变成社会化的模式。这些店面供应链、场景、运营能力、IT 平台是我的，剩下的应该是合伙人制度。"因此现阶段的苏宁做的是场景零售的模板，下一步是放手让更有效率的人去干。

进入更广阔的市场也让市场的竞争格局发生变化，同行与对手的边界也不再那么清晰。苏宁易购集团副董事长孙为民认为正是竞争带来的变化。孙为民记得早在 2013 年张近东就预见了这种变化，"未来的发展就是不是对手的成了对手，不是同行的成了同行"。

"原来的竞争对手非常聚焦，现在竞争对手变得不清晰。苏宁本身也在不断碎片化，把自己的业务和资源不断地进行碎片化再进行输出。"在孙为民看来，苏宁的态度说明一切，"就是开放，坦然拥抱变化。"

零售行业 30 年青春不老，苏宁的秘诀是永远在路上，一直在创业。

京东方：显示的力量

文／周 昊

继率先在华为旗舰手机上拿到高端 OLED 显示屏订单后，京东方再次向高端 OLED 市场发起挑战。

此前，手机行业高端 OLED 屏幕一直被韩系企业垄断，但近日外媒有消息称苹果公司正在积极测试中国企业京东方的柔性 OLED 显示屏，目前已进入最后阶段，并且将在今年年底前决定是否将京东方作为 OLED 显示屏的供应商。

从初创时的负重前行到后来的奋起直追，再到今日的同台竞技，以京东方为首的国内半导体显示企业在经历了二十余年的发展之后，终于有了与全球 OLED 显示顶尖企业一较高下的资格。

行业分析人士向记者表示，苹果在屏幕等关键零组件的供应商选择上一直采取各方加码的策略，此次苹果再次决定向三星电子之外的企业采购 OLED 屏幕、并对京东方进行考察，其本意也是为了增加自身在供应链的话语权。而京东方如果成功拿下苹果 OLED 屏幕订单，对于国内半导体显示产业以及京东方而言，均会产生巨大的示范效应。

OLED 显示加速发展

2019 年 7 月，京东方绵阳第 6 代柔性 AMOLED 生产线正式宣布量产；在 8 月的对外见面会上，京东方集团副总裁、绵阳京东方光电科技有限公司总经理常程对外透露称，绵阳产线进展顺利，一切均按计划推进。目前，京东方除了在成都、绵阳拥有已量产的第 6 代柔性 AMOLED 生产线，还在重庆建设了第三条第 6 代柔性 AMOLED 生产线，设计产能同样是每月 4.8 万片。

除京东方外，包括深天马、维信诺等在内的国内显示厂商也在不断投资建设第 6 代柔性 AMOLED 生产线。显示厂商扩产的背后，源于手机屏幕及可穿戴设备等多场景对 OLED 显示的庞大需求。目前京东方是全球为数不多的可以大规模量产柔性 OLED 显示屏的企业，在全球手机对于高端 OLED 屏幕需求日益增加的大环境下，京东方此前投建的产线如今已到"结果"时。

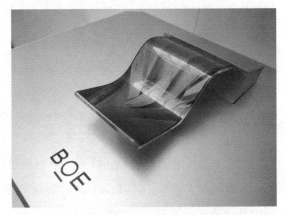

BOE（京东方）5.5 英寸 WQHD 柔性
OLED 显示屏

IHS 数据显示，2018～2026 年，整体智能手机市场显示屏出货量将从 16 亿片增至 16.3 亿片，年复合增长率仅为 0.3%，但柔性显示屏将从 1.59 亿片增至 4.81 亿片，年复合增长率约为 15%。在手机市场总量难以增长的情形下，手机领域，尤其是高端手机领域的 OLED 显示屏对 LCD 显示屏的替代进程正在加速。

此外，2019 年是 5G 正式商用的开始，5G 的诞生不仅仅推动了手机行业的发展，可穿戴设备行业亦迎来新的发展高峰。从目前的市场趋势来看，以智能手表、智能手环等为核心的可穿戴设备经过多年潜心发展，是手机以外最大市场规模的智能设备。市场研究公司工作人员 Gartner 称，2019 年全球可穿戴设备销量预计会达到 2.25 亿部，全球终端用户在可穿戴式设备上的支出额预计会达到 420 亿美元。

折叠屏亦是显示厂商目前面临的一大机遇。2019 年初，三星在 Galaxy S10 发布会上公布了一款引爆行业热点的产品——折叠手机 Galaxy Fold；随后，手机厂商开始在折叠屏手机上大肆炫技。在三星发布 Galaxy Fold 不久后，华为亦展出了自己的折叠屏终端 MateX，该机型使用的正是来自京东方的柔性 OLED 折叠屏。

2019 年 8 月，常程对外表示，预计 2020 年折叠屏市场将逐渐进入爆发期；未来随着技术进一步成熟，S 型屏幕甚至折纸般的多次折叠屏幕也有可能面世。

业内人士分析称，未来显示屏在生活中的地位将越来越重要，能够任意弯曲的柔性屏则可以完全弥补现阶段屏幕外形的局限，与柔性屏相关的一系列应用前景必然十分广阔。

从无到有的进击

作为全球半导体显示产业龙头企业，以京东方为首的中国显示产业走过了从无到有、从有到大、从大到强的发展之路。

京东方方面向记者表示，目前全球有超过四分之一的液晶显示屏来自京东方，其超高清、柔性、微显示等显示解决方案已广泛应用于国内外知名品牌。2019 年上半年，京东方在智能手机液晶显示屏、平板电脑显示屏、笔记本电脑显示屏、显示器显示屏、电视显示屏五大应用领域出货量均位列全球第一。

但对于京东方而言，如今的巨头身份亦来之不易。

1993 年，京东方创立，王东升出任董事长，其后通过一系列改革，使企业逐步走向盈利，并走上市场化、国际化、专业化的发展道路。1997 年，京东方成为北京第一家 B 股上市的公司，并成功募资 3.5 亿港币；4 年后，京东方登陆 A 股，并通过定增开启了显示巨头的缔造之路。

2003 年，京东方成功以 3.8 亿美元的价格收购了韩国现代电子的液晶显示业务，这场当时中国政府所批准的最大外购案例成功为京东方带来了进入世界领先的液晶显示领域的重要机会。在收购现代电子液晶显示业务的当年，京东方自主研发的第 5 代液晶显示生产线开始投建，并于 2005 年量产，这条生产线是中国大陆的第一条 5 代线，让国内缺少自主液晶屏的时代成为历史。

2009 年 8 月，由京东方投建的中国大陆第一条 8.5 代线在北京亦庄奠基，这则消息在当时的显示行业引起极大的震动。随后，包括日本、韩国以及中国台湾等国家和地区的显示企业纷纷携最新产线进入国内建厂，其余的国内显示厂商如华星光电等亦开始跟进最新的高世代线，LCD 行业进入大规模国产化替代前夜。

在消费电子行业催生出对 OLED 显示屏的需求之时，京东方并没有停下脚步。目前，京东方已经在成都、绵阳、重庆兴建了三条同规格的第 6 代柔性 OLED 生产线。随着成都、绵阳第 6 代柔性 OLED 生产线相继量产，京东方开始在 OLED 高端显示屏市场崭露头角，国内手机产业链的高端 OLED 屏幕告别"缺屏"历史。

京东方方面告诉记者，在 LCD 行业快速发展的同时，其行业的周期性波动对于企业而言一直是一个需要科学应对的难题；在这一过程中，京东方通过不断快速提升技术能力和水平，迅速建立起自己的核心竞争力，最终赢得了市场的青睐。

构建物联网蓝图

2019 年，执掌京东方 26 年的王东升宣布交班，由陈炎顺接替创始人王东升出任京东方新一届董事长。

2019 年 5 月 20 日，即将离任的王东升在给京东方全体同仁的一封信中提到，不论遇到什么困难，公司坚持物联网转型的战略不动摇。

陈炎顺在 2018 年的京东方全球创新伙伴大会上亦表示，预计 2030 年全球物联网市场规模将达到 14 万亿美元，京东方将依托显示与传感核心技术，发展端口器件（D）、智慧物联（S）、智慧医工（H）三大事业，优化升级智慧端口产品，拓展物联网系统和专业服务业务，从而实现在物联网阶段的战略转型。

BOE（京东方）零售物联网解决方案

专注于在物联网领域谋求突破，京东方有着自己的考虑。早在 2014 年，京东方就启动了战略转型，开始由单一显示器件业务，向端口器件、智慧物联和智慧医工三大板块转型，即"DSH"战略。时任京东方董事长的王东升提出"开放两端，芯屏气/器和"的物联网战略，其定义的"物联网"，就是将芯、屏、软件和内容、功能硬件等要素组合，形成人与人、人与物、物与物相连的价值创造系统。

事实上，在各种智慧场景的演示及使用过程中，包括传感、通信、大数据分析等种种环节，最终均需要通过"屏"来进行展示，这正是京东方所拥有的产业优势，但这种横向的拓展对京东方而言也绝非易事。

王东升曾多次表示，京东方已进入无人区，前面没有太多可以参考的东西，这时候压力更大。

京东方方面亦向记者表示，公司创立 26 年，从一家年收入仅有 6000 万元规模的电子元器件公司成长为千亿级资产和产值的全球化创新型企业，专心专注、持续创新、建立优良机制正是成功所在，始终保持对技术的尊重和对创新的坚持，才能在物联网引领的第四次产业革命浪潮中找准公司的业务定位和发展战略。

青岛啤酒：着力美好时刻

文／李向磊

历经 70 年波澜壮阔的发展，我国消费市场发生了巨大变化。国家统计局数据显示，2018 年，全国社会消费品零售总额超 38 万亿元，居民消费从生存型消费迈向发展型消费。消费之变，折射从贫困到温饱再到总体小康，中国人民生活的历史性跨越。

消费市场的快速发展，也造就了一批实力强劲的品牌与企业，他们紧随时代发展潮流，不断发展壮大，并将中国品牌推向世界。其中，青岛啤酒股份有限公司（以下简称青岛啤酒）便是一个典型，其从一家地方啤酒企业，一路披荆斩棘，逐渐发展成为中国啤酒行业巨头、世界知名的啤酒品牌。

在新时代背景下，青岛啤酒聚焦消费升级，打造高质量发展新范本。在产品层面，洞察消费者潜在需求，研发储备了一批着眼未来的新产品；在制造层面，正在实现多品种、柔性化和定制化生产；在渠道上，采用传统渠道+互联网电子商务全覆盖的模式，为消费者提供体验式、场景化消费；在组织架构上，从过去的中心化向扁平化转型，更具平台色彩。例如创立被称为"蓝军"的创新营销事业总部，专门研发新的产品品类、寻找新的市场空间、探索新的商业模式。

青岛啤酒始建于 1903 年，是中国历史悠久的啤酒品牌

当啤酒不再是一款简单的产品，而成为美好时刻的记录和见证，当小规模、个性化定制打破了罐装啤酒大批量和规模化生产，青岛啤酒以战略前瞻的发展战略，用创新引领激发新动能，带给消费者"超预期"的产品体验，实现了从百年品牌到百年潮牌的跨越。

开启私人定制新时代

2019 年 7 月，第 29 届青岛国际啤酒节开幕之际，青岛啤酒推出以"定制美好时刻"为愿景和口号的私人定制平台。

随着消费升级的持续和消费市场多元化的转变，新一代消费者购买的不仅仅是产品本身，还有产品背后的个性化、品牌认同及消费过程中的体验感。青岛啤酒私人定制平台的设计初衷就来源于消费者在不同场景下的个性化需求。

"针对消费者需求的变化，青岛啤酒有一套完善的需求解码模式和体系，能够及早识别消费者多样化的需求。"青岛啤酒创新营销事业总部新兴渠道发展总监李续冉说，在互联网时代，公司能够借助大数据等技术直接观察到消费者的变化，也能通过终端与消费者直接沟通，可以迅速洞察到用户最新的需求并提供相应的产品和服务。

与传统罐装啤酒大批量和规模化生产方式不同，私人定制需要满足消费者不同个性、不同场景下的消费需求，这意味着企业要在规模化和个性化之间找到平衡点。为了实现这一需求，青岛啤酒单独设计了一个个性化、智能化的平台，个人和中小企业用户可以根据不同主题、场景选择相应的文字、图案等素材。

据李续冉介绍，青岛啤酒私人定制平台采取新生产、新工艺和新营销来满足私人定制用户的需求。即生产设备可以从云端直接获取订单信息，打通生产端到用户端的生态闭环；中游的智能工厂采用柔性生产模式，一条生产线上可以制造满足不同需求的产品，是支撑定制产品智能制造的关键；下游智能分拣包装方面，采用云计算和智能包装系统，在生产线上可以准确分拣不同品类的产品，使分拣效能提升 5 倍以上，分拣正确率可达到 99.9%。

具体而言，消费者在青岛啤酒私人定制平台上，选择喜欢的产品，之后便可以根据平台提供的不同主题模板进行包装设计，最后还可以预览 3D 实施效果，达到所见即所得。此外，私人定制平台还支持消费者自行设计包装，以充分满足其个性化的产品需求。

据了解，青岛啤酒私人定制平台最早从企业个性化定制开始。2017 年 9 月，青岛啤酒联合万科，首次推出定制产品——"万科红金九度"，其后又与复星、百胜、保利、中国平安等多个行业领头企业进行了定制业务合作。随着定制业务的不断成熟，个性化、多元化定制生产的全链条由此得到深刻重塑。在每小时会生产出 6 万~8 万甚至 12 万罐啤酒的生产线上，成功实现了从最少 3000 箱到最少 15 箱即可定制的极限突破。

"在和一些领头企业合作中，我们意识到，消费者有对更小规模的定制需求，尤其是个人消费者和中小型企业，所以从 2018 年开始，我们就着手研究讨论更小规模的私人定制，为产品添加更有仪式感的元素，实现定制效果。"李续冉表示，青岛啤酒私人定制平台定制对象为个人消费者、企业和社会团体等，这些消费群体在婚庆节日、校友聚会、团建聚会、企业宣传等场景更喜欢能够彰显个性或企业特点的产品，因此，最低 15 箱的定制标准使他们能够在青岛啤酒的私人定制平台上定制属于自己的产品。

"未来，我们不仅要实现产品外观上的个性化设计，还将实现产品端的定制化生产。"谈及私人定制平台发展规划时，李续冉信心满满地说。私人定制平台依托的是青岛啤酒严苛的产品质量标准，强大的产品研发团队以及充满活力的创新机制。

开启私人定制时代只是青岛啤酒不断与消费者互动、与时代互动的一个缩影。随着消费升级，消费者的需求已经从生存型需求转变为发展型需求，价格已经不再是选择产品的决定性因素。对于啤酒行业而言，大规模工业化生产的产品也已经不能满足消费者多元化、个性化的消费需求。

如何满足当代消费者多样化的需求，成为啤酒企业需要研究并解决的课题。青岛啤酒认为，在后工业时代，消费者购买的不仅仅是产品本身，还有背后的个性化、品牌认同及消费过程中的体验感，因此，满足消费者多样化需求，就必须打破单向传播的平衡，重构产品体验与互动，即为消费提供的不只是产品体验，还有消费服务，以及不同的文化和生活方式。

为此，2014 年，青岛啤酒开出第一家社区酒吧——"TSINGTAO 1903 社区客厅"，把咖啡厅和酒吧模式合二为一，将品牌与消费者生活直接融为一体。在社区酒吧内，消费者不仅可以品尝到高品质的啤酒，还可以在此放松身心，享受生活慢时光。如今，青岛啤酒"TSINGTAO 1903 社区客厅"项目已经陆续进驻北京、上海、西安、大连等城市，成为游客网红地标之一。

在品牌创新上，青岛啤酒在亚冠、中超、CBA 联赛上三箭齐发，"罐名"马拉松，成为"双奥"啤酒赞助商，行走在草莓音乐节、尖叫之夜、电音节等时尚最前沿；选择与热门电影游戏 IP 合作，和国潮文化结合……不难看出，作为百年品牌的青岛啤酒始终都在与时代互动，拉近与年轻消费群体的距离，着力为消费者带来体验的"超预期"。

机制变革促创新

打破规模化生产，推出以私人定制为代表的新业务形态背后是青岛啤酒的产品创新机制的变革。

针对新一代消费者关注的不再仅仅是产品本身，还看重产品个性化、品牌认同以及消费过程中的体验感等特点，"青岛啤酒独创了'双叠加三解码'的质量管理和产品研发模式，研发和生产出适合不同类型消费者的产品，满足和引领消费者对高品质、多元化、个性化的舌尖需求"。青岛啤酒科研中心主任尹花告诉记者。

据尹花介绍，凭借洞察消费者需求变化的"三解码"的生产模式，近年来，青岛啤酒不断诞生有分量的新产品，如"经典1903"、奥古特、鸿运当头等。截至目前，青岛啤酒形成了9大系列、70多种新产品矩阵，并推出了IPA、白啤、皮尔森、青岛啤酒0.00、炫奇果啤等多款国内首创产品。

在李续冉看来，青岛啤酒不断创新业务模式的背后，是公司创新机制的变革。他表示，和以往产品生产中心化决策不同，当前青岛啤酒生产决策机制下移，一线人员如果有好的想法或是发现消费者需求变化后，可以快速上传到管理层，继而得到实现，在这种创新机制下，员工的积极性和主动性进一步促进了产品创新。

"我们专门成立了'蓝军事业部'，专注研发新产品、新模式，寻求新的市场空间和探索新的业务模式，让公司的产品决策从原来的中心化，变成现在的扁平式。"李续冉表示，在内部流程方面，从过去复杂的层级，变为当前简约的扁平化，不同部门、不同环节协同运作，公司越来越具有平台化的色彩。

"创新没有一马平川的大道，机会往往与风险并存，因此青岛啤酒内部也设有创新把关、保障机制。"李续冉表示，包括产品在内的新业态的开拓离不开公司这一个大平台，比如新产品开发有研发部门支撑，生产环节有供应链方面的协助。此外，公司也有容错机制，敢于放手让员工去尝试。

变革的是产品创新机制，不变的是青岛啤酒严苛的产品质量控制体系。作为行业标准的制定者与引领者，青岛啤酒坚持在原料及生产环节，严格把关 1800 多个质量检测点，全国 60 多家工厂统一采用国际认证的标准化质量体系。在品评时，青岛啤酒的品评师检测浓度细微到 PPb，即万亿分之一的浓度，始终遵循延伸到货架期的全过程的品评体系。

好啤酒是百年来对"好人酿好酒"质量文化的恪守。这一文化基因，早已成为融入青岛啤酒每一位员工血液和骨髓的价值理念，成为整个青啤产业价值链的最高准则。精挑细选每一种原料，精雕细琢每一份配方，反复推敲每一道酿酒工艺，精益求精酿造每一滴酒液……百年匠心，文化为根，这份文化坚守是酿造好啤酒的基础，并不断推动百年青岛啤酒品质升级。

近年来，青岛啤酒进一步推动质量管理由基础质量+特色质量向魅力质量跃升，建立涵盖科研开发、原料采购、生产过程、品评把控、物流储运、客户服务等"全供应链"的魅力质量指标体系。

在青岛啤酒看来，魅力质量，就是要超越消费者预期，为消费者带来意外惊喜的质量。魅力质量需要从六个维度打造：创建消费者需求解码系统，实现以消费者需求为导向的魅力质量；从科研开发、原料采购等环节建立魅力质量体系指标；加快新产品开发和技术创新创造魅力质量，满足消费者多元化、个性化、定制化的需求；持续塑造具有魅力质量的品牌体验；弘扬工匠精神塑造魅力质量，心无旁骛攻主业、坚守匠心力求完美；推进全员质量管理塑造魅力质量，最终转化为高质量的经营成果。

正是不断追寻时代的新特征，坚持高质量发展引领美好生活，青岛啤酒在坚守与创新中不断攀登质量高峰，在重构平衡中获得不断发展的新动力，实现了从百年品牌到百年潮牌的新跨越。

国际化背后的高端化

打造百年潮牌的青岛啤酒已经成为一张世界级的"中国名片"。

这得益于其一直以来坚持的国际化战略。成立于 1903 年的青岛啤酒，大批量向海外出口已有 70 余年的历史，产品远销美国、加拿大、德国等 100 多个国家和地区，连接全球数十亿消费者。

相较大多数中国产品走向国际市场时采取优质低价，先占领东南亚、非洲市场，再进军难度较大的欧美的市场策略不同，青岛啤酒采取先难后易的国际化战略，即采用高品质、高价格、高可见度的"三高"策略率先打响欧美主流市场。在素有啤酒故乡之称的德国，当地每瓶啤酒售价在 0.8~1 欧元，而每瓶青岛啤酒的售价却在 3 欧元左右；在美国市场，青岛啤酒的售价是当地啤酒的近 2 倍；在哈萨克斯坦市场，青岛啤酒售价是当地啤酒的 4 倍。

经过数十年耕耘，在国际市场上，青岛啤酒一直以"进口高端品牌"的形象呈现。在欧美发达国家，青岛啤酒已经进入了主流连锁超市，其售价是啤酒产品金字塔最顶尖的部分，这也成为青岛啤酒在全球啤酒行业占有一席之地最好的佐证。

国际市场上的成功离不开青岛啤酒近年来着力实施的产品高端化战略。自2014 年开始，我国规模以上啤酒企业产量持续下滑，直至 2018 年，啤酒行业迎来价值拐点，企业从之前的追求销量增长转为追求利润增长。

青岛啤酒在海外传递中国"年文化"

东北证券在一份研报中指出，2012~2017 年，高端啤酒的年销量由 18.52 亿升跃至 41.26 亿升，年复合增长率为 17.37%，增速高于中档啤酒和经济型啤酒。

同时，高档啤酒以约9%的市场份额创造了29%的行业销售额，盈利能力远超行业平均水平。另据市场调研机构欧睿咨询（EuroMonitor）预计，到2020年我国高端啤酒营收有望达到行业总收入的44.2%，行业仍处在增量时期。

在此背景下，包括青岛啤酒、华润啤酒在内的众多啤酒行业纷纷调整，打造以中高端产品为主的产品体系。

青岛啤酒依托国内一流的研发平台，以消费者需求为导向研发差异化产品，先后推出经典1903、全麦白啤、原浆、皮尔森等中高端啤酒产品，不断推动公司产品结构的优化和战略性新特产品的布局。此外，华润啤酒借助收购荷兰知名啤酒品牌"喜力"完善其中高端产品体系，百威母公司将百威亚太地区业务拆分并赴港上市，搅动中高端啤酒市场。

有业内人士表示，中国啤酒产品高端化进程一方面来源于消费升级，消费者更加注重啤酒的品质，另一方面依靠低价开拓销售渠道，抢占市场的时代已经过去，控制中高端市场的核心产品已经成为啤酒企业发展的核心。包括青岛啤酒在内的众多啤酒企业看重高端啤酒市场的背后，正是啤酒行业进入新一轮发展的时期，即由原来的规模提振业绩变为产品提振业绩。

"啤酒产品高端化是大势所趋，也是企业和消费者的刚需。高端啤酒产品毛利率较高，能够冲销原材料、人工等日益提高的生产成本。从渠道端来说，较高的毛利率能够增强经销商对企业的黏性；另外，从消费端来看，当前的消费者追求喝少喝好，这就使得每个企业都往这方面走，都在进行高端化布局。"该业内人士分析称。

作为中国啤酒行业领军企业，青岛啤酒紧随消费升级的趋势，继续从多维度引领行业发展。其利用拥有的行业唯一一个啤酒生物发酵国家级的重点实验室的优势，及时分析当前消费者的口味、偏好等需求，并根据需求在配方上、工艺上做出相应调整，研发储备了一批着眼未来的新产品；在制造层面，正在逐步实现多品种、柔性化、定制化，以及产品个性化的生产；在品牌渠道上，采用传统渠道+互联网电子商务全覆盖的模式，为消费者提供体验式、场景化消费，做好连接销售者和购买者的重要桥梁；在组织架构上，从过去的中心化向扁平化转型，更具平台色彩。例如设立被称为"蓝军"的创新营销事业总部，专注研发新的产品品类、寻找新的市场空间、探索新的商业模式和行业发展的边界。

对内推进产品优化升级，对外引领行业发展，青岛啤酒不断激发和释放发展新动能，同时也为公司业绩增长提供持续动力。据其2019年半年度报告，实现营业收入165.51亿元，同比增长9.22%，实现净利润17.26亿元，同比增长23.59%，净利润创历史最高；净利润增长率创近10年最高。

如今，在新时代背景下，青岛啤酒发展势头不断高涨，全球市场树立中国品牌高端化形象；国内市场顺应国货潮流，给予消费者个性化的产品体验，以坚守的中国新工匠精神和创新精神引领行业发展。

伊利集团：一杯牛奶的温度

文／蒋政

　　70年斗转星移、沧海桑田，"票证时代"被当成奢侈品的牛奶，如今早已成为了生活必需品。从凭"奶票"排队订奶到App上"一键订奶"，从一个几乎没有饮奶量和产奶量的国家到中国乳企龙头，伊利集团位居全球第八并直指五强千亿目标，中国乳业的发展让世界瞩目。

　　与此同时，全球化布局已经成为当下中国乳企的常规动作，在"一带一路"倡议的引领下，作为乳企龙头的伊利，不断构建和完善伊利集团董事长潘刚提出的"全球健康生态圈"，推动全球乳业进入"中国时刻"。

　　多位业内人士告诉记者，中国乳业已经成为全球不可忽略的增长极，自身发展以及海外布局都在深刻影响着全球乳品市场的发展。

　　"当下伊利提出'全球健康生态圈'的倡议，积极协同全球合作伙伴，拓展行业蓝海。"伊利相关负责人告诉记者。

"奢侈品"变身"必需品"

在伊利集团乳业博物馆，至今仍收藏着 45 年前的一张"月份付奶卡片"。那时，每次领取牛奶后，卡片上的对应日期都会盖上一块小小的红印，取奶记录和饮奶时光留在了这张卡片上，也鲜活珍藏在百姓的记忆中。

在呼和浩特市民陈继华的记忆里，关系着一家人的"福祉"的票证中，唯独牛奶票令她印象最为深刻。"那时的印象就是总吃不饱，几乎不可能喝上牛奶。"刚上初中那会儿，陈继华的身体特别不好，一个远房亲戚得知后特意给家里送来一张牛奶票。陈继华的哥哥从此多了一项任务——每天提着玻璃瓶子去供销站打牛奶。陈继华还记得呼和浩特天寒地冻，哥哥从外面回来时膝盖和胳膊肘都摔破了，可是手里的牛奶瓶却安然无恙。"哥哥举着牛奶瓶，还冲我笑。每次回忆起这一幕，心里都不是滋味。"

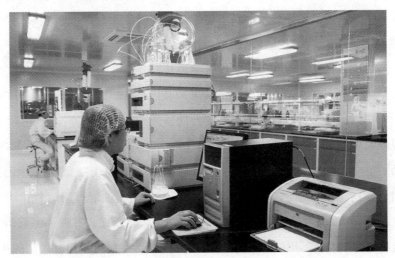

伊利先进的质检设备

《中国统计年鉴》（1980）显示，1949 年，全国只有 4 家乳品厂，12 万头奶牛，年产奶量 20 万吨，平均每人每年 0.4 公斤。陈继华当年喝的牛奶来自伊利集团的前身——呼和浩特市回民区合作奶牛场，它成立于 1956 年。后来，牛奶开始逐渐普及。从"没见过、没地儿买"，到种类丰富、购买便利，牛奶进入寻常百姓家。

据国家统计局数据，在 2018 年，全国规模以上乳制品企业 587 家，全国规模以上企业乳制品产量 2687.1 万吨，其中液体乳产量 2505.6 万吨，乳粉产量 96.8 万吨，婴幼儿配方乳粉产量约 95 万吨。伊利 2019 年半年报显示，2019 年上半年实现营收 450.71 亿元，实现净利润近 40 亿元。伊利目前稳居全球乳业 8 强，并多年蝉联亚洲乳业第一。

记者梳理中国乳业发展历史发现，在 20 世纪 90 年代之前，受当时牛奶加工技术所限，牛奶再香甜，也难以打破"保质期短、运输半径窄"的局限，无法运到全国各地。

在快消行业资深观察人士冯启看来，让牛奶走进千家万户，并开启了中国的"液态奶时代"，源自 1997 年的伊利。1997 年，伊利引入利乐液态奶生产线，极大地延长了液态奶的保质期；1999 年，伊利大规模引进"利乐包"等国际主流技术，开创了中国的"液态奶时代"。

在经济高速发展的 20 世纪 90 年代，伊利虽然实现了一定的经济规模，也引进了很多高新技术，但这些技术的核心被捏在外国企业手里，生产线维护成本非常高。经过反复推敲，伊利终于掌握了维护甚至改进生产线的核心技术。伊利的技术人员还大胆创新，仅在一条生产线上的技术创新就接近 20 个。有了自主技术能力，国内的液态奶行业登上了新的台阶，全行业开始了高速发展。"伊利液态奶业务的快速发展，不仅带动了伊利其他产品品类（冷饮、奶粉）的快速发展，也带动了整个中国乳业的发展，开启了中国的'液态奶时代'，改变了中国人的饮奶习惯。"冯启认为。伊利突破地域限制，开创了中国的液态奶时代，让"没见过、没地儿买"的牛奶随着车队从内蒙古到达了大江南北，打破了保质期短的局限、跨越"区域经济"屏障，奠定了我国乳业迎来大发展"黄金时代"的基础。

"70 年来，中国乳品产量实现连续跨越三个千万吨；2018 年乳业标准化程度、规模化程度已经达到 61.4%。"日前，在 2019 中国全球乳业（CGD）合作与发展论坛上，农业农村部畜牧兽医局奶业处处长邓兴照晒出了中国乳业发展的"成绩单"。当下，走进任何一家超市，货架上一定都会摆满各式各样的乳制品。昔日"一票难求"的牛奶，早就成为了老百姓生活中的必需品。

中国品质背后的"中国智造"

中国乳业经历了由少到多、由匮乏到丰富的过程。同时，中国乳制品的品质，同样经历着淬变。

2018年5月，李克强总理主持召开国务院常务会议时着重指出，加快推进奶业振兴，最终检验的结果要看消费者与市场是否认可，重中之重是质量安全是否得到根本保证。

"我国乳制品的生产设施设备，管理技术等达到甚至超过世界发达国家的水平。2018年，全国牛奶产量达3075万吨，人均乳制品消费量34.3公斤，乳制品抽检合格率持续保持在99%以上，2018年乳制品整体抽检合格率为99.7%，婴幼儿配方乳粉的合格率达到99.9%。"国家市场监督管理总局食品生产安全监督管理司司长马纯良在日前的一次会议上公开表示。

"经过多年发展，中国市场产品极大丰富，消费者不再担心有无的问题，而是加强了对高品质产品的追求，特别是在中老年和儿童等群体，这迫使中国乳企不得不提供更加优质的产品来满足消费者。"乳业专家宋亮说。近年来，多家乳企先后推出高端产品，以满足消费者不断升级的多元化需求，如伊利推出金典、安慕希、甄稀、金领冠塞纳牧等高端产品。

记者了解到，在2014年1月，习近平总书记视察伊利后，该公司正式全面启动"质量领先战略"，将食品安全工作延伸至全球产业链条上的所有合作伙伴，系统性构建全球质量管理体系；2017年，伊利提出建立"全产业链质量管理生态圈"的战略图景，通过利益共享机制，集结全产业之力为消费者舌尖上的安全保驾护航。"致力于生产100%安全、100%健康的乳制品，将质量管理工作战略升级为'质量领先3210战略'，保证食品安全事件零发生。"伊利方面表示。

事实上，中国品质背后是"中国智造"在支撑。一直以来，潘刚为伊利树立了"伊利即品质"的企业信条。以"国际化"与"创新"为驱动，伊利持续提供高品质产品与服务，向"成为全球最值得信赖的健康食品提供者"的愿景迈进。

伊利方面告诉记者，该公司整合海内外研发资源，从全球视角布设一张涵盖全球领先研发机构的全球创新网络，在 2016 年搭建实时洞察消费者需求的大数据雷达平台，经过几年的创新研发，平台覆盖数据源达到 420 多个，不断积累的消费者数据超过 8.4 亿条，有效数据量级达到全网声量的 95%。伊利的畅轻酸奶，便是通过大数据分析发现中国女性选酸奶时既要营养美味又要保持身材这一潜在需求后开发出来的。2018 年，伊利研发费用达到 4.6 亿元，远超同行业其他企业。这种对创新长期的关注和投入，才让伊利一直走在行业的前端。

伊利通过调研发现，90% 的中国人有不同程度的乳糖不耐受症，在饮奶后容易出现腹泻、腹胀等问题。为弄清楚乳糖酶缺乏对人体饮奶的影响，伊利在全国不同区域开展了一次覆盖数千人的样本筛查。经过 4 年上千次的实验，伊利研发小组通过"LHT 乳糖水解技术"，将牛奶中 90% 以上的乳糖分解成易于吸收的葡萄糖和半乳糖，生产出国内首款有效解决乳糖不耐受的舒化奶。

整个行业品质的提升，离不开龙头企业的带动。龙头企业的品质引领，带动了乳业品质和行业价值链的整体提升，而伊利也成为国人最爱的乳品之选。根据凯度消费者指数发布的《2019 年亚洲品牌足迹报告》，伊利品牌渗透率高达90.9%，这意味着全国超 9 成家庭选择伊利。报告显示，伊利各项指标数据在榜单中遥遥领先于其他品牌，成为中国消费者选择最多的品牌，持续领跑中国快消品市场。

"在过去的十年，中国乳业取得了很大的成就。围绕安全，初步建立起更加科学的监管体系。用将近五年时间进一步完善自身监管体系，从而让中国婴幼儿配方奶粉的监管体系上处于世界最严且领先地位。"宋亮表示。

全球化布局

如今，当你走进超市拿起一盒包装好的酸奶，很难想象里面融合了多少来自全世界的智慧成果。消费者常见的伊利安慕希希腊风味酸奶采用希腊发酵风味、引入欧洲的创新研发技术……它让消费者足不出户就享受到会聚全世界智慧的营养乳制品。

多位业内人士表示，全球乳业早就"你中有我，我中有你"，乳企要想生产更加优质的产品，并谋进一步的发展，筹划全球化布局势在必行。

在 2019 中国全球乳业（CGD）合作与发展论坛上，海关总署进出口食品安全局巡视员唐光江介绍，2018 年以来，我国先后与以色列、俄罗斯、越南、吉尔吉斯斯坦、塞尔维亚等国签订了议定书，截至目前获得我国进口乳品准入资格的国家和地区已经达到 50 个，境外企业已达 2627 家，乳品生产企业 103 家。与此同时，更多的中国乳企开始走出国门，迎接世界的挑战：建设海外工厂、收购国外品牌、引入国际先进技术、设备及人才等。数据显示，截至 2018 年底，中国共有 17 家企业在境外投资奶业。这其中当然包括乳企龙头伊利。

伊利方面提到，近年来，伊利不断加快国际化进程。2019 年 9 月 18 日，伊利安慕希正式在东南亚上市。不久前的 8 月 1 日，伊利收购新西兰 WestlandCo-operative Dairy Company Limited100% 股权交割仪式在新西兰奥克兰举行。伊利将这一收购认定为"加速全球产业融合的重要里程碑"。而在 2018 年 11 月，伊利集团收购泰国本土最大冰淇淋企业 Chomthana，并于当天在泰国曼谷隆重举行了签约仪式。这是继一个月前 Joyday 冰淇淋系列产品在印度尼西亚上市后，伊利集团与东南亚市场的再次携手。

"伊利不断加快国际化步伐。从'全球织网'到打造'全球智慧链'，再到'让世界共享健康'，伊利全力打造全球健康生态圈，持续推动全球乳业'资源互补、创新协同、互利共赢'。"伊利方面告诉记者。

多位业内人士提到，通过全球化布局，中国企业不仅实现了自身更大的发展，在全球价值链分工中也扮演着越来越重要的角色。从最初的采购商、生产商到现在的全球产业链协同发展的"领头羊"，伊利在全球化的过程中完成了自己的角色转变。

事实上，过去几年，我国多家乳企都在积极布局海外建设，在法国、荷兰、新西兰等优质奶源地，中国乳企的身影从未缺席。另外，国外资本和国际乳业巨头大量进入中国，纷纷同本土乳企展开各种合作，抢滩中国市场。

冯启认为，在国际化上，国内乳企的策略不尽相同。比如伊利的国际化战略被称为"全球织网"，构建了全球资源体系、全球创新体系、全球市场体系三大体系，核心是用全球最优质的资源服务中国的市场。"从乳企近年来的国际化动作看，国内大型乳企的国际化布局第一阶段已经实现了建厂和投产，而其拓展的步伐并没有减缓，兼并重组将成为第二阶段的主要投资方式。不过参考目前国际市场的发展情况，本土品牌国际化仍是条漫长的道路。"冯启说。

不可忽视的是，在全球化进程中，标准制定问题直接影响着中国乳业的国际话语权。中国工程院院士陈君石在去年举行的中国消费品标准化论坛上曾明确表示，中国乳业的国际声音还很薄弱，这与我国的市场行情极不对称。强调乳业标准化建设，有利于推动行业的整体进步和促进产业结构调整。中国龙头乳企应积极参与国际标准的制定。宋亮在接受记者采访时表示，国际标准是既定和成熟的，中国乳企参与其中的难度很大。不过，中国乳企如果能够掌握国际乳品研发体系、相关产品标准的制定，以及产品升级后带来标准制定，将有利于提升中国乳业的国际话语权。

记者了解到，2018年，中国乳业就迎来了第一个消费品标准化试点项目，该项目是国家标准委员会发起的，伊利是我国唯一一家入选的乳企。"伊利充分认识到'标准'的重要意义，一直以来都在加快标准化建设，实施标准化战略。在'走出去'的过程中，伊利积极参与标准制定，提升标准话语权，并努力促进中国标准和国际先进标准体系之间的相互兼容。这既是中国乳业面临的紧迫任务，也是需要大家共同承担的使命。"伊利方面表示。

挑战中蕴含的机遇

70年风云际会。中国乳业的巨大发展，也带来了新的挑战和机遇。

国际乳品联合会中国国家委员会名誉主席宋昆冈认为，我国原奶生产增长乏力，乳制品产量增长速度放缓，奶源不足成为制约行业发展的主要因素之一。其实，上游养殖企业与乳品加工企业之间的博弈长期存在。《关于进一步促进奶业振兴的若干意见》明确提出，要促进养殖加工融合发展，采取相互持股等形式，建立互利共赢的纽带。加强奶业上下游产业链的结合，上下游企业联动发展，已成为当前业界的共识。

　　记者了解到，多家乳企为此展开探索。伊利方面表示，针对上下游企业普遍面临融资难、融资慢和融资贵的困境，公司推出以"核心企业承担实质性风险责任"为特色的产融结合模式，助力上下游合作伙伴解决融资难题。伊利集团副总裁张轶鹏此前接受记者采访时表示，早在 2009 年，伊利就开始发展产业链金融。截至目前，伊利已经为 5000 余户产业链上下游合作伙伴提供金融扶持，累计帮扶金额达到了 400 多亿元。2016 年，伊利成立了"牧场合作伙伴发展学院""供应商发展学院""经销商发展学院"三大学院，实现了协同价值最大化。

伊利源源不断为消费者提供高品质乳制品

　　事实上，为进一步强化对上游原奶的控制力，中国乳企纷纷开始布局上游。此外，生鲜乳生产与进口乳制品增长不平衡，国产乳制品市场培育不充分，近五年进口乳制品占据了新增消费市场的 80%。这些问题依然困扰着整个中国乳业。

　　不过，在任何一次改变的背后，都意味着发展机遇。在宋亮看来，我国功能、专业市场需求巨大。乳企开始向保健食品领域拓展，进行经营多元化；"少子老龄化"将推动服务消费成主流，多元化、个性化市场继续高速发展；营养技术研究将成为市场核心竞争力。"从未来市场机会和现实竞争格局看，专业食品是中国未来产业发展的一个重要趋势，而且以技术为屏障，不断细分和专业化，研究实力将成为乳企市场竞争核心力。"宋亮说。

伊利方面告诉记者，公司自 2003 年开始母乳研究工作，将其应用到婴幼儿配方奶粉的研制开发当中，于 2007 年建立起中国企业首个"母乳研究数据库"，在 2009 年成立了伊利母婴营养研究中心，并在 2018 年发展成为伊利母婴营养研究院，进一步加强奶粉营养研发能力。"技术研究实力将成为乳企市场竞争核心力。"宋亮告诉记者。

瞬息万变的时代，机遇与挑战同在。世界乳业的未来正看向中国，而中国乳业的未来，在伊利的"全球健康生态圈"的图景中，正愈加清晰。

好未来：与时代彼此成就

文／黄玉露

江苏扬中，水网交织的江南，菜市场人声鼎沸，深处的面点小店，水与面正在发生奇妙的化学反应，一张张薄透如蝉翼的馄饨皮，在掌纹深皱的手中诞生。少有人知，这家不起眼的小店，走出了一位中国教育界举足轻重的企业家。

小店老板与老板娘谨记着往来生意场的立身之本：客人买一斤，就给他一斤一两；买两斤，就给他两斤一两。多一两，他回去怎么称都不会少。逢年过节不涨价，不让老客户伤心。这对驻守小店十多年的老夫妻没有想到，"多一两"原则，成为儿子张邦鑫创办/经营好未来（前身"学而思"）的重要理念；"不让客户伤心"的初心也根植于儿子心中，延伸为好未来的基础价值观。

在一次访问中，张邦鑫谈到，让底层的人获得机会、促进社会阶层流动，是弥合社会矛盾的重要方式之一，而"教育公平是推动社会阶层流动的一个极重要的因素"。从草根出身到上市企业创始人、CEO，二十多年来，张邦鑫用知识改变命运，同时也运用教育与商业的力量，改变无数学生的人生轨迹。

"好风凭借力，送我上青云"，中华人民共和国成立 70 年以来，张邦鑫与好未来是中国教育改革的受益者，也正在成为助推教育行业变革的强劲风力。

基底——价值基因

70 块钱，是张邦鑫与好未来此后 16 年惊艳的起点。

2000 年前后，中国家庭对于教育的日益重视，"用知识改变命运"成为了所有人的信条，教育培训行业也风生水起。2002 年，22 岁的张邦鑫赶上了这波"补课潮"。当时他从四川大学生命科学学院毕业，考上北京大学硕博连读研究生。研究生一年级，他一边攻读多门课程，一边接下 7 份兼职，其中 3 份是家教，每次课两小时，收入仅 70 元，前后还要搭上俩小时的路途时间。性价比虽然很低，但张邦鑫不敢轻言放弃："既然答应了家长就一直坚持着。"在他眼里，70 元很贵："得对得起这

张邦鑫

份收入，每次课我都多讲一些、讲好一些，让家长觉得钱花得不冤枉，这样我心里才比较坦然。"他看重的是学生和家长心中的那份信任。童年，他目睹老实本分的父母做生意时从不缺斤少两，甚至主动多送馄饨皮，也不肯在节庆时涨价，因为"都是老客户，这样做（涨价）让人伤心的"。

张邦鑫没有辜负 70 块钱的信任——他辅导的学生数学连续三次考满分，学生家长逢人就夸，张邦鑫的家教"生意"意外红火起来。求教的学生越来越多，他已无法在多个家庭和多份兼职间奔波，家长建议集中寒假授课并提供了一个小礼堂作为上课地点。开课那天，正逢 2003 年北京的第一场雪，大雪如倾，20 对家长与学生如约而至，听课后全部报名。课程过半，越来越多学生慕名而来，老

客户们也希望课程可以持续下去，张邦鑫第一次体会到：在教育行业，教学质量和口碑最重要。这也成为此后学而思的续报模式和好未来的发展思路：上好课、服务好学生与家长，一传十、十传百，口碑比砸重金投广告更重要。"假设你拼命打广告，知名度上去了，你招了很多人来然后老师教学质量跟不上，这就是灾难，招的越多，就越是灾难。"张邦鑫曾解释道。

父母"不让客户伤心"的理念，以及最早一批学生家长所带来的信任，感动张邦鑫至今。直到现在，好未来对老客户依然有政策倾斜，老客户可以优先报名。张邦鑫还定下一个原则："学而思要成功就要做好一件事情，要留住老客户。如果老客户愿意帮你介绍新客户，公司就会不断扩大。你不用去做更多推广。"

在第一期课程的宣传期，张邦鑫承诺，一次课不满意就全额退款，直到今天，"随时退款"仍然是学而思的一大"卖点"：允许家长随堂听课，第一次课不满意可以全额退费，之后不满意随时可以按比例退费。

张邦鑫秉持的"收钱就要带来效果"的理念持续至今，进而成为日后公司的核心价值观——成就客户，一切以客户为中心。在混沌大学的一次课程演讲中，张邦鑫提到，所有员工入职的第一天，他都会讲三句话：①教不好学生等于偷钱和抢钱。②客户亲密的学校才能活下来。③口碑很好的产品才可以推广。

"做教育，如果内心没有准则，便很难做成高品质。"正如张邦鑫所言，在好未来（学而思），文化、价值观的重视程度上升到顶层，对高管进行考核是一半考核业务，一半考核价值观。在张邦鑫看来，在企业成长过程中，价值观是加速度，也恰恰是商业模式："一家企业，做强靠产品；做大靠运营，本质上是靠组织；做久要靠文化，不变的是文化，只有你的使命、愿景、价值观才能支撑一个企业做强做久，它是业务持续成功的隐藏已知条件。"

从70块钱到20个客户，张邦鑫的商业之路由此开拓，好未来（学而思）的价值基因也从此奠定。

核心——强大教研

如果说"成就客户"是支撑张邦鑫与好未来一路走来的经营灵魂，那么强大的教研能力就是好未来的核心竞争力。

是什么让家长学生们为了一个初出茅庐的研究生家教老师踏雪而来？答案同样在起点的 70 元钱里。

张邦鑫发现，有些学生一周 5 天的学校课程都没学扎实，两个小时的家教并不能带来显著提高。同时他认为，如果家教仅局限在教授知识层面，只是做加法，"5 天+2 小时"，无法将效益最大化。张邦鑫决心要做乘法："我要让学生在这 2 小时里，爱上学习，养成好的学习习惯。"

为了让学生和家长把两小时、70 元的辅导费用利益最大化，秉承着"要么不做，要做就要做到最好"标准的张邦鑫下了不少功夫——他可以做到"上课 2 小时，备课 10 小时"，准备大量知识点和话题，与课程对接，学生特别钟爱，甚至舍不得结课。同时，张邦鑫摸索出一套教学模式：先巩固学校内的基础知识点，再传授部分更深入内容，并通过引导，让孩子自己复述知识点，张邦鑫则参与讨论、给予鼓励，让孩子收获成就感。

这一套教学方法的效果和 2 小时所创造的价值显而易见，甚至发展成学而思教育理念的萌芽，时至今日，好未来（学而思）对教学教研的重视贯穿始终，水平仍使同业竞争者望尘莫及。

2003 年，辅导班办得有声有色，生源绵绵不绝，张邦鑫决定成立公司。

也正是在 2003 年 9 月 1 日，我国《民办教育促进法》实施，标志着中国民办教育发展真正进入法治时代，张邦鑫与好未来恰恰搭上了"民办教育规范化"这班快车。当时，张邦鑫的身家不过老家那块地，还有价值 2 万元的老房子以及一台旧彩电。冒着可能倾家荡产的风险，2003 年 8 月，张邦鑫借来 10 万元注册公司，并在北京租了间 20 平方米不到的办公室，花 350 元淘来两把椅子、两张桌子、一张破沙发和旧铁皮密码柜，学而思潦草诞生。

装备潦草，但教学教研一点不潦草。在当时，面对一些知名教育机构大打"名师牌"，甚至花大手笔打造明星导师的现象，张邦鑫认为，对当时发展迅猛的学而思而言，没有统一的标准，很难实现教学的高效。于是，在名师当道的年代，学而思大胆吃螃蟹，率先搞起教研。张邦鑫借鉴了自己在读研期间所学的标准研究方法和流程，与老师们从每个年级的讲义开始，周一到周五编讲义、备课，周五晚和周末坚持上课，一次次敲定、审核讲义，将知识性与趣味性结合，最终印刷成黑白册子，在每学期开课前分派给各位授课教师。这是学而思最早的统一教研，在稳定教学质量的同时，也为日后的扩张打下了坚实的基础。此后，学而思的讲义更新了无数版本，每一次都迅速迭代，做到了"唯快不破"，一些竞争机构始终无法抄袭到最新版本的讲义。2009 年，朴素的黑白讲义被彩色版代替，大受欢迎，2010 年，学而思研发的 ICS 智能教学系统上线，教学变得更有趣。

至今，"中央厨房式"的标准化教学流程系统仍是好未来（学而思）的制胜法宝。好未来（学而思）方面向笔者表示，学而思是中国最早开始做教研的教育培训机构之一，采用"大后台，小前台"模式，目前后台教研及科研团队已经超过 5000 人。这些中枢大脑源源不断地为好未来提供最优质的教学内容。

有人质疑统一、标准化的教研流程压制了教师的个性，也不利于因材施教，好未来（学而思）回应称，标准化的教研流程保证课程产品教学质量的同时，同样保证了教师的个性化能力。"事实上，好未来（学而思）的课堂上活跃着各种风格不同的教师，都很受学生的喜爱。"好未来（学而思）同时表示，课程会从长期化、能力化及数据化的维度，全面培养和开发学生的六大能力：阅读能力，沟通能力，探究能力，抽象性思维，创造性思维，思辨性思维。"我们的产品和课程也已融入核心六大能力体系的要求，扎扎实实做好产品教学和服务。"

一位教育从业者曾告诉笔者，她所供职的教培机构，可以从某知名上市教培品牌处挖来学生，但很难撬动好未来旗下学而思培优的"墙脚"。强大的教学教研，筑造了好未来（学而思）的商业壁垒。

生长——不进则退

2007 年，学而思的学生数量已经突破 2 万名，员工几百人，高水平的教学教研是其核心竞争力，而差异化打法令学而思在当时的北京教培市场占据半壁江山。

"所谓创业，创就是要创新，业就是要务实地做。"在好未来（学而思）的价值观中，除了"成就客户"，还有"创新"。在张邦鑫看来，学而思之所以能活下去，原因就在于创新。

2003 年学而思创办之初，新东方已经成立 10 年，在留学培训领域如雷贯耳，2000 年就已经占据北京留学培训市场约 80% 的份额，全国份额的 50%。新东方董事长俞敏洪还提到过："新东方在很长一段时间没有对手，没有竞争对手的日子是很痛苦的。"面对强劲的前辈对手，张邦鑫认为，中国不需要第二个新东方，学而思不应该简单地照抄照搬，而是要专门干与新东方不同的事。新东方主打留学培训，学而思就专攻 K12（基础教育），"新东方教大学生，我们就教中小学生；新东方教大班，我们就做小班；新东方通过线下讲座招生，我们就通过互联网招生；新东方推崇名师，我们就做教研；新东方教英语，我们就做数学，他做什么我们就反过来做"。看似偏执的做法，却让学而思凭借"人无我有"的差异化产品在市场上站稳脚跟，2009 年，学而思的营收增幅甚至超过 300%。

尽管学而思有着惊人的成长速度，2007 年已经走出北京海淀区，每年增速 200%，熬过了艰难求生的阶段，但张邦鑫并没有强烈的融资欲望，2006 年新东方上市时，他还相当佛系地说："我都觉得和我没关系。因为新东方那么大，我们那么小。"

同行询问张邦鑫创业的初心时，他的回答是"我那个时候第一没想创业，第二没想融资，第三没想上市"。父母从小向他灌输的理念是：好好读书改变命运，再本本分分地当个个体户。但一次同行"挖墙脚"让张邦鑫意识到创业正如逆水行舟，不进则退，再不融资，公司可能会死掉。

2007 年，巨人教育获得两千万元融资，挖走了学而思的几名老师，还带走了几百名学生，张邦鑫突然感受到，再不融资，不壮大体量，继续维持着小富即安的状态，可能很难抵挡资金充足、大杀四方的对手。对员工而言，辛苦备课教书，也该获得更多回报："我们也得有钱，也得给大家空间和机会，让员工成长，否则我们的员工就都跑掉了。"

2007 年下半年，张邦鑫开始带着团队踏上扩张的征途。2008 年，学而思在天津、上海、武汉的分校分别成立，2009 年，学而思获得老虎基金和 KTB 共计

4000 万美元的融资，广州分校也正式开张，2010 年 10 月，学而思正式登陆美国纽交所，成为国内首家在美国上市的中小学教育培训机构。上市那一年，张邦鑫才 30 岁，成为美国纽交所最年轻的敲钟人，为此他付出的代价是，读博期间放弃在北京大学的学业，由于是免试直博，张邦鑫连硕士学位也没拿到。为此，他感慨道："世界上的事总有得有失，不可能所有东西都能要。"

回归——教育初心

多年风光的背后，好未来（学而思）接连应对了重重问题。

企业首先面对的是处理扩张与质量的矛盾。尽管在教育圈，好未来（学而思）以克制发展而被称道，但张邦鑫也曾坦言，上市后一度被投资人洗脑，认为上市就是为了融资，融资可以支持快速扩张。2008 年前后，学而思曾将愿景定为成为中国中小学培训第一品牌。2010 年至 2011 年末的财报显示，学而思的教学点从 132 个翻倍至 270 个。但"资本求快，教育求稳"，单纯以 KPI 为导向，快速扩张，随之而来的是"组织文化稀释，人心参差不齐"。

其次，"人怕出名猪怕壮"的现象也摆在企业面前，近 10 年来，学而思、好未来的名头越响，外界的质疑就越多。

同时，在政策层面，教育部多次下发"减负"通知，四部委联合，明确针对面向中小学生开展学科类培训及竞赛活动的培训机构进行严格规范整顿。"不要因为走得太远，而忘了为什么出发。"扩张、质疑、整顿，层层重压下，张邦鑫开始反思创办学而思的初心与价值观。

张邦鑫出生于 1980 年，那是恢复高考、阶层跃升之门重新开启的第三年，数十万有志青年与"老三届"通过高考告别坎坷青春，改变一生命运。那一年，20 岁的冯仑在西北大学读大三，看着同学携家带口上大学；那一年，创维黄宏生、TCL 李东生、康佳曾经的掌门人陈伟荣已经当了 3 年大学同班同学，后来他们有了一个共同的别称——"华工三剑客"；那一年，张邦鑫的老乡、同业前辈与竞争对手俞敏洪，经过两次复读，终于考上北京大学。

在张邦鑫的幼年时期，一次次见证"鲤鱼跃龙门"的父亲常叮嘱他，学习改变命运，"不好好读书，将来就回来种田，一辈子种田，开个小店"。张邦鑫曾向媒体表示，"学而思"多少源自于父亲的劝诫。父母告诉他，应该上个好学校，并下了"血本"供他读书，母亲甚至经常从家里的口粮中挤出钱，到旧书摊为张邦鑫买书。

张邦鑫重新权衡天平两端——教育与生意的重量。很多老员工也不断找张邦鑫谈话，认为企业文化稀释得太快了，说这样下去行不通，之后开会做批评与自我批评。

2011年，张邦鑫开始悬崖勒马，他领悟到，"争第一"是一种让人堕落的力量，学而思的愿景随之从"成为中国中小学培训第一品牌"修改为"成为受尊敬的教育机构"，向"百年学而思"进发。

2012年1月，在总结年会上，张邦鑫说道，2011年真正让他自豪的不是业务的增长和奖项的获得，"真正让我自豪的是我们更明确了我们的责任、愿景和使命……教育不仅仅要传授知识，更重要的是实践责任，传播爱和梦想"。同年，学而思发布了全新的教育理念，在青、藏、黔、新4个地区开展大规模的支教活动，并成立社会责任部，专门从事公益事业。扩张后期，学而思又及时关掉部分质量欠佳的教学点，重新调整步伐。2013年8月19日，成立10年的学而思正式宣布，集团名称更改为"好未来"。"学而思"来源于从"学习改变命运，思考成就未来"，更名后，好未来及全新Logo承载着"百年树人""百年好未来"的希冀。10年学而思，向"百年好未来"重新起航。

面对外界质疑，张邦鑫曾表示，面临非议的时候更加应该坚持价值观。"在我们不被理解、受委屈、被冤枉的时候是坚持埋头做自己的事，还是要去向别人辩解？"

2016年，《民办教育促进法》启动修改，针对教培行业的监管条例不断发布，中国民办教育进一步规范化、法制化。面对行业整顿和潜在的政策监管，张邦鑫与好未来（学而思）早早将目光与战略放得更深更远，从横向扩张教学点，转变为纵向投资、开拓教育行业的多个枝节，"做强比做大更重要"，第三方平台资料显示，2011年至今，好未来（学而思）已参与进146个投资事件中，涵盖从幼儿到成人教育、教育科普媒体、人工智能乃至医疗健康等多个领域，甚至还有好未来（学而思）旗下产品的竞品，而新东方的投资事件是 78 个。积极投资背后"隐藏"着好未来的更大宏愿：开放共赢。

未来——科技驱动

在接受采访时，张邦鑫曾感慨道，好未来（学而思）得以渡过数重山，"是我们的文化挽救了我们"。走过"恐惧驱动""目标驱动"，已经进入"理想驱动"阶段的好未来，再面对外界的风吹雨打，也从容了许多。财报数据显示，2018 年下半年开始，好未来（学而思）的增长速度有所放缓。当外界开始探讨好未来（学而思）到底有没有未来的时候，好未来（学而思）自己并没有那么慌张。

"我们认为，企业发展不能争'一时一事'的得失，好未来（学而思）的理想状态，是提供优质的教育产品，满足学生和家长对高品质教育资源的需求，从而保持稳健发展，为客户、员工和股东创造长期价值。"好未来（学而思）方面向记者表示。只畏浮云遮望眼，毕竟走过了"争第一"的阶段，好未来（学而思）对数值所反映的得失有了更多理性判断，但更深层次，好未来（学而思）的淡定背后，有着"用科技推动教育进步"和"服务公办教育、助力民办教育"这两大前景的信心。

真格基金创始人、新东方联合创始人徐小平曾表示，好未来（学而思）是"一家有着互联网心脏的教育公司，所有的营销和口碑，都是通过互联网建立的，可以说全部免费"。

早在学而思萌芽时，这颗"互联网心脏"就在有力搏动。2003 年"非典"期间，正在办辅导班的张邦鑫关门大吉，捣腾出了奥数网，用于和家长、学生交流分享。无心插柳柳成荫，网站越来越活络，用户分布在全国各地，张邦鑫早早意识到，教育也将走入万物互联时代。2004 年，中考网、作文网正式上线，张邦鑫还买下了高考网等域名，整合成面向家长的 E 度论坛，多年后又收购曾帮助他的考研网，2008 年，学而思向韩国在线教育公司 MegaStudy 学习，筹备了网校的前身——信息事业部，进军在线教育行列。

张邦鑫与好未来（学而思）始终坚持在教育科技上的投入，不断探索出"直播+双师辅导"模式，开发出 ICS 教学系统，2013 年改名时将集团重新定位为"一个用科技与互联网来推动教育进步的公司"，使命是"用科技推动教育进步"。2015 年，好未来（学而思）进军"智慧教育"，将优质教学教研资源与大数据、人工智能等前沿科技融合，为区域与学校提供教育服务。截至 2018 年 12 月，好未来（学而思）拥有 5000 名从事产品、技术、教学研究的工程师和教研员，在科技和研发的投入超过 10 亿元，未来两年将达到数十亿元。

2006 年学而思上市

走过那段最踌躇的路，学而思网校"守得云开见月明"，财报数据显示，近两年，网校的营收占比从多年的 3%提高到 15%以上，营收增速超过 150%，学生人次的增长也超过 100%。好未来（学而思）研发的"教研云"，可以支持教师高效完成课件生成，老师只要在"搜索框"中输入课程名称，就可以选择不同的媒介素材帮助学生理解抽象的知识点。好未来（学而思）方面表示，企业经历了"内容+教育""互联网+教育"两个阶段，目前正处在"AI+教育"阶段，期待利用科技将"教"和"育"真正区分，不再只停留于灌输知识的"教"，而是让人工智能等科技手段激发和唤醒学生各方面潜能，做到真正的"育人"。现在，好未来（学而思）的 AI 终端"T-Box"拥有 16T 的 AI 运算能力，能够支持同时 800 人的动作识别，或同时 200 人的表情与专注度的识别。

对科技赋能教育，好未来（学而思）还有另一层期待。2018 年 8 月，张邦鑫公开表示，重新定义好未来："好未来（学而思）是一个以智慧教育和开放平台为主体，以素质教育和课外辅导为载体，在全球范围内服务公办教育，助力民办教育，探索未来教育新模式的科技教育公司。"张邦鑫表示，民办教育出身的好未来（学而思）之所以将事业切入公立学校，而不是办全日制民办学校，是因为发现"仅仅从课外去影响孩子这件事，它的边际效应越来越小"，真正要完成"用科技推动教育进步"的使命，"不仅是推动教育培训进步，更要在公立教育的主战场中做好辅助。"

多年来，好未来（学而思）一直通过技术支援、基金会支持等形式，帮助三四线城市乃至贫困地区的孩子得以拥有与一线城市同等的教育资源，努力实现教育资源的优质与均衡。

中华人民共和国成立 70 周年来临之际，好未来（学而思）表示，中华人民共和国成立以来，尤其是改革开放以来，中国教育取得了长足的进步。教育是中国改革开放的先行者、受益者、助力者。中国教育改革发展取得了历史性成就、发生了历史性变革。在这样的历史背景下，民办教育从无到有、从小到大，经历了大发展大跨越。好未来（学而思）正是民办教育大发展大跨越的代表企业之一，也赶上了中国民办教育探索期的好时代。张邦鑫也曾坦言，从农村孩子到上市企业的领航者，一路走来，他正是国家教育改革、教育公平的受益者。

作为时代的受益者，张邦鑫与好未来（学而思）也正在用实际行动，做教育行业的探路者、中国教育事业的助力者。好时代与奋斗者，向来彼此成就。

上海家化：满足每一代中国人对美好的向往

文/李　媛

百年企业屈指可数，上海家化联合股份有限公司（以下简称上海家化）就是其中一个。

2019年是中华人民共和国成立70周年的重要时刻，2018年则是改革开放40年的重要时刻，同时也是上海家化120年的华诞。在这些重要的时刻回顾上海家化走过的121年，无论从哪个维度和角度看，都是充满传奇色彩的。从早期在巴拿马赛会获得金奖，到中华人民共和国成立后培育了国民第一护肤品牌美加净，到2001年成为国内第一家上市化妆品企业，再到品牌不断推陈出新，打造出强大的品牌矩阵，上海家化总是能够踩准时代的脉搏，与时俱进，也因此才可以不断发展壮大，成为国内最具实力的化妆品企业。

作为一家历史超过120年的老字号企业，上海家化虽然历史悠久，但是给人的印象却从来不是"老态龙钟""迂腐陈旧"，反而是越来越年轻化，越来越充满活力，无论是品牌的格调还是营销创新，都能够贴近最新的潮流，迎合年轻人的需求。旗下的佰草集、高夫、六神都是年轻消费者喜爱的品牌。上海家化能发展成为中国本土日化企业领头羊，最重要的就是能够不断推陈出新，做出符合时代潮流的产品。

百年品牌复兴与持续不断的"爆款"

受到鸦片战争及戊戌变法失败的影响，产业报国呼声兴起，1898年广生行在中国香港创立，这就是上海家化的前身。创立伊始，广生行就推出了双妹，并于1905年登陆当时经济最发达的上海，双妹承载着民国时期沪上特有的名媛文化，它将东方风情和西方雅韵相结合，一创立就起点很高，于1915年荣获巴拿马赛会金奖。

中华人民共和国成立后人们的审美方式出现了比较大的变化，朴素之美成为社会的主流审美。这个时期的上海家化顺势推出了中华人民共和国最早的护肤品——"友谊"和"雅霜"雪花膏，针对大众追求高性价比功效产品的需求，上海家化制造的雪花膏是那个时代国人最喜欢的护肤产品。

改革开放之后，随着外资品牌进入中国市场，国人对审美的需求大幅度提升，对化妆品的要求也有了很大的提高。这一阶段是上海家化成长和发展的重要阶段，其主打品牌美加净是上海家化最为悠久、知名度最高的大众品牌之一，创造了中国日化史的多个第一：第一瓶摩丝、第一支护手霜、第一款洗护香波等。这些"第一"的产品就是当时最大的"爆款"。

20世纪90年代后，上海家化还探索开创了很多新的领域，比如以中医中草药为切入点，推出中国第一款功能性花露水——六神花露水；诞生于1992年的中国第一个男士护肤品牌高夫，其产品线跨越了护肤、护发、香水三大领域；延续东方文化经典，推出了中国第一个以中医中草药为核心理念的中高端化妆品品牌佰草集。改革开放打开了国门，外资纷纷开始瞄准中国这个庞大的市场，面对来自国际巨头的激烈竞争，上海家化以中医中草药为切入点，走出了一条差异化的发展道路。

此外，随着消费需求的专业化和细分化，上海家化在更多的细分市场深度挖掘消费者的需求，推出更多的细分品类。在家居护理领域，上海家化在 2003 年推出家安品牌；此后，还陆续推出医学护肤市场的玉泽、婴幼儿护肤市场的启初品牌；2017 年，上海家化全资收购全球领先的婴童喂哺品牌 Tommee Tippee 汤美星。

至此，经过 120 多年的发展，上海家化已经率先在国内市场布局了最完整的品牌矩阵，形成美加净、佰草集、高夫、六神、启初、玉泽、家安、双妹、汤美星的自有品牌矩阵，覆盖护肤类、彩妆类、家居护理类、护发类等多个品类。

上海家化公司内照片

随着消费需求的变化，上海家化的主要品牌也都不断创新和改变。拥有 121 年历史的双妹品牌在 2010 年上海世博会期间实现了品牌的回归，在保持品牌历史积淀和文化精髓的基础上，走"高端化、年轻化、细分化"的发展策略，专注于香氛和彩妆领域，推出"夜上海"系列及"传奇"系列香氛护肤新品，持续完善和补足上海家化的高端产品线。

如今的美加净也不是当年的大众化的品牌认知，而是走精品路线，持续执行重要品类升级战略，尊崇品牌新主张"天然养肤，养本真之美"，迎合面、手部的消费升级趋势，推出新品"时刻手护系列"手霜、"雪耳珍珠升级系列"面霜。2018 年，美加净巩固大众面霜、手霜市场的地位，拓展防晒、润唇等机会品类。

佰草集是上海家化的后起之秀，时值上海家化成立一百周年，佰草集品牌应运而生，也是高端品牌的代表。佰草集推出基础护肤的经典系列平衡系列产品，并在上海香港广场开设第一家品牌专卖店。佰草集定位于"循平衡理论，承中华文化塑本源之美"，遵循"佰草集·集时光之美"的品牌理念。2008 年，佰草集成功进入世界时尚高地——法国巴黎，成为中国第一个走出国门的本土化妆品品牌。今天，传承中国文化且兼具创新的佰草集深受海内外消费者的喜爱，不仅在国际品牌林立的国内百货市场占据重要地位，还远销法国、英国、意大利、西班牙等国家。

六神则始终聚焦品牌核心夏季资产，携手代言人华晨宇，以"劲凉CP"明星产品组合为主线、"90后嗨夏"限量版花露水为副线，传播六神品牌价值主张，提升年轻人对品牌的好感度，进一步加速品牌年轻化进程。

此外，家安、启初、玉泽、高夫、汤美星等品牌也都进行了品牌的全面升级，提出更多的全新升级产品和活动推广。

营销创新与品牌年轻化

在19世纪末，化妆品只能通过进口，只有外国人和少数富豪才能消费得起。敏锐的广东商人冯福田发现了这个商机，希望可以生产出国人消费得起的化妆品，1898年广生行在中国香港诞生，创建者冯福田研制出首款花露产品并以他眼中美丽的名字命名"双妹"。广生行正式成立之后，便开始生产和销售双妹牌护肤品。

当时，广生行的经营理念为"广德、厚生、聚人心、行天下"，一听就很有那个年代的老派经商味道。1903年，香港广生行在上海塘山路成立了上海发行所，经销护肤品，双妹品牌正式登陆上海。

中国近代广告的启蒙就是在上海，当时的上海也是中国广告行业最发达的城市，很多早期的品牌都是在上海诞生，而早期的平面广告也都是"上海出品"，可见当年的上海广告和营销的发达程度。而双妹就是当年上海一个知名的化妆品品牌。

1910年，双妹逐渐推出多种美颜产品，让沪上名媛趋之若鹜，随着生意越来越好，广生行沪总店在上海南京路475号正式揭幕，双妹品牌就此入驻了沪上高端地标，成为了一个时代的时尚。1915年，在美国旧金山举行的巴拿马世博会上，广生行的双妹品牌美颜佳作粉嫩膏获得金奖。

进入新世纪之后，作为一个百年老字号，上海家化旗下的美加净、六神、双妹等品牌都面临品牌老化的问题。面对年轻化需求，上海家化不仅在产品上迎合年轻人的消费需求推出高品质、具有鲜明精神与文化属性的产品，还在营销传播上创新方式，运用数字科技、融入娱乐元素，加强互动，以吸引更多年轻消费者关注品牌和产品。

在品牌年轻化方面，上海家化旗下的各大品牌可谓各出奇招。六神聘请华晨宇担任代言人，借助华晨宇的粉丝效应，推出"带感浪一夏"的主题营销活动，以传统硬广告结合全新数字化媒介，预热期与抖音深度合作挑战赛，短短一周时间就获得4.8亿的播放量，以及28万观众产生的原创内容。

而美加净更是携手《这就是街舞》冠军、全能街舞王韩宇，以歌舞病毒视频推广防晒产品，借势《这就是街舞》和明星的话题热度，在微博、微信、抖音三大平台持续扩散，联动各大KOL在小红书和知乎上"种草"，全面提升销售转化。

佰草集于2018年7月起用李易峰作为彩妆和面膜两大品类代言人，诠释品牌年轻化的形象，吸引更多的年轻消费者，随着新固态精华面膜上市半年，全网销售超过200万片。2018年高夫品牌携手冯唐、李诞、新世相等KOL发起热门话题"油腻"，引发了2.5亿话题量。

在跨界营销方面，上海家化也是大胆尝试。2018年，六神与Rio合作推出六神Rio鸡尾酒，6月6日，六神Rio鸡尾酒在天猫独家首发，限量供应的5000瓶17秒内被秒光，据说，该产品空瓶在淘宝曾被炒到368元。而2018年9月，美加净又与大白兔奶糖合作推出大白兔奶糖味的润唇膏，再度引起行业关注。2018年7月，高夫在世界杯期间与青岛啤酒跨界合作进行营销，推出"熬夜加油包"——高夫+青岛啤酒的产品组合装，蹭了一把世界杯的热度。

而新媒体的率先尝试，也让上海家化尝到了甜头。2019年上半年，佰草集首次投入利用社交媒体或者内容营销平台进行传播，在抖音发起的"变美是最好的复仇"挑战赛。七天的曝光量达到十几亿次，整体的曝光量和参与量远优于同行竞品。同时，上海家化在美妆平台投放了开机广告，点击率达到7.6%，远高于行业3.5%的平均水平。

除了中医中草药文化，上海家化在非物质文化遗产的传承保护与推广上也不遗余力。也正是由于品牌的历史传承，才使得上海家化的营销之路有些特别：2018 年以来，佰草集多次推出以传统手作工艺如花丝镶嵌工艺、金陵云锦织法和古瓷烧制之法打造的限量合作系列，弘扬传统文化，彰显中式美学。让这些中国传统文化瑰宝慢慢复苏，呈现在世人面前。近日，佰草集启动敦煌文化合作项目，保护文化遗产、传承和弘扬优秀传统文化，向年青一代展示历经千年的传统艺术和养美文化。

制度创新与研发创新

"我们也重视营销，因为这是与消费者的沟通方式，但没有好产品的营销就是空中楼阁，无法长久，在做好产品的前提下，我们会持续提升营销的创新。"上海家化相关负责人如是说。

事实上，上海家化的复兴之路从来都是伴随着其制度与研发的创新。

中华人民共和国成立后，民营企业实现公私合营成为趋势。广生行、上海明星香水肥皂制造有限公司、东方化学工业社、中华协记化妆品厂合并成为"上海明星家用化学品制造厂"，这是"家化"最早的由来。1967 年，上海明星家用化学品制造厂改名为"上海家用化学品厂"。至此，"上海家化"四个字才真正成为公司的大名。

2001 年，在历时 7 年的筹备之后上海家化登陆上交所，成为中国第一家日化上市企业，成为中国日化企业第一股。国企上市的目的之一是企业充分市场化，依上市规则建立完善的法人治理结构，增加企业各项行为的透明度，将企业置于市场监督之下。上海家化的上市确实让企业走上了市场化的道路，之后实现高速发展。

2011 年，上海家化集团在上海国资委诸多国企中率先实现国企改制，其100%股权转让给上海平浦投资有限公司，这标志着上海家化的市场化进程又迈进了一大步，并正式宣告中国平安成为上海家化上市公司的大股东，上海家化完成股权分置改革，从一家国有企业转变为一家混合所有制的企业。

可以说，从广生行到上海明星家用化学品制造厂，到上海家化，这家 121 年的企业一直在顺应时代的变化而做出改变，尤其是在体制上，大胆的创新求变，让上海家化最终成为了一家市场化的企业，以更加透明的体制，更加市场化的手段和开放的姿态参与市场竞争。

现阶段，上海家化采取"创新领先、增长领先、品质领先"的发展战略与"研发先行、品牌驱动、渠道创新、供应保障"的经营方针。

在决策与执行方面，上海家化形成了以各品牌负责人为主导的决策机制，尝试决策授权与去中心化。鼓励一线人员大胆创新，并建立容错机制，以便在瞬息万变的复杂竞争环境下及时做出反应。在系统运营方面，上海家化强调协同效应，形成品牌主导、渠道协同、销售执行的扁平化、开放式组织构架。

2019 年 8 月 30 日，北京，一家超市销售的六神花露水

产品是品牌的生命力，上海家化的品牌长盛不衰，根本原因是产品品质持续的提升，不断满足各个时代消费者对美的不同追求。上海家化有一个传统就是始终重视产品的研发，在研发上的投入保持较高比例。对内，上海家化高度重视自主研发，在应用研究上是国内为数不多重视基础研究的企业，以创新科技来赋能品牌。对外，上海家化与各大研究院所、高校、医院均建立合作关系，以创新的"医研共创"的模式去开发、升级产品。

上海家化是中国最早投入研发的本土化妆品企业，凭借着强大的研发实力，不断推出新品牌和产品，1991 年，上海家化依照传统中医理论和重要功效研制出六神花露水，上市之后六神迅速赢得市场的青睐。1998 年，在普遍采用生化技术的护肤市场，上海家化研制推出中国首个现代中草药护肤品品牌佰草集，开辟本土品牌发展新路径。

2018 年，上海家化科研中心全新升级为科创中心，与多家科研院所、高校、医院建立了联合实验室，与近 20 家科研和检测机构建立了密切的合作关系，在微生态、表观遗传学、干细胞、智能靶向、仿生学等领域深入研究，引领行业的发展趋势。通过研发创新，树立中草药研究的差异化优势。目前，上海家化已经形成一套关于中草药的链式研究模式，从中医药美容理论研究、有效成分提取、专业平台验证到自主生产，将中草药的功效发挥到最大。

作为日化行业龙头企业，上海家化不断完善新品开发流程，强化研发技术，提高产品创新及质量，贯彻研发先行的方针，使研发始终保持 3～5 年的市场前瞻性。经过多年积累，上海家化建立健全了包含基础研究、产品研发、安全评估、功效测试、消费者洞察及工业设计开发的完整的研发体系，并率先提出了"开放式创新平台"的研发模式，整合全球资源提升研发水平，加快创新导入市场的速度。

上海家化积极响应国家"质量强国、制造强国、品牌强国"的号召，跨越工厂已全面投产运营，重塑公司制造业态，打造"中国制造"的代表企业。新工厂实现了运营管理的数字化、精准化、信息化、自动化，全面提升了生产能力、供应保障能力及智能制造水平。同时秉承环保理念，充分利用太阳能、热能等绿色资源，有效降低污水、温室气体和固体废物的排放。这所先进、智能化的绿色工厂确保了公司能够持续为消费者提供高品质的产品，落实了公司"供应保障"的经营方针。新工厂提高了生产效率和质量管理水平，提升了产品品质。

从危机中走向成熟

对于一个历史长达 121 年的企业而言，经历了清末历史、民国时期、中华人民共和国成立、改革开放这些不同的历史时期，能走到今天，注定不可能一帆风顺。上海家化在其 121 年的发展历程中，也经历过几次危机，并最终从危机中走向成熟。

受到"文革"影响，1970 年，上海方面根据"全国计划会议"精神，决定上海家化改行转产，停掉大部分的化妆品生产业务，转行去生产电子管，变成"上海家电"。1971 年，上海家化"赶鸭子上架"试制出来的第一批"TTL 超高速数字集成电路"，总计 921 只，合格率仅为 59%；同年 12 月，银行正式通知上海家化的电子管产品无销售对象，停拨货款。1972 年，国际市场上化妆品的需求量激增，而国内化妆品亦成为民众生活中不可或缺的日常用品，上海家化这才被获准开始恢复老本行。

品牌经济的核心是发展，近 3 年来，上海家化以"研发先行、品牌驱动、渠道创新、供应保障"为经营方针，同时力争做到行业的"创新领先、增长领先、品质领先"。而未来对于上海家化而言，高端化、年轻化和细分化将是三大发展趋势，从 2018 年、2019 年上海家化各大品牌的表现来看，他们也正在朝着这三个发展方向全力奔跑。

正如习近平总书记所说，改革开放只有进行时没有完成时。对于上海家化来说，风雨兼程 120 载既是跨越，也是开始。作为百年龙头和民族标杆企业，家化承载着中华文化，让传统中华智慧焕发新生；凭借非凡匠心，打造行业领先的工艺和品质；坚持恒久诚信，规范经营，与合作伙伴共同发展；持续锐意创新，为国人带来更多"美"的体验；承担改革重担，做国企改革的排头兵；充当和平使者，拓展海外市场，沿着国家"一带一路"规划走出去，让东方美在全球绽放。

无限极：故事的力量

文／李向磊

故事的力量是无穷的。在无限极（中国）有限公司（以下简称无限极）的伙伴和员工口中，广为流传着一些故事。这些故事背后的历史记忆和文化印记，还原了无限极的诞生和第一款产品的问世；回顾了刻骨铭心的艰难转型；重现了无限极苦练内功、积蓄能量的场景；彰显了无限极"永远创业"的精神和文化的力量。

无限极的故事，重现一些重要的历史片段、难忘的故事画面、鲜活的创业人物，生动、形象地为我们展现了一个真实的、有血有肉的无限极，从中感受这家民族企业的探索与跋涉、挑战与突破、使命与情怀，理解这份事业从无到有、从小到大背后的源泉和动力。

故事里的无限极，"永远创业"精神，值得铭记，值得骄傲，更值得坚守，激励着企业伙伴和员工永远走在创业的路上，开创更加美好的未来。

老树发新枝

广东人喜爱吃蚝,除了生吃,还会把新鲜的生蚝连同汁液煮熟,再晒干,称为"熟蚝豉"。19世纪末,来自广东新会的李锦裳就在盛产生蚝的珠海南水开了一家茶寮,出售煮蚝。

1888年的一天,李锦裳像往常一样烧火煮蚝,因为忙碌忘掉了时间,直到一股浓烈的香味传来,他才想起锅里还煮着生蚝,揭开锅盖一看,眼前是厚厚一层沉于锅底、棕褐色的浓稠汁。他懊恼地想要倒掉这锅蚝汁,但浓烈的香气却让他忍不住蘸了些品尝,却没想到味道竟如此鲜美。李锦裳兴奋地呼朋唤友来品尝,大家都赞不绝口。他觉得这是一个很好的商机,于是就在原料配比和熬制方法上做了些改良,固定了熬制的方法,并正式把熬制出来的蚝汁命名为"蚝油"。

独特而鲜美的味道,让蚝油逐渐成为当地远近闻名的特色产品,随着购买蚝油的人越来越多,李锦裳便把茶寮更名为"李锦记蚝油庄"。也因为这次意外的收获,不仅让李锦裳发明了蚝油,还让他给后人带来一份祖业,并开启了一个百年传奇——李锦记集团。

然而,就在"李锦记蚝油庄"凭借风味独特的蚝油发展顺风顺水时,一场大火烧毁了南水村的大半条街,李锦记蚝油庄也未能幸免。虽然遭遇火灾,但以李锦裳为代表的李锦记家族骨子里有一种将事业开拓至更广阔市场的"商业冲动"。1902年,为重建家业,李锦裳举家迁往中国澳门,开始在澳门销售蚝油,并重新挂上"李锦记"的名号。

从头再来的勇气,深入骨子里的商业冲动也被李锦记家族总结为"永远创业"四个字,铭记在每个家族成员的心中。由此,李锦记集团一路发展壮大。历经3个世纪4代人的努力,李锦记集团已经完成了第一个历史使命:发扬中华优秀饮食文化,做到了"有华人的地方就有李锦记"。

20世纪90年代,李锦记集团开始多元化发展,决定进军中草药健康产业。在此背景下,李锦记家族第四代成员李惠森于1992年创立无限极,肩负着家族的第二个历史使命:弘扬中华优秀养生文化,创造平衡、富足、和谐的健康人生。

李惠森是李锦记家族第三代掌门人李文达的第四个儿子，他热爱滑雪，勇于挑战，多次受伤却从不气馁，经常被家人称为"容易受伤的男人"。"永远创业"的家族基因，给了李惠森持续创新、大胆尝试、不断挑战自我的勇气。

1992年，李惠森得知自己的一位同学认识第一军医大学的老校长赵云宏，便找那位同学牵线搭桥，与父亲李文达一同到广州拜访了赵云宏及几位中医药专家。赵云宏是一位很有开放意识和商业精神的人。那次会面，赵云宏侃侃而谈，从中草药历史上的辉煌，讲到中草药商业化发展的困境。在赵云宏讲话的过程中，李文达和李惠森频频点头。后来，有随行人员问李文达："您对赵校长的话完全认同吗？"李文达半开玩笑地回答："他讲的话，有些我不太听得懂，但我知道他很专业，我相信他，所以不停地点头。"李文达和李惠森虽然不了解赵云宏所讲的中医药学的细节，但是，他们却在开发利用中医药文化的大方向上形成了高度的共识，建立了互信。

达成全新的商业合作，通常需要长时间的谈判和复杂的风险评估等过程，但李文达父子和赵云宏在这一小时的会面结束时，就签订了合作意向书，打破了一般商业合作的常规定律。李文达后来回忆说，"我们见面虽然只有一个小时，但我有了一个基本的判断：李锦记进军中草药健康产业方向没有错，赵云宏是一个很好的合作伙伴，我们有着丰富的市场营销和管理经验，第一军医大学有很好的科研实力和科研成果，两家联合一定能做出一番事业"。李文达和李惠森父子俩相信，能帮助他人收获健康的事业一定大有可为，从而更加坚定了他们进军中草药健康产业的信心和决心。他们的信任也让"李锦记"这棵百年老树发出新枝，开启了家族事业的新篇章，进一步诠释和丰富了"永远创业"精神。

艰难的成长

1992年12月8日，广东南方李锦记营养保健品有限公司（无限极前身）正式成立。同年底，无限极的工厂在第一军医大学破土动工。

产品是一家公司的立业之本，也是生存发展的基础。无限极成立后，最迫切的事情就是如何将第一军医大学的科研成果转化为能满足消费者健康需求的产品，经过两年的研制，1994 年 8 月 8 日，无限极第一款产品增健口服液正式诞生。

上市后的增健口服液虽然获得了专家、学者和权威机构的肯定与好评，但市场上的消费者对于无限极的这款产品并没有太多的了解，销路没有打开，以至于最初 3 个月的销售额仅为 3 万元。一箱箱的产品积压在仓库里卖不出去，工厂只能暂时停产，车间员工也只好放假回家。

为此，李惠森纳闷不已，苦思原因何在。"是我们定价太高吗？是保健品市场饱和了吗？是消费者不喜欢无限极的产品吗？还是销售方式有问题?"没人能告诉李惠森答案。于是，他决定亲自到柜台当销售员，现场了解顾客的需求和产品卖不出去的原因。在专柜站了一天，李惠森不停地向进店的顾客推荐增健口服液，但几乎所有人都以不知道、没听说过或不了解无限极而拒绝。还好，李惠森的"0"销量在即将打烊的时候变成了"1"。李惠森回忆说："那个时候进来了一位中年妇女，在无限极专柜前停留了一下，我抓住机会向她推荐，足足花了20 多分钟跟她介绍增健口服液的科研实力、功能和使用方法，但她好像还在犹豫，直到我分享了自己使用增健口服液的亲身体验和带来的变化，才引起了她的兴趣，最后，她终于决定买一盒回去试试看。"

这一次亲自站柜台和仅有的一笔销售，不仅让李惠森发现了增健口服液卖不出去的原因，也让他开始反思无限极产品的传统销售方式。他敏锐地觉察到：传统的柜台销售方式，销售员每天要面对很多顾客，没时间向每个顾客进行详细的讲解与示范，也比较少有产品的使用体验分享，尤其像增健口服液这样知名度不高的产品，就很难吸引顾客。而最后那位顾客会购买增健口服液，实际上是被他的产品体验和分享所打动的。

恰巧那时，李惠森听到一位朋友说起有直销这种商业模式，与他的思考不谋而合，引起了他浓厚的兴趣。

当时，直销在美国、日本、东南亚等国家和地区已经盛行了几十年，但直到20 世纪 90 年代初才传入中国，而且采用这种直销方式的公司寥寥无几，国人对这种直销方式的了解也很少，可以借鉴的经验不多。

　　李惠森当即在公司成立了一个研究直销模式的专项小组。在接下来的两个月时间里，他带领大家访遍中国香港、中国台湾、东南亚，甚至远赴欧美，每到一地，他们都深入调研，虚心请教，渐渐地对这种被称为"直销"的新型销售模式有了全面的认识。他们通过考察证实，保健品效果好不好，最好的证明是使用者的感受，而不是超市、药店销售人员的推荐，因为由使用者来推荐产品才更有说服力。

　　考察归来，李惠森领导公司马上推出了一项新的市场计划，强调"用产品"，即如果顾客自己用产品，并且通过分享让其他人也购买了，就可以免费换产品。

　　起初，顾客对这种口碑分享式的销售比较陌生，愿意尝试的人不多。后来来传莲、李宝琴等十几位退休医生加入无限极，他们使用增健口服液之后，对产品非常认可，便积极地向身边的人推广、分享，赢得了越来越多顾客的信任与认同。慢慢地，增健口服液的销售形势开始直线上升。

　　1995 年，无限极正式采用直销的经营模式，彻底扭转了增健口服液的销售局面，为无限极的发展打了一针强心剂，整个市场焕发勃勃生机，公司迈入了第一个稳步发展的阶段。

　　就在无限极借助直销模式不断发展壮大的时候，行业政策的骤变一下子使公司面临生死存亡的挑战。

　　1998 年 4 月 21 日晚，身在广州的李惠森正和公司同事一起吃饭。忽然间，几个人的手机此起彼伏地响了起来，他们听到电话后，一个个都紧锁了眉头。同一时间，入职 4 个多月就被外派到海南分公司做负责人的黄健龙，接到了一个来自广州总部的电话，心情也立刻沉重起来；远在千里之外的东北抚顺，正在给新朋友分享无限极的业务伙伴韩振铎别在腰间的寻呼机抖动不停，他看完寻呼机的信息后，打开了电视机，当时的《新闻联播》正播着一个让他吃惊的消息："国家正式出台管理政策，停止当时的所有直销经营活动，已批准的登记企业最迟应于 10 月 31 日前办理变更或注销手续。"

　　原来，直销模式进入中国后，发展初期，由于国家相关监管手段不完善，消费者的消费心理不成熟，快速致富的愿望迫切，对真正合法的直销又不甚了解，导致很多非法公司乘机扰乱市场，严重影响市场秩序和社会稳定。1998 年初，情况变得更加严重，于是，政府主管部门决定进行干预，所有直销企业，一律立即停止直销经营活动。作为当时全国仅有的 41 家合法直销公司之一，无限极不可避免受到波及，并直接导致其面临着自创业以来的第一个重大危机。

以李惠森为代表的无限极管理层在震惊之后迅速冷静下来，立即做了三件事情：第一，在得知消息半小时后，管理层立即分头给 15 名关键的业务伙伴打电话，向他们介绍了情况，表明公司的态度，承诺公司会积极想办法，和大家共同面对困局。第二，公司给所有分公司下达指令：买过无限极产品的顾客可以无条件办理退货。第三，1998 年 4 月 22 日当晚，李惠森带领无限极的管理层召开紧急会议，研究公司未来该何去何从。

1998 年 4 月 22 日深夜，《转型不转理念——致全体无限极伙伴及公司同仁的一封信》公开，这封信将李惠森在会上的表态做了全面的诠释，公司将逐步由直销转为传统的店铺经营，但经营无限极事业的理念不会改变。第二天，这封信被迅速分发给了无限极的业务伙伴和员工，给市场重新注入了信心。公司开始转型，很多伙伴开起了店铺，继续销售产品。

如今回想起这件事，仍会唤起很多业务伙伴和员工内心的感动。一位亲历其中的业务伙伴回忆："4 月 21 日那天晚上，我在床上辗转难眠，直至接到公司的电话才如释重负。也正是公司的这种积极态度，给了我们巨大的鼓舞，很多业务伙伴因此选择留下来，与公司共进退。"黄健龙也回忆说："那一天，我接到很多消费者的电话，分公司也来了不少消费者，但让我吃惊的是，他们不是咨询退货的，而是来探询将来如何购买公司产品的，顾客担心如果我们因为政策影响不再经营的话，他们没法再买到产品。"

正当公司上下全力以赴，准备走出困境时，1998 年 7 月，又一个沉重打击迎面袭来——政府开始对军队经商进行整治，出台了一系列规定，包括军队及其直属单位不能经营企业或参与商业活动。这就意味着：第一军医大学必须要结束与无限极的经营合作，公司从此将失去主要的合作伙伴，让挣扎在生死存亡之际的无限极雪上加霜。

局势迫使无限极必须做出决断：要么全身而退，要么独立承担风险。当时，正值亚洲金融风暴，我国香港经济受到重创，已经开始多元化发展的李锦记的业务也受到很大的影响，资金周转出现困难，董事局再三权衡，决定要砍掉一些非核心业务，包括李惠森一手打造出来的健一小厨，以便将有限的资源用于保证"酱料"核心业务的开展。此时，如何处理健康产品这块业务，是去是留，董事局展开了一番激烈的讨论。

在当时看来，无限极既然不能做直销了，最主要的技术合作伙伴也不得不撤出，这相当于一个直销新人被政策打回到了原点，而且国家政策接下来会怎么变，谁都不知道，在那种情况下选择放弃其实也很正常。

无限极的跨国科研团队

砍掉健一小厨，李惠森虽然心疼，但是从家族事业的大局考虑，他还是支持的。但对于无限极的何去何从，他却非常坚决，表示一定要将无限极坚持到底。在他看来，李锦记是准备把健康产品作为家族的第二个主业来发展的，在这两项政策出台之前，公司的业绩和成长性都不错，只是因为国家的宏观调整，现在业务发展遇到了瓶颈，但只要渡过这个难关，公司一定会东山再起。他的这份坚持，一开始也不是所有人都认同和理解的，经过了很多波折，但最终还是得到了父亲李文达和几位兄长的支持。

当时，整个中国直销行业已经风声鹤唳、举步维艰，无限极的市场业绩也大幅下滑，陷入经营困境，人心惶惶，存亡就在一瞬间。在李惠森的坚持下，本着

"思利及人"的核心价值观，以及对中草药健康产业前景的信心，无限极毅然决定买断第一军医大学的股权，并以技术合作的形式继续开展合作；公司也开始转换成店铺销售的模式，业务伙伴转为经销商，继续销售产品。这样，不仅保障了第一军医大学的利益，化解了公司的经营危机，也保证了业务伙伴的利益，让业务队伍对公司的未来重拾信心。

在面临第一项政策的时候，原来的 41 家合法直销公司纷纷转型，其中不少都在这个过程中消失了，而无限极以自己的坚持、担当和及时转型为店铺经营而生存了下来。在面临第二项政策时，无限极再次以优秀的商业信誉，赢得了一个长久的合作者，实现了公司的涅槃。在企业的两次"生存大考验"中，无限极始终坚持自己的核心价值观，将顾客和业务伙伴的利益放在第一位，与业务队伍共同面对，经受考验，不抛弃不放弃，奠定了长久的信赖与合作的基础。

"五年计划"谋发展

20 世纪末，对于直销企业而言，是一个难熬的冬天，整个行业都弥漫着焦躁与茫然。在刚转型的特殊时期里，作为无限极领航人的李惠森，努力思考公司未来的方向，希望找到一个好的战略用来统领公司的发展。

一次偶然的机会，一本名为《策略思考的威力》（又名《战略思维》）的英文书深深地吸引了李惠森，书中列举了众多优秀企业成功的原因，其中提到的"建立有能力运作的战略愿景"令他眼前一亮。于是他买下好几本，送给自己的管理团队。书上有那家顾问公司的联系方式，后来，他们找到了那家顾问公司，想请他们帮助无限极的业务做一个战略规划。顾问公司答复："可以做，费用是100 万元。"

这对正处在发展困境中的无限极而言，是一笔不小的费用。于是，李惠森和管理团队商量后说："干脆我们自己来！"他们研究了作者在这本书中所提到的战略规划的工具，又跑到了图书馆把作者以前写的书全部借来看完，基本弄明白作者所介绍的方法的来龙去脉。然后，组织 10 多个管理人员一起按照书中的方法，把公司的外部环境和内部资源等分析了一遍，开始制定无限极的战略规划。

2001 年 3 月初，在广州的松园宾馆，一个对无限极而言具有跨时代意义的时刻开启了——无限极第一个五年发展计划研讨会在这里举行，公司 10 多位总监级以上行政员工和来自全国 13 位业务伙伴，作为战略思维小组成员参加了为期 4 天的研讨。

研讨会开始前，公司高层跟大家介绍了"道天地法将"的策略思考模式，接着，又带领大家运用这一模式，对公司未来的发展方向进行了研讨。据当时参加会议的一位业务伙伴回忆："那几天，我们昼夜争论，房顶都快要被掀了起来。会上，大家都充分表达了自己的想法，因为我们都知道，关心公司的未来就是关心自己的未来。"这次会议是公司第一次与业务伙伴"客企一体"讨论未来规划；第一次提出"五年计划"的概念；第一次清晰了转型之后无限极未来的方向是什么，明确了公司的愿景和目标。

2001 年 4 月，"一五"计划宣导大会在山东济南隆重举行，400 多名业务伙伴和行政员工出席会议，会后所有参会人员一起登上泰山，庄严宣誓，为实现"一五"计划共同努力。仅仅用了 4 年，无限极就完成了原来计划要用 5 年时间才能达到的各项指标。

随后的 2005 年 2 月，无限极又发布了第二个"五年计划"，明确提出以打造"独特的企业文化、独特的健康理念"为主题目标。无限极的"二五"计划完成的结果是惊人的：与"一五"计划相比，新产品的数量是原来的 8 倍，而业绩是原来的 5 倍。

在"一五"计划和"二五"计划顺利实现的基础上，2009 年，无限极提出了以"坚持优势，跨越发展"为主题的"三五"计划，提出了要实现"业务队伍、品牌建设、产品开发、经营环境和海外市场"五大方面的跨越发展。2014 年，无限极"三五"计划圆满实现。

2015 年 1 月，无限极顺势而为，适时推出了"四五"计划——以"坚定梦想，创造历史"为主题，明确"6 大策略目标、7 大关键行动"，指引无限极迈向新征程。

李惠森说，"五年计划"对于无限极来说，就如一张张作战地图，确保无限极始终能站在战略的制高点，清晰未来发展的目标与方向，有力地凝聚全体业务伙伴和行政员工的力量，客企一体，心一致行动一致，不断突破创新，创造历史，推动企业快速而稳健地发展。

无限极的三字经

"无限极，扬使命；立信义，品先行。常沟通，要真诚；多赞美，细聆听……"

听到这段异口同声的朗诵，从广州总部来到市场走访调研，正要踏进专卖店的行政员工帆姐心里感慨万分。她的思绪一下子被拉回到了2009年——那段她与同事们通宵达旦、加班加点创作《规范经营三字经》的日子，大家不时为了其中的某个字眼，争得面红耳赤；又会被突然冒出的新点子激动得兴奋不已。

当时，国家颁布的《直销管理条例》和《禁止传销条例》两个法规进入深入贯彻落实阶段，获得直销经营许可证的无限极也进入高速发展时期。作为一家有强烈使命感、责任感的企业，无限极高度重视对法规的遵守和贯彻落实，全力营造规范经营的市场环境，并持续在业务队伍中开展各种形式的规范经营教育，对业务伙伴在拓展市场中的个人形象、言行举止和各种业务行为加以有效的引导。2010年《规范经营三字经》的推出，更使规范经营教育深入人心。

说起《规范经营三字经》的由来，还得从一张小小的便笺纸开始。

2009年3月的一次经理级会议上，俞江林将他的一个设想写在了一张黄色的便签纸上：能否用一种轻松、简单、好玩又有创意的形式，将业务行为中最核心、最需要遵守的内容传播出去，就像大街小巷里小孩子都会背的《三字经》那样，让人耳熟能详，家喻户晓？

现任无限极（中国）产品发展副总裁的胡贞忠接到了这项任务后，便组建了一个项目组。项目组成员先后收集、研习了《三字经》《弟子规》《广州市民礼仪手册》和《公民基本道德规范》等参考资料。大家越来越觉得将个人、市场、公司规范经营与中华传统文化相结合，用《三字经》这种家喻户晓、流传千年的形式来展现无限极做人做事独特的面貌，非常有意思。于是，大家又结合公司自身的企业文化和业务队伍的具体情况，从个人礼仪、举办会议、业务规则及外事等几个方面进行创作，初步编撰了有无限极特色的《规范经营》。当时的初稿有 24 行，提交给无限极（中国）的行政总裁俞江林时，他给出的建议是要更简单、好记，最好压缩到 12 行，让业务队伍都朗朗上口，容易传播。

从 24 到 12，看似简单的两个数字变化，要精简一半，对项目组而言却是个不小的挑战。据当时参与项目的同事回忆：那阵子大家都跟着了魔似的，上下班途中、吃饭时都在思考，多次召开专题会议，商量到底哪些才是最需要关注的，怎样才能平仄押韵、对仗工整、朗朗上口、读起来有气势，他们一次次研讨，一个字一个字地抠，一个音一个音地对。经过一年的反复提炼、修改和打磨，12 行融合了中华传统文化、企业文化、国情及市场特点的《规范经营三字经》最终出炉。

一位专卖店负责人分享道："这个'三字经'大家记得住，我们每次开会前都会一起背诵，也方便大家照着去做，还能相互提个醒。因为'三字经'让大家的认识统一起来，经营规范起来，市场和伙伴就少了很多违规行为。"

在规范经营的同时，无限极一直将产品质量作为企业的生命线，在生产过程中贯彻 "100-1＝0" 的质量理念，在原材料种植、产品研发、生产、物流到售后等方面保障产品高品质。"无限极的质量管理体系，不是一蹴而就的。"行政员工刘凤松回忆道，"公司成立之初，只有两家中药材代理商，但这两家代理商的货很多都是市场上买的，追溯不了产品的源头，一旦产品原材料的质量和道地性存在问题，就会对生产、销售等产生很大的影响。"

中国是中草药大国，但不是中草药强国。其中的一个原因是中草药的管理问题重重：种植环节污染，重金属超标、农药残留超标严重；种植、采收、加工、炮制、储藏、物流没有标准，原材料质量不合格、掺假等问题比较突出，一些不良企业又偷工减料，缺乏严格的行业监管，严重影响了中草药健康产业的有序发展。刘凤松说："无限极要为大众健康负责，做良心品质，所以我们要坚持'100-1＝0'，只要检测出一点问题，我们都会及时向公司高层汇报，知会业务市场，提出预警，并暂停生产。为了保证产品不断货，等新的合格原材料补充到位后，生产基地便会加班加点生产，不惜增加成本、采取空运或其他更快捷的运输方式，保证产品及时供应到各个仓库，送到消费者手中。"

一次，公司质检部门检测出供应商提供的红果清露的原材料蜂蜜里面含农药残留，白芷仁存在黄曲霉毒素残留。虽然这些残留在国家标准范围内，并不会对人体造成伤害，但无限极质量管理部门当时就直接拒绝签字放行，新会生产基地也紧急停止生产红果清露。

为了从源头保证中草药产品的质量与安全，2008 年，无限极开始探索原材料管理的新模式，并于 2011 年提出了"无限极+供应商+农户"的中草药种植管理模式，让企业与种植户、合作社、供应商形成责任共同体。2013 年，无限极提出建立中草药产业化模式，从模式、体系、机制上保证产品质量安全，对消费者、农户、政府和行业负责。2015 年，天方健（中国）药业有限公司，于 2017 年成立中草药发展研究院，不断从源头保护中草药优质资源，保障产品的品质和供应。

2019 年，无限极新总部地址——无限极广场封顶

此外，在科研方面，无限极开始形成"多方科研平台，全产业链支撑开发精品"的科研体系，先后与英国剑桥大学、法国科学院–巴黎狄德罗大学、中国中医科学院中药资源中心、中国科学院上海药物研究所等强强联合，不断提升无限极的产品科研实力和水平。在生产管理方面，无限极 2003 年就通过了 GMP、2000 版 ISO9001、HACCP 三大质量体系认证。只用了一年的时间，就将这三个体系建立起来，这成为无限极一个里程碑式的事件。

在无限极，有一张流传很久的照片：一栋地势低洼的小瓦房，浸泡在大雨过后的泥水里——无限极工厂的筹备处。无限极最早期的工厂规划和建设，就是在这栋低矮、潮湿、简陋的小瓦房中完成的。

1997 年 4 月，无限极的办公地点正式从第一军医大学搬到了盘福路麒麟大厦。相比原来的办公室，新的办公环境虽然有所改善，但依然非常简陋。但就是在这样艰苦的环境下，无限极的员工们充分发挥不怕苦不怕累的精神，大家拧成一股绳，铆起劲来拼命往前冲。在麒麟大厦办公期间，无限极战胜了转型时的生死困境、召开了 2000 年"新世纪、新使命、新辉煌"销售年会，完成了"一五"计划和"二五"计划，步入了快速发展的阶段。

2010 年，无限极将办公场所搬迁到位于广州珠江新城 CBD 的无限极中心，总投资超过 3 亿元，员工的办公环境和条件大大改善。2016 年，无限极又斥巨资在广州白云区建设未来新的办公总部——广州无限极广场，以适应业务的快速发展。这期间，还发生了一段插曲，至今被员工所津津乐道。

在公司新的总部大楼建设规划会议上，项目小组为李惠森演示了管理团队未来的办公室面貌。看着装修精美、设计时尚的办公大楼和办公室，项目小组以为李惠森会很满意，没想到他说了"不"。

根据新的规划，未来公司行政领导的办公室相比过往都扩大了面积。其中，董事长办公室的面积，由之前 30 多平方米扩大到近 80 平方米。对此，李惠森说："当时我的第一反应是，不应该这样做。永远创业不是说公司现在好了，就可以浪费。我要以身作则，首先自己的办公室要缩小，应该多少就多少。"按照李惠森和管理层的要求，管理层的办公室还是保持原来的面积，更多的空间腾出来给员工办公。

李惠森对办公场所的这种朴素态度，让大家了解到他的用心良苦，也让公司上下对"永远创业"的精神有了更深的理解。正因为秉承这种精神，无限极在 20 多年的发展历程当中，面对困难没有放弃，面对挑战没有妥协，始终与时俱进，把握每一个历史发展的机遇期，从小到大，从弱到强，不断成长为有系统、有规模、有实力、有责任的企业。

益海嘉里：粮油之梦

文／李向磊

"凡有海水处，就有华人。"至今约 6000 万华侨华人分布全球。在华人群体里，经商比例极大，他们艰苦创业，拼搏进取，不少人在各自领域取得了非凡成就。但无论身处何方，海外游子对祖国母亲始终怀着深深的眷恋，只要祖国有需要，他们义无反顾。

抗战时期，以陈嘉庚为代表的海外华侨贡献巨大，他们本已在当地商界颇有建树，生活富裕地位不低，却义无反顾为祖国同胞抛家舍业。他们买国债，捐款捐物捐飞机，倾家荡产出资助战，有统计说抗战时期华侨的捐款支撑了当时国民政府军费的四成以上。正是在这些爱国侨领的带领下，千万海外侨胞团结在一起，成为支援祖国抗战的重要力量。

改革开放之初，中国急需资金、技术和发展经验。在世界尚对中国抱有疑惑之时，华商率先进入中国，在各领域投资实业，积极参与祖国经济建设，是改革开放和现代化建设的开拓者。据统计，改革开放以来，侨商投资占中国引进外资的60%以上。更难能可贵的是，侨资企业不仅为中国引进了资金，还带来了先进技术和管理经验，促进就业，革新消费观念，引领产业技术进步。

其中，改革开放以来投资中国大陆的马来西亚企业家先锋、益海嘉里集团创始人郭鹤年，正是爱国侨商的典范。从一瓶小包装食用油开始，益海嘉里以产品创新，引领中国消费模式和消费理念变革；以科技创新推动产业升级，引领行业进步，全面提升中国粮油产业竞争力，从粮食生产大国向粮油产业强国转变，为国家农业现代化、粮食安全、食品安全等方面做出了自己的贡献。

受益于改革开放的伟大成就，益海嘉里在飞速成长，已成为集粮油食品科技研发、生产加工和贸易为一体的多元化企业集团。与此同时，益海嘉里不断创新扶贫模式，发挥自身在农产品购销和加工方面的优势，扶持贫困地区发展特色产业，帮助贫困群体创造平等发展的机会，与社会共同分享企业发展的成果。

产品创新引领产业变革

1991年，益海嘉里在深圳蛇口南海油脂厂生产的"金龙鱼"牌小包装油下线并推向市场，改变了国人食用散装油的历史。与当时市场上大多供应的暗黄、浑浊的散装油不同，"金龙鱼"小包装油提高了精炼程度，也更加健康、便携、美观、口感好，迅速赢得消费者的欢迎。

市场在变化，益海嘉里的产品迭代也在继续。在"扎根中国"、研究中国人饮食习惯之后，2002年，金龙鱼首次将膳食健康的研究深入到脂肪酸领域，研发出金龙鱼第二代食用调和油，倡导膳食脂肪酸平衡的健康理念，引领中国食用油的健康升级。该产品的推出，被业内人士称作中国油脂行业的一个开创性举动。

随着消费升级的持续进行，中国消费者对于食用油的需求也越来越多元化和健康化。针对消费者不同的需求，益海嘉里先后推出"百年古法"的胡姬花小榨花生油，源自金龙鱼四家欧洲工厂的进口葵花籽油，从稻谷中提炼的珍贵稻米油。凭借产品卓越品质，益海嘉里不断荣获国际大奖，同时也在不断攀登食用油营养健康的新高峰。

除了在食用油领域不断推陈出新之外，益海嘉里还利用自身优势拓展业务范围，为国人提供营养和健康的小包装油、大米、面粉、挂面、调味品、进口食品、休闲和即食谷物、日化等品类丰富的优质产品。

益海嘉里生产车间

传统粗放型水稻加工是以制取大米为主要目标，不仅米糠等副产品没有得到有效利用，稻壳随意抛撒所形成的环境污染一直是难以解决的环境矛盾。面对我国稻米加工水平较低、产业链短、副产品综合利用率低的现状，益海嘉里以全面提升国内水稻加工水平为使命，2006 年，益海嘉里在全国建立 29 处大米生态基地，在哈尔滨、白城、吉林、盘锦、盐城、南昌、贵港、密山等多个水稻优质产区建立了集水稻收购、仓储、加工为一体的生产基地；在五常、佳木斯、吉林、白城、盘锦、六安、盐城、鄱阳等地建立了 29 个生态种植基地。截至 2018 年底，益海嘉里累计投资已超过数十亿元人民币，通过多年的研发探索，并且承受住前期的亏损压力，如今已形成了独创的水稻循环经济模式，不仅为消费者提供口感最佳的大米，而且使水稻加工废副产品变废为宝，实现了水稻产业的绿色可持续发展。

2009 年，益海嘉里成立面粉事业部，发力小麦加工和制品领域。据企业官网数据显示，截至目前，益海嘉里小麦年加工能力 750 万吨，挂面年加工能力

40 多万吨，预拌粉年加工能力 3 万吨，淀粉糖浆年加工 60 万吨。其自主研发的"金龙鱼"多用途小包装粉、"金山""花鼓"高端烘焙粉、"香满园"牛肉面专用粉等市场细分产品，赢得了消费者和专业客户好评，树立了良好的质量口碑和行业影响力。

扎根中国 30 年，益海嘉里不断延伸产业链，产品深入到中国老百姓生活的方方面面。时代在变，但为老百姓提供更安全、更健康、更营养产品的初心始终不变。益海嘉里的引领示范作用，推动中国粮油产业不断变革，满足人民对美好生活的向往。

研发创新助力健康中国

实现粮油产业的转型升级，仅靠生产力和消费力是不够的，更应该依靠持续的研发创新来达成。益海嘉里研发中心于 2009 年 11 月在上海成立，截至目前已累计投资几十亿元人民币，是目前全球粮油产业中最大的研发中心之一。

为了实现让消费者享受到更加健康、更加安全和营养均衡食品的科研目标，研发中心汇聚了世界级的专业人才，聘请世界著名生物学家、美国洛克菲勒大学终身教授、中科院外籍院士蔡南海等知名专家担任技术带头人，组建科研队伍，目前有科研人员约 300 人，其中近 70% 的员工拥有国内外知名高校的硕士、博士学位。研发中心已经与国内外几十所知名高校和世界著名食品和营养权威学会保持密切合作和交流，凭借引领全球的智慧与科技，不断将全世界最先进、最前沿的科研成果融入每一滴油、每一粒米。

自成立以来，研发中心围绕粮油技术与产品研发、新产品及技术咨询、产品技术服务、科技合作与交流、粮油食品专业人才培育的五项中心工作，在烹饪油脂、专用油脂、谷物、食品、油脂科技等领域进行创新研发，致力于改善当前的粮油食品加工技术和产品质量，努力开发绿色和白色生物技术，引领先进消费理念，支持更健康生活。同时，研发中心也专注于为粮油企业提供转型升级的解决方案，以达到不断优化资源、减少能源消耗、环境友好的可持续发展目标。

为进一步贯彻落实中国发布的《国民营养计划（2017~2030 年)》中提出的

任务和要求，益海嘉里与中国营养学会联合创建"区域食品营养创新平台"，希望通过平台，广泛联合高校、科研院所、医院和产业链企业，秉承共建共享的原则，打造集科研开发、成果转化到产业化生产于一体的产学研创新平台，以期立足国家发展需求，提升全民营养供给能力，促进中国学术界、专业协会（学会）和政府间的广泛交流合作。同时，益海嘉里在创新平台下设立全民营养创新基金，每年投入1千万元，持续10年，总计1亿元人民币，在平台管理下搭建数字化的信息平台和数据库，集合智库资源，开展膳食营养基础研究，并将科学的膳食营养知识普及传播，全面助力《"健康中国2030"规划纲要》。

模式创新助力可持续发展

益海嘉里一直致力于科技创新、探索循环经济等模式，推动产业升级，引领中国粮油行业可持续发展。

通过多年研发、摸索，益海嘉里创新性地研发出了"水稻循环经济、大豆精深加工、小麦精深加工、棕榈油精深加工、油脂副产品绿色加工利用"等新型循环经济产业模式，将宝贵的粮食资源综合利用、加工增值，带动传统农业和农产品由粗放种植向精准生产转变，由初级加工向精深加工转变，由资源消耗型向高效利用型转变，使农业产业定位更准、附加值更高、产业链条更长。

以"水稻循环经济"为例，益海嘉里通过优质水稻订单让农民增收、消费者受益，而且使稻壳、米糠这两种副产品变废为宝。稻壳用来发电，除满足企业自身的生产生活用电需求外，稻壳灰还可以加工白炭黑、活性炭等多种产品；米糠被用来榨取营养价值颇高的稻米油，还可以提取谷维素等高价值营养物质。"通过'吃干榨净'式的精深加工，不仅保证了水稻加工全过程节能环保，而且使水稻的资源价值得以充分开发利用，从而实现水稻加工产业的转型升级。"益海嘉里相关人员表示，按照这种模式计算，如果全国约2亿吨水稻加工产生的米糠都用于榨油，可生产约230万吨稻米油，相当于为国家节省1.1亿亩大豆耕地。如果全国的稻壳都能够用来发电，可节省煤炭约2600万吨，相应可减少30多万吨二氧化硫排放。目前，水稻循环经济模式已开始向丰益国际旗下的越南等东南亚工厂推广复制，让其他水稻主产国家也运用这一模式提高稻谷的利用效率，实现与环境的和谐共生。

为充分发挥国产大豆优势，益海嘉里投入大量研发资金，开发出了国际领先的大豆精深加工模式。在这种模式下，利用国产大豆生产200多种精深加工产品，如食用磷脂、豆皮、酱油豆粕、食用豆粉、浓缩蛋白、分离蛋白、组织蛋白等，实现了对大豆的100%转化增值和综合利用。

以优质小麦为原料，益海嘉里构建了丰富的产品系列，涵盖小包装面粉、挂面、工业粉、烘焙粉、餐饮通用粉等面粉制品及小麦深加工副产品，不仅为消费者带来多样化的小麦制品选择，谷朊粉、小麦淀粉、果葡糖浆、酒精等深加工产品还广泛应用于烘焙、糖果、饮料、啤酒等领域，为传统的小麦加工领域开辟新的格局，带动同行业转型升级。

金龙鱼系列产品

益海嘉里母公司丰益国际贯穿从棕榈种植到棕榈油精深加工的全产业链业务，以棕榈油作为原料，开发出营养健康的专用油脂产品以及绿色环保的油脂化工产品。在中国，益海嘉里推出了一系列具有零（低）反式脂肪酸的烘焙油脂、巧克力油脂、煎炸油脂、冰淇淋油脂等产品，该技术在丰益国际亚洲、欧洲多个工厂已量产，也正在向丰益国际全球工厂落地推广。

大豆油、棕榈油等植物油在生产的同时也将产生多种副产品，如油脂精制过程中产生皂脚、脱臭馏出物、废白土等。益海嘉里采用绿色处理技术对废白土、皂脚等副产品加工，生产脂肪酸、甘油等基础油化产品，为下游精细化工提供优质的原料；针对脱臭馏出物，自主开发超临界工艺提取高纯天然维生素 E 和植物甾醇，加工生产高端营养品的重要原料，并副产生物柴油，实现资源深化利用。

　　"通过'水稻循环经济''大豆精深加工'等模式的应用，既能确保原材料物尽其用，又能减少企业生产对环境的影响。"益海嘉里公共事务部潘坤向记者分析道。循环经济形成了产业闭环，有效地节约了集团的原材料成本，使企业在越来越激烈的行业竞争中，取得生产成本等优势，也提高了当地农民的收入。

扶贫创新助力共同富裕

　　经过三十多年的发展，益海嘉里已经成长为中国粮油行业领军企业。

　　在企业发展壮大的同时，益海嘉里将履行社会责任作为自己的重要使命，不断帮助贫困群体创造有利于平等发展的机会，与社会共同分享企业发展的成果。经过多年的摸索和实践，其在慈善公益方面逐渐实施了"益海嘉里助学工程""金龙鱼复明工程""金龙鱼助行工程""益海嘉里助学中心""金龙鱼烹饪班"和救灾扶贫等多维度、多层次的公益项目。

　　2007年，"益海嘉里助学工程"正式启动。目前，已在中国十几个省、直辖市、自治区资助建设了数十所益海学校。帮助贫困地区学校提升硬件环境，改善教学水平，开展素质教育活动，拓展学生的视野，通过示范作用，从而带动当地教育水平的整体提升。"金龙鱼复明工程"始于2008年，是益海嘉里开展的帮助贫困白内障患者进行手术复明的公益项目，目前已经累计帮助20000多名贫困患者重见光明，每年仍有2000名来自贫困家庭的患者受益。"益海嘉里助学中心"始于2011年，目前已在江苏连云港、山东费县、河北蔚县落地。与常规的孤儿院不同，助学中心是由教育系统管理，更侧重于孤儿的身心健康全面发展，注重培养塑造健全的人格、自强自立的能力。"金龙鱼奖学金"始于2011年，目前已在十多所大学、科研院所设奖，仅2018年就有500余名本科生、研究生、青年教师获奖。"金龙鱼助行工程"旨在帮助贫困伤残人士解决出行不便的问题，实现自由行动的渴望。自2015年以来，益海嘉里已累计资助700多例假肢安装手术，为真正有需要的人"雪中送炭"。"金龙鱼烹饪班项目"于2016年正式启动，目前在扬州、昆明等地有多个项目。该项目由中国烹饪协会、金龙鱼慈善公益基金会、学校三方合作，帮助家庭贫困的学生拥有一技之长。从2003年

"非典"到 2008 年南方雨雪冰冻灾害、震惊中外的汶川地震，再到历次重大自然灾害和应急保障工程，益海嘉里始终积极参与，通过捐款捐物、保障市场供应、派出志愿者等方式，积极帮助困难群众解决燃眉之急。

中国的贫困地区虽然落后，但一般都具有良好的生态环境和独具特色的农副产品资源，是生产绿色优质粮油食品很好的原料，益海嘉里积极发挥自身优势为国家的脱贫目标贡献力量。

"我们发挥公司在农产品购销和加工方面的优势，每年投入 30 多亿元，从 80 多个国家级贫困县收购农产品近 100 万吨，并通过订单农业等'三产融合'机制让农民享受到加工增值的收益，带动贫困人口脱贫。"益海嘉里相关负责人告诉记者，为了更好地帮助国家级贫困县实现脱贫目标，益海嘉里不断加大产业扶贫力度，在黑龙江富裕县、河北蔚县等贫困地区建立农业产业园等方式助力当地脱贫。

据上述负责人介绍，益海嘉里蔚县小米产业扶贫项目，源于 2012 年起益海嘉里员工在蔚县的义务植树活动。2017 年 3 月，益海嘉里集团董事长郭孔丰到蔚县考察调研后，正式发起该精准脱贫项目，利用集团品牌、营销、管理等优势全方位助力蔚县产业脱贫。"益海嘉里蔚县小米产业扶贫模式，破解了贫困县产业扶贫难题，确保了农户通过生产实现增收脱贫的稳定性和可持续性。"该负责人说，除了产业扶贫，益海嘉里还与蔚县政府合作，通过捐资助学和职业教育等方式，帮助改善蔚县教育和就业条件，斩断贫困代际传播，全方位助力蔚县打赢脱贫攻坚战。

一个企业的力量是有限的，蔚县还有很多优质产业资源等待更多企业参与开发，全国更广大乡村还有更丰富的资源，乡村振兴战略需要社会合力，期待社会各界能广泛参与，充分发挥乡村的独有优势，建成产业兴旺、生态宜居、乡风文明、治理有效、生活富裕的新乡村。

后 记

70年，悲壮地行进

自 1840 年中国的国门被英国远征舰队用炮火轰开之后，这个东方古国的所有进程都是向着现代化迈进的历程，其间成就与曲折并现，光荣与苦难共存。1949 年之后中国的革命与建设，依然是这条现代化征途的延续。

回首 70 年，是中国改天换地的 70 年，是浴火重生的 70 年，也是现代化进程加速度的 70 年。在这 70 里，中国企业的贡献是怎么书写、怎么讴歌都不过分的：前 30 年，中国企业披荆斩棘、从无到有地建设起中国的现代工业体系，在此基础上，后 40 年，中国企业突飞猛进，创造出经济发展的中国奇迹。

也正是基于上述原因，《中国经营报》决定在建国 70 周年的历史节点上，以企业成长为线索，推出《向上的力量》这本书，我们希望以传媒人的视角、报纸对中国企业 34 年的观察以及广大记者扎实的采访，再现我们国家这 70 年的现代化行进之路。

在书中，我们可以看到，1954 年，一群从苏联归来的留学生带领工人，在黑龙江富拉尔基的旷野上建设起中国一重，从此，这座为中国奉献出第一台 12500 吨自由锻造水压机、第一套 1150mm 方坯轧机的制造重地自然承担起新中国重型装备制造业崛起的使命；我们可以看到，1984 年，张瑞敏拿着一张数据难看的报表，却毅然决定地接下这个街道冰箱集体小厂和生活拮据的工人，创建海尔，在他大刀阔斧的改革下，这家濒临破产的小厂变身为享誉世界的企业；我们可以看到，1999 年，在杭州湖畔花园，刚刚创业失败的马云向 18 个年轻人讲述自己的理念，说服他们和自己一道创建一家叫阿里巴巴的企业，20 年后，这家从民房里走出来的网站成为彻底改变中国商业形态和生活品质的企业帝国。

　　这就是我们的70年，从无到有、从小到大、从弱到强。没有哪条道路一马平川，也没有哪项事业一帆风顺。这些企业的成长和我们的现代化发展一样，充满坎坷、挣扎、痛苦，就像柳传志说联想：九死一生。本书也再现了这些九死一生、过关斩将的历程，为之后中国企业的发展，提供经验与前鉴。

　　直到今天，现代化之于我们还是一条未竟之路，我们也谨以此书与广大亲爱的读者共勉：山高路远，也唯有负重前行！

《中国经营报》编辑部